当代国外理论研究前沿译丛

马克思主义文献典藏与文本研究

主　编　许先春　陶永祥

副主编　刘承礼　苑　洁　袁　倩

中国人民大学出版社
·北京·

导　言

　　习近平总书记指出，"学习马克思主义基本理论是共产党人的必修课"，强调要"精读马克思主义经典的代表性著作，追本溯源，把握马克思主义基本原理"。马克思主义文本文献是马克思主义基本原理的重要载体，是马克思主义中国化时代化的源头活水。近年来，中共中央党史和文献研究院信息资料馆承办的《国外理论动态》杂志坚持以习近平新时代中国特色社会主义思想为指导，发挥其承办部门在开展马克思主义文献资料收集整理开发利用工作方面的专业优势，开辟"马克思主义文献信息跟踪"专栏，围绕马克思恩格斯文献资料典藏、马克思恩格斯著作文本研究、国外马克思主义研究文献导读等议题，翻译发表了一批国外学界关于马克思主义文献资料、马克思主义经典著作文本研究、马克思主义理论研究的学术成果。本书由其中的代表性译文结集而成。本书分为三个部分，每个部分的主要内容如下：

　　第一编"马克思恩格斯文献典藏"收录的七篇文章，反映了马克思恩格斯文献资料的收集整理开发利用情况。马克思恩格斯是无产阶级的伟大导师，他们的重要思想凝结在他们留下的卷帙浩繁的文献遗产之中。这些文献遗产具有重大的政治价值、科学价值、历史价值和文物价值，是马克思主义理论研究和传播事业的重要组成部分。在马克思恩格斯文献资料典藏中，苏共中央马克思恩格斯研究院、荷兰阿姆斯特丹国际社会史研究所、德国社会民主党中央党务档案馆等几家机构具有特殊的重要地位。据弗兰茨·席勒撰写的《苏共中央马克思恩格斯研究院：文献典藏与研究》介绍，苏共中央马克思恩格斯研究院的几个重要部门如研究室、档案馆、博物馆，分门别类地收藏有马克思主义和国际工人运动史方面的珍稀文献，尤其是马克思恩格斯珍贵手稿、书信和摘录笔记，马克思恩格斯本人的著作及相关刊物，马克思恩格斯全套画像等文献资料，素来是马克思恩格斯文献资料典藏的重镇。马林·范德海登撰写的《荷兰阿姆斯特丹国际社会史研究所与马克思恩格斯文献遗产》，以倒叙的手法回溯了马克思恩格斯的著作手稿、札记和摘录、书信、个人文件以及马克思恩格斯制作的剪报和资料文件、亲属的文件等在英国、德国、丹麦等欧洲国家辗转迁徙，并最终落户荷兰阿姆斯特丹国际社会史研究所的传奇而曲折的历程。该文还提到这些占马克思恩格斯手稿约三分之二的文献遗产目前已由阿姆斯特丹国际社会史研究所完成数字化并通过互联网免费向公众开放。保尔·迈耶尔撰写的《德国社会民主党与马克思恩格斯文献遗产的命运》，以传记的笔触生动回顾了 1895 年恩格斯去世至 1933 年德国纳粹党上台前后马克思恩格斯文献遗产的收藏开发保护情况，作者先是刻画了尤利乌斯·莫特勒、倍倍尔等多位德国社会民主党人为保护马克思恩格斯文献遗产所做的努力，接着描写了梁赞诺夫照相复制和编辑出版德国社会民主党中央党务档案馆所藏马克思恩格斯文献遗产的曲折经过，最后叙述了德国社会民主党与国际友人共同对马克思恩格斯文献遗产开展保护的情况。罗尔夫·黑克尔撰写的《关于马克思恩格斯文献遗产的磋商——莫斯科档案馆中迄今鲜为人知的档案》，详细叙述了 1935 年 8 月至 1936 年 8 月苏共中央马克思恩格斯列宁研究院的代表与德国社会民主党流亡委员会的布拉格委托人在巴黎就马克思恩格斯文献遗产进行磋商的情况，作者使用俄罗斯现代史文献保管和研究中心的文件还原了双方未能达成购买协议的鲜为人知的经过。拉里莎·米兹凯维奇撰写的《马克思的经济学手稿是如何跑到莫斯科去的？》，以多份通信档案为线索，试图还原一段鲜为人知的历史，即苏共中央马克思恩格斯列宁研究院如何在 1935—1936 年从马雷克·克里格手中买到了保存在德国社会民主党柏林档案馆的马克思的经济学手稿。玛蒂纳·达尔马斯和罗尔夫·黑克尔撰写的《龙格家族遗产中的马克思档案》，首先梳理了龙格家族的马克思档案流传史，接着以时间为序、以当事人的往来信件为依据，描述了苏共中央马克思恩格斯列宁研究院与龙格家族之间鲜为人知的几段往来，以及不同时期龙格家族向苏共中央马克思恩格斯列宁研究院转交马克思档案和物品的情况。于尔根·罗扬撰写的《马雷克·克里格与马克思恩格斯手稿的命运》，介绍了马雷克·克里格其人，以及苏共中央马克思恩格斯列宁研究院如何从他手中买到了保存在德国社会民主党柏林档案馆的马克思的经济学手稿，以及这些手稿的重要价值。

　　第二编"马克思恩格斯文本研究"收录的七篇文章从马克思恩格斯著作文本出发对马克思恩格斯思想发展和理论研究进行了深入解读。读原著、学原文、悟原理是学好用好马克思主义理论的基本要求、基本路径和基本目的。只有坚持从原著原文原理出发，才能真正理解马克思主义经典作家创立与发展马克思主义的时代背景和实践要求，才能真正体会贯穿其中的立场观点方法，才能真正掌握马克思主义这一认识世界和改造世界的锐利思想武器。罗尔夫·黑克尔撰写的《与〈马克思恩格斯全集〉历史考证版一道重读马克思》，依据《马克思恩格斯全集》历史考证版（MEGA），分别考察了作为批判经济学家、哲学家、历史学家、新闻工作者、政治家的马克思的思想，以及马克思对自然科学的研究，阐明了 $MEGA^2$ 对于马克思研究的重要意义。海因茨·迪·库尔茨撰写的《从若干典型事例看 $MEGA^2$ 对马克思研究的影响》，从 $MEGA^2$ 的出版对于全面准确认识马克思、揭开马克思思想的神秘面纱、透视马克思思想发展、阐明马克思恩格斯之间的关系等四个方面的重大意义，并以"价值规律""利润率趋向下降的规律"等重要理论为例，阐明了 $MEGA^2$ 的出版对于马克思研究的理论价值和文献价值。大村泉撰写的《关于唯物史观形成时期的考证》，对唯物史观的形成进行了考证，认为：其一，代表马克思恩格斯共有的历史观的"唯物主义历史观（唯物史观）"是恩格斯创造的术语；其二，"唯物史观的形成过程中值得关注的是施蒂纳批判而非费尔巴哈批判"值得商榷。涩谷正撰写的《马克思批判费尔巴哈的意图是如何产生的——围绕〈关于费尔巴哈的提纲〉写作时间的考证》，在综述了格奥尔基·巴加图利亚、英格·陶伯特和柳德米拉·瓦西娜等围绕《关于费尔巴哈的提纲》写作时间展开的长期论争和各自观点的基础上，把《关于费尔巴哈的提纲》写作时间的推定转化为考察"马克思批判费尔巴哈的意图是如何产生的"这一理论问题进行回答，这一研究还原了马克思恩格斯创立唯物史观的真实过程。阿利克斯·布法尔、亚历山大·费龙和纪饶姆·丰迪撰写的《〈资本论〉法文版：一部具有独立科学价值的著作》，介绍了《资本论》创作的时代背景和传播历程，认为《资本论》法文第一版是一个相对独立的版本，它以法国工人运动和法国马克思主义的发展经验为基础，具有不可磨灭的历史意义和理论价值。米夏埃尔·克莱特科撰写的《如何评价恩格斯对〈资本论〉的编辑工作》，从思想史的角度维护了马克思恩格斯思想的一致性，据作者考证：（1）马克思恩格斯的合作经历表明二人在思想上具有很强的一致性；（2）恩格斯在编辑《资本论》第二册和第三册时，在尊重马克思原意的基础上，通过加入大量补充说明来达到马克思的意图；（3）恩格斯对马克思手稿的编辑既有必要又有可能，因为在政治经济学批判的手稿中，马克思在很多情况下只形成了有待细化的基本想法，而恩格斯是当时唯一拥有并能够识读马克思全部《资本论》手稿的人。约翰·贝拉米·福斯特撰写的《"人类世"时代重读恩格斯的〈自然辩证法〉》，深入挖掘了恩格斯《自然辩证法》对资本主义破坏自然和生态环境的本质的理解，认为恩格斯在这部著作中提出的生态学和自然辩证法思想能够帮助人们看清当前面临的重大挑战，可被当作为争取一个生态社会主义的世界而进行的长期革命的理论基础。

　　第三编"国外马克思主义研究文献导读"收录的八篇文章展现了国外马克思主义研究的若干最新成果。本编所收录的每篇文章聚焦一个主题或流派，有的侧重从理论源流的角度探讨某一理论的来龙去脉，有的侧重从知识图谱的角度介绍某一理论的发展图景，还有的侧重展现某一流派的观点集纳。克劳德·塞尔法蒂撰写的《马克思主义的帝国主义理论导读》，回顾了由列宁、布哈林、希法亭、卢森堡和托洛斯基等发展的经典帝国主义理论，以及这些理论在大卫·哈维、艾伦·M.伍德、威廉·罗宾逊等当代知名左翼学者著作中的发展和创新情况。贾鲁斯·巴纳吉撰写的《马克思主义的商业资本主义史研究阅读指南》，介绍了一大批商业资本主义研究史领域的重要著作，这些著作既有关于商业资本主义的总体研究，又有对古代商业资本、中世纪晚期和近代早期商业资本主义的研究，还有关于英国资本主义本质的研究，涵盖了当前商业资本主义史研究领域的热点问题。斯蒂芬·基普弗撰写的《马克思主义的空间理论和城市问题：英文文献导读》，梳理了相关研究的进展情况，分析了激进地理学、城市政治生态学、后殖民理论中的城市研究的影响因素，探讨了全球城市化和定居者殖民主义等城市研究的前沿问题。丹尼尔·哈特利撰写的《马克思主义文学批评导览》，按照时间顺序提纲挈领地梳理了从马克思到斯大林时代的俄国、西方马克思主义、英美马克思主义文学批评和当代批评中的代表性人物和主要著作，形成了一幅西方马克思主义文学批评的导览图。埃里克·布兰克撰写的《帝俄边缘地区的马克思主义与俄国革命：历史与文献》，整理了一份详尽的文献目录，梳理了帝俄时期俄罗斯边疆和周边地区的马克思主义与社会主义发展的一系列关键问题，这些文献有别于仅仅关注俄罗斯中心地区和俄罗斯人的相关文献，是全面、准确认识和评价俄罗斯革命经验的重要理论资源。杰弗里·R.韦伯撰写的《拉美马克思主义阅读指南》，分萌芽时期、革命时期、停滞时期、革命实验时期、放弃革命战略时期、变革与复兴时期等六个阶段介绍了相关代表性著作，对拉美马克思主义理论的创新和实践进行了介绍。安德烈亚斯·马尔姆撰写的《生态学与马克思主义：重要议题和阅读指南》，以阅读指南的形式展现了马克思关于环境、自然和气候变化的丰富论述，认为生态学马克思主义在这些问题的当代争论中扮演了主要角色。法比安·塔里特撰写的《分析的马克思主义阅读指南》，罗列了分析的马克思主义的各种文献，包括这一领域的经典文献、方法论重建方面的重要文献、思想资源方面的重要文献，以及有关罗默、赖特、埃尔斯特等分析的马克思主义的代表性人物的研究文献，指出正义理论是当前分析的马克思主义最重要的研究主题，认为分析的马克思主义对英语国家的批判的社会科学产生了深远影响。

综合来看，这些译文值得关注的特性如下：

一是资料性。本书收录的译文生动记录了马克思恩格斯文献遗产的收藏、整理、编辑、出版、传播情况，择要盘点了国外学界关于马克思主义经典著作研究、马克思主义理论研究的经典议题，是了解马克思恩格斯文献遗产基本情况和国外马克思主义研究动态的重要文献资源。

二是历史性。本书收录的译文再现了马克思主义发展史上，特别是马克思主义早期传播史上那些鲜为人知的人和事，从源与流的角度梳理了马克思主义学说形成、发展以及在世界上广泛传播的历史脉络，对于推进马克思主义中国化时代化具有重要的参考价值。

三是现实性。本书收录的译文系国外学界关于马克思主义文本文献研究的长时段成果，是跟踪马克思主义文献资料典藏、文本研究和理论研究的重要文献。引介这些文献有助于我们更加准确地理解马克思主义立场、观点和方法，从而为推进新时代马克思主义研究，构建中国特色哲学社会科学学科体系、学术体系、话语体系提供文本文献资料和思想资源。

本书收录的这些译文均已在《国外理论动态》杂志发表并受到社会各界的普遍欢迎和关注。在编辑出版《国外理论动态》杂志的过程中，我们得到中共中央党史和文献研究院副院长、中央编译局局长季正聚和中共中央党史和文献研究院原副院长、中央编译局原局长柴方国等领导同志的悉心指导，得到中共中央党史和文献研究院第四研究部原主任崔友平等专家学者的审读把关，得到原文作者或原发期刊的翻译授权，得到广大译者的精心翻译，得到国家社会科学基金的慷慨资助。利用结集出版本书的机会，我们对来自各方的一贯大力支持致以诚挚的谢意！

编者

2024 年 10 月

目　录

第一编　马克思恩格斯文献典藏

第二编　马克思恩格斯文本研究

第三编　国外马克思主义研究文献导读

第一编

马克思恩格斯文献典藏

第1章　苏共中央马克思恩格斯研究院：文献典藏与研究[*]

在俄国十月革命胜利后成立的众多科研机构中，设在莫斯科的马克思恩格斯研究院占有重要地位。该机构初创于 1920 年 12 月，在其后短短的 10 年间不仅发展成为世界公认的国际马克思主义研究中心，而且成为当时最重要的历史研究机构之一。就其影响而言，我们可以毫不夸张地把它同欧洲许多老牌研究机构相提并论。就其研究活动的特点来说，它首先是一个历史研究院，并因研究内容和所关注的历史时期的不同而区别于列宁研究院和共产主义学院。它致力于在更广泛的意义上从事马克思主义研究，并对西方国家直至第一次世界大战爆发前的社会主义和工人运动史进行研究。

1919 年，达维德·梁赞诺夫（David Riazanov）在社会主义学院图书馆内部组建了"马克思主义史研究室"，这是马克思恩格斯研究院的雏形。1922 年 6 月 1 日，马克思恩格斯研究院正式成为一家独立的研究机构。此时，组织基础已然形成，关于马克思主义的研究可以在广泛的科学意义上得到拓展。研究院内部机构按照马克思主义的有关主题进行设置。因此，就组织结构而言，它在科学研究上没有先例可以借鉴。

研究院的结构十分独特，共划分为六大部门：（1）研究室；（2）图书馆；（3）档案馆；（4）博物馆；（5）出版社；（6）科研管理部。研究室与图书馆联系紧密，因为藏书并非陈列在图书馆里，而是放置在各个研究室中。藏书按照马克思主义和工人运动史的学科或领域分门别类地进行排

---

[*] 本章原载：《国外理论动态》2021 年第 1 期。原文来源："Archiv für die Geschichte des Sozialismus und der Arbeiterbewegung," Jahrgang 15，1930。弗兰茨·席勒（Frans Schiller）：苏共中央马克思恩格斯研究院。赵辛：中国人民大学马克思主义学院。

列、存放，并不断进行系统化补充，方便研究者使用。

在成立初期，研究院主要致力于完善各个研究室，其藏书通过不同的方式获得。最大规模、最有价值的收藏方式是收购若干专业图书馆。1920年，研究院收购了维也纳著名的无政府主义和社会主义文献收藏家狄奥多·毛特内尔（Theodor Mauthner）和威廉·帕朋海姆（Wilhelm Pappenheim）的图书馆（藏书 2 万余册）；同年还收购了卡尔·格律恩伯格（Karl Grüenberg）教授的图书馆（藏书 1 万余册），其中藏有农业史和经济史方面的图书、17—18 世纪的空想社会主义文献以及珍稀的社会主义小册子和报纸。1921 年，研究院收购了威廉·文德尔班（Wilhelm Windelband）教授的费希特图书馆，它同教育人民委员部有关法国唯物主义者和 18 世纪启蒙主义者的珍贵收藏一起奠定了哲学研究室的基础。1923年，研究院收购了 1920 年在维也纳去世的俄罗斯移民 S. 克里亚琴科（S. Kljatschko）的图书馆，其中珍藏了 19 世纪 70—80 年代的大量俄国革命报刊。1925 年，研究院收购了约翰·亨利·麦凯（John Henry Mackay）的施蒂纳收藏室，内含这位收藏爱好者用 30 年时间收藏的 1 100 册图书和 300 份手稿。1926 年，研究院收购了著名国民经济学家阿道夫·索特伯尔（Adolf Soetbeer）的图书馆（4 500 册关于货币和银行业历史的图书）和维也纳教授威廉·诺伊哈特（Wilhelm Neurath）的图书馆（1 000 册图书），并从法国革命历史编纂学家查理·韦利（Charles Vellay）那里购买了罗伯斯比尔（Robespierre）和圣茹斯特（Saint-Just）的著作集（包括与他们有关的文献）。1927 年，研究院收购了维也纳著名的海尔菲特收藏馆，其中藏有约瑟夫·亚历山大·冯·海尔菲特（Joseph Alexander von Helfert）男爵在 60 年的时间里搜集到的有关奥地利、匈牙利 1848—1849 年革命史的资料（5 000 册书籍、1 万多份传单，以及330 份报纸，等等）。在研究院最新收购的文献资料中，尤其值得一提的是马克思恩格斯在世时期出版发行的全套《泰晤士报》（*The Times*）和《纽约每日论坛报》（*New York Tribune*）。通过大量收购这些专业收藏，并不断充实新的出版物，研究院拥有了该领域举世公认的最好的图书馆。

一、研究室

研究院的研究部门分为 14 个研究室，这些研究室均按照马克思主义和工人运动史的有关主题设立，并拥有大部分藏书。每个研究室的工作班子由负责人、助手、研究人员、图书管理人员组成——依据研究室的大小、重要性及任务来确定。

马克思恩格斯研究室对于研究院的全部研究活动具有核心意义，由梁赞诺夫本人领导。这里收藏有当时能够收集到的马克思恩格斯的所有著作（多个语种的首版、新版和译本），以及与他们有关的所有刊物。特别珍稀的资料有：青年恩格斯关于弗里德里希·谢林的两本小册子；恩格斯和埃德加·鲍威尔（Edgar Bauer）的《基督教英雄叙事诗》（Christliche Heldengedicht）；海尔曼·贝克尔（Hermann Heinich Becker）出版的《卡尔·马克思文集》（Gesammelte Aufsaetze von Karl Marx）的第一册，也是唯一一册（1851 年）；巴塞尔和波士顿版的《揭露科隆共产党人案件》（Enthüllungen über den Kommunistenprozeß in Köln）；马克思关于亨利·帕麦斯顿（Henry Palmerston）的小册子；恩格斯的文集《志愿兵读物》（Essays addressed to the Volnnteers）；斐迪南·拉萨尔（Ferdinand Lassalle）收藏的马克思的《政治经济学批判》，上面有大量边注；收录马克思恩格斯文稿的《美国新百科全书》（New American Cyclopaedia）；等等。研究室拥有的珍稀报刊有：卡尔·谷兹科夫（Karl Gutzkow）的《德意志电讯》（Telegraph für Deutschland）、《莱茵报》（Rheinische Zeitung）、《瑞士共和主义者》（Schweizerischen Republikaner）；巴黎的《前进报。巴黎德文杂志》（Vorwärts. Pariser Deutsche Zeitschrift）、《新道德世界》（The New Moral World）、《北极星报》[The Northern Star，乔治·哈尼（George Harney）的收藏]、《德意志-布鲁塞尔报》（Deutsche-Brüsseler-Zeitung）、《共产主义杂志》（Kommunistische Zeitschrift，伦敦，1847 年 9 月）、《新莱茵报》（Neue Rheinische Zeitung）；德国"真正的社会主义"的所有杂志（1844—1848 年）；哈尼的《民主评论》（Democratic Review）、《人民之友》（The People's Friend）、《红色共和党人》（Red Republican）；伦敦的《人民报》（Das Volk，1859 年）、《民主周报》（Demokratische Wochenblatt）；苏黎世的《社会民主党人报》（Der Sozialdemokrat）；以及许多其他刊物。复印材料有戴维·乌尔卡尔特（David Urquart）的报纸、厄内斯特·琼斯（Ernest Jones）的《人民报》（The People's Paper）、柏林的《雅典娜神庙》（Athenäum，1841 年）、布雷斯劳（Breslau）的《新奥得报》（Neue Oder-Zeitung）、维也纳的《新闻报》（Presse）等。该研究室还计划以这些资料为基础编制一份马克思恩格斯文献书目，其完整性将远远超过已有的所有书目。

　　第一国际和第二国际历史研究室对于研究院的工作同样具有核心意义，也由梁赞诺夫直接领导。这里收集了来自第一国际和第二国际总委员会、各支部和各国联合会的记录、宣言、小册子、传单、报纸，汇集了当时能够收集到的关于第一国际和第二国际的所有马克思主义与反马克思主义文献（直至第一次世界大战），此外还有大量剪报、报道、文章，以及国际主义思想从产生初期直至第一国际时期的发展史文献。

　　研究院其余 12 个研究室的工作均可分为两大领域：理论领域致力于研究对马克思恩格斯毕生事业具有重要意义的思想理论；历史领域致力于考察马克思恩格斯的政治活动，以及深受他们思想影响的、工人运动发展得比较广泛和持久的一些国家的历史问题。研究室不仅收集、整理并不断更新相关文献，而且形成了研究院各种出版物的准备材料以及与马克思主义主题相关的专业文章。

　　哲学研究室拥有马克思恩格斯为撰写哲学著作而使用的大量文献。较古老的文献有笛卡尔、斯宾诺莎、培根、霍布斯、洛克、莱布尼茨以及其他英法唯物主义者和启蒙主义者的著作或相关研究著作。德国古典哲学文献也十分丰富，尤其是康德、费希特、谢林和黑格尔的文集，以及黑格尔派的文献。此外，该研究室还专门收藏有布鲁诺·鲍威尔（Bruno Bauer）和大卫·弗里德里希·施特劳斯（David Friedrich Strauss）的《圣经》批判著作以及费尔巴哈的著作。其他收藏还包括按照年代和国别划分的哲学史、按照专业划分的不同哲学领域和边缘科学的著作，特别是历史唯物主义和辩证唯物主义著作。借助于苏联"辩证论者"与"机械论者"之间的论战，有关自然科学的历史和方法论文献在几年间得到了扩充。该研究室中的"历史科学和自然科学方法论"小组经过重建成为一个独立的研究室。

　　经济学研究室拥有大量关于政治经济学史的文献。在这里，可以找到马克思恩格斯引用过的几乎所有经济学著作，同时还有关于资本主义发展史的文献，它们按照《资本论》中所讨论的问题（价值、剩余价值、利润、价格、货币交易和信贷交易、资本积累、危机、世界经济、地租和农业）进行编排。该研究室还以资产阶级经济学和马克思主义经济学中的新研究方向为收藏对象，其中特别有价值的是威廉·配第（William Petty）等 17 世纪英国经济学家的著作和小册子，大概只有在英国的图书馆才能看到如此丰富的专门收藏。

　　政治和法学研究室收藏有关于法哲学及其历史（尤其是 19 世纪 30 年代末 40 年代初以来）的文献，此外还有研究马克思主义法学理论的形成和发展所必需的文献资料。政治思想的发展史，尤其是资产阶级民主制和工人民主制的发展史、资产阶级专政和无产阶级专政思想（从马基雅弗利到列宁）的发展史以及党的建设问题，都是该研究室的研究对象和关注焦点。

　　发生社会学研究室收藏有关于史前社会形态、私有制、家庭和国家的起源以及宗教和技术发展史的文献，尤其是研究原始社会的学者约翰·雅科多·巴霍芬（Johann Jakob Bachofen）、约翰·弗格森·麦克伦南（John Ferguson Mclennan）、亨利·萨姆纳·梅恩（Henry Sumner Maine）、路易斯·亨利·摩尔根（Lewis Henry Morgan）等人的著作，这些著作对马克思恩格斯的理论研究工作具有重要意义。此外，还有民族学和人类学经典作家、晚近人类文化学研究者的作品，以及《环球》（Globus）、《民族学杂志》（Zeischrift für Ethnologie）、《人类学文库》（Archiv für Anthropologie）、《人》（Man）、《美国民族学局年度报告》（Annual Report of the Bureau of American Ethnology）、《彼德曼消息》（Petermanns）等大量专业杂志和其他刊物。最新的社会学学派及其研究方向也受到了关注。

　　社会主义和无政府主义史研究室收藏有当时能够收集到的关于社会主义、无政府主义和共产主义思想发展历程的所有文献。法国大革命时代的乌托邦主义文献尤为丰富，有关圣西门主义、傅立叶主义、皮埃尔-约瑟夫·蒲鲁东（Pierre-Joseph Proudhon）、罗伯特·欧文（Robert Owen）和埃蒂耶纳·卡贝（Étienne Cabet）的文献也非常具有代表性。研究室还拥有一整套"托马斯·莫尔（Thomas More）收藏"[包括《乌托邦》（Utopia）原文第一、二版，以及法文、德文、俄文第一版]。值得特别关注的藏书还有：让·梅叶（Jean Meslier）的手写版《遗书》（Testament）、夏尔·傅立叶（Charles Fourier）亲笔题词的《关于四种运动和普遍命运的理论》（Théorie des quatre mouvements et des destinées générales）、全套的《生产者》（Producteur）、《环球》（Globe）、《法郎吉》（La Phalange）、《新道德世界》等报刊，以及蒲鲁东拥有的所有报纸。值得一提的还有 19 世纪之前的许多社会主义文学著作，以及无政府主义史方面的藏书，这里除了有关麦凯的图书外，还收藏了米哈伊尔·巴枯宁（Mikhail Bakunin）、彼得·克鲁泡特金（Peter Kropotkin）、埃利兹·勒克吕（Elysée Reclus）和约翰·莫斯特（Johann Most）撰写的文献或关于他们的文献，以及国际无政府主义的全部新闻报纸。

以国别命名的研究室致力于相关国家的马克思主义理论和工人运动研究。在整个研究院中，按照其对马克思主义研究的意义，首先应当提到的是日耳曼国家研究室。该研究室主要研究德国、曾经的奥匈帝国、瑞士和斯堪的纳维亚北部国家，其中最为重要的研究小组致力于德国考古学研究，恩格斯在他未能发表的《论日耳曼人的古代历史》一文中深入考察了这个问题；其次是宗教改革及在此之前的德国农民战争研究小组；还有一个小组致力于研究法国大革命对德国的影响。不过，该研究室的主要关注点还是 19 世纪。由于莱茵省对于研究马克思恩格斯和拉萨尔的生平与影响具有重大意义，所以专设一个特别小组，这里收藏有莱茵省最重要的文献和历史刊物。在其他主要组别中，值得一提的还有关于七月革命的影响、南德自由运动、青年德意志、三月革命前的政治社会诗歌、所有德语国家的 1848—1849 年革命等方面的收藏，其中有十分珍贵的孤本：威廉·魏特林（Wilhelm Weitling）的全部著作 ［包括《吁助德国青年》（*Hülferufs*）、《青年一代》（*Jungen Generation*）、《工人共和国》（*Republik der Arbeiter*）］，雅科布·费奈迭（Jakob Venedey）的近乎全部收藏 ［包括《流亡者》（*Geächtete*）］。此外，还有布鲁诺·鲍威尔的著作 ［包括《基督教真相》（*Entdecket Christentum*）、《文学总汇报》（*Allgemeine Literatur-Zeitung*）］和阿尔诺德·卢格（Arnold Ruge）的著作。该研究室的 1848—1849 年小组凭借其 7 000 册书籍和小册子、330 份全套报纸与大约 1.8 万份传单而成为全球范围内该领域最丰富和最优秀的收藏单位。1860—1914 年小组主要收藏德国、奥匈帝国、瑞士的工人运动和社会民主党的有关文献，其中最重要的收藏涉及拉萨尔在瑞士的活动、《反社会党人非常法》（*Gesetz gegen die gemeingefährlichen Bestrebungen der Sozialdemokratie*）以及直至 1914 年的工会和社会民主党文献，其中值得提及的珍贵报纸有：汉堡的《北极星报》（*Nordstern*），莱比锡的《人民国家报》（*Der Volksstaat*）、《前进报。德国社会民主党中央机关报》（*Vorwärts. Central-Organ der Socialde-mokratie Deutschlands*，1876—1878 年），柏林的全套《前进报》（*Vorwärts*），以及《柏林人民报》（*Berliner Volksblatt*）和《维也纳工人报》（*Viener Arbeiter-Zeitung*）。

法国和比利时研究室的第一小组收藏有法国大革命前的社会史和经济

史著作。另一个小组则收藏有从法国大革命直至拿破仑倒台期间的文献。该研究室最有影响的小组的研究和收藏对象是让-保尔·马拉（Jean-Paul Marat）［包括他创办的《人民之友报》（Ami du Peuple）］、罗伯斯比尔、乔治·雅克·丹东（Georges Jacques Danton）、阿那卡西斯·克鲁茨（Anacharsis Cloots）和格拉古·巴贝夫（Gracchus Babeuf）。此外，该研究室还有关于复辟史、七月革命史、七月君主制史、二月革命史、第二帝国史和第三共和国史的专门研究小组。关于 1871 年巴黎公社的收藏有 2 000 多份文献，其中包括关于公社的几乎所有报纸［《法兰西共和国公报》（Journal Officiel de la République Francaise）、路易·奥古斯特·布朗基（Louis Auquste Blanqui）的《祖国在危急中》（La patrie en danger）、《公社报》（La Commune）、《战斗》（Le Combat）、《人民呼声报》（Le Cri du Peuple），等等］。还有一个小组致力于巴黎公社之后的法国工人运动史的收藏和研究。

　　为了研究欧洲南部罗马语系国家的马克思主义和工人运动，1927 年研究院又建立了一个专门的欧洲南部罗马语系国家研究室。

　　由于老牌资本主义国家英国在马克思恩格斯思想发展过程中具有重大意义，研究院的英国和美国研究室对其社会小组、经济小组进行了扩展。与其他国别研究室一样，该研究室的其他文献也是按照年代和专题划分的，例如：14 世纪的革命运动、瓦特·泰勒起义（Wat Tyler's Rebellion）、杰克·凯德起义（Jack Cade's Rebellion）、罗拉德派运动和威克利夫派运动。此外，17 世纪的英国革命、清教徒、独立派、平等派和掘土派亦受到特别关注。在这一部门独有的重要收藏中，有约翰·李尔本（John Lilburne）的传单、杰拉德·温斯坦莱（Gerrard Winstanley）和约翰·贝勒斯（John Bellers）的小册子。有关 18 世纪的文献主要涉及工业革命和法国大革命的影响。有关英国工人运动史的文献是按照年代进行划分的：1815—1832 年，有卢德运动（Luddite Movement）、威廉·科贝特（William Cobbett）的鼓动、欧文的宣传活动；1832—1858 年，有反谷物法运动、宪章主义；1859—1877 年，有地方工会委员会的形成和第一国际。这里收藏的英国工人运动文献，特别是关于欧文主义者和工会的文献，在某些方面比大英博物馆还要完整。该研究室收藏的美国文献主要涉及美国内战史和工人运动史。同时，研究室还收藏有关于爱尔兰问题以及加拿大、南美、印度等地工人运动史的文献。

　　国际关系研究室专门收集马克思恩格斯曾经研究的大量国际政治问题

（尤其是西亚、北非地区）的相关文献。此外，对恩格斯的思想产生重要影响的军事政治问题也是该研究室的关注点。

斯拉夫国家研究室主要关注马克思主义在俄国以及其他斯拉夫国家（波兰和巴尔干地区国家）早期传播的历史。除了普列汉诺夫（Plekhanov）外，那些与马克思或恩格斯保持联系并受其影响的 19 世纪人物也受到特别关注。

除了上述研究室外，日本和中国马克思主义和工人运动史工作室、殖民地国家工作室也在创建计划之中。

关于 1930 年各个研究室的藏书，可以参见下表：

研究室	藏书量（册）
1. 马克思恩格斯研究室	3 220
2. 第一国际和第二国际历史研究室	2 184
3. 哲学研究室	29 672
4. 历史科学和自然科学方法论研究室（扩充中）	747
5. 经济学研究室	21 384
6. 发生社会学研究室	5 948
7. 政治和法学研究室	10 487
8. 社会主义和无政府主义史研究室	16 379
9. 日耳曼国家研究室	70 968
10. 法国和比利时研究室	43 216
11. 欧洲南部罗马语系国家研究室	5 305
12. 英国和美国研究室	24 138
13. 国际关系研究室	8 892
14. 斯拉夫国家研究室	53 553
阅览室（开架书）	22 035
分阅览室	13 780
期刊部	30 559

其他图书存放在博物馆和档案馆的专门图书馆。

二、档案馆

档案馆自 1923 年起才作为研究院的独立部门存在。来自毛特内尔和

帕朋海姆图书馆的少量手稿直至那时一直保存在马克思恩格斯研究室。当
1923 年秋天开始对保存在德国社会民主党（SPD）中央党务档案馆的马
克思恩格斯文献遗产进行更大规模的照相复制时，人们马上意识到需要建
立一座档案馆。与此同时，研究院开始从国外旧书商、手稿商人和私人收
藏家那里收购原始手稿，并有计划地在西欧有关国家档案馆、市属档案
馆、私人档案馆中照相复制关于社会主义和工人运动史的资料。为了研
究、编排、描述和辨识这些材料，研究院成立了专门的档案馆，并配备了
由高水平的"辨识专家"和其他专业人员组成的工作班子。经过一段时间
的努力，档案馆收集到 1.5 万份原始手稿和 17.5 万份照相复制件，它们
分别保存在档案馆下属的五个部门：（1）马克思恩格斯部；（2）第一国际
和第二国际历史部；（3）日耳曼国家社会主义和工人运动史部；（4）罗马
语系国家社会主义和工人运动史部；（5）斯拉夫国家社会主义和工人运动
史部。档案馆与那些由官方卷宗构成的国立档案馆的区别在于：首先，它
仅仅搜集与特定主题和历史事件相关的材料；其次，它不是按照卷帙或文
集对档案内容、原始信件或复制件进行分类，而是对其进行单独研究、整
理和辨识。

　　马克思恩格斯部集中了马克思恩格斯的全部文献遗产，包括 5.5 万份
照相复制件。在 1924—1927 年完整复制的文献遗产中包含了大量手稿，
它们由研究院首次出版，或者成为出版准备材料，其主要内容如下：（1）马
克思恩格斯的历史、哲学和新闻文章，它们构成由梁赞诺夫主持的《马
克思恩格斯全集》历史考证版（Marx-Engels Gesamtausgabe）第一
版（MEGA¹）第一部分（17 卷）；（2）马克思的篇幅宏大的经济学著作
（9 800 份照相复制件），包括《政治经济学批判》的 23 个笔记本［其中
一部分由卡尔·考茨基（Karl Kausty）作为《剩余价值理论》出版］和
另外 8 个笔记本（《政治经济学批判》的初稿和《资本论》手稿），这些手
稿构成了 MEGA¹ 的第二部分（13 卷）；（3）书信是马克思恩格斯文献遗
产的最大部分，其中不仅有马克思与恩格斯之间的通信，而且有两人在世
时（主要是 1837—1895 年）从各个国家的其他人那里收到的信件（大约
1.2 万封）；（4）最后一部分是马克思的 200 本厚厚的摘录笔记（也有恩
格斯的一些笔记），它们摘自人类知识的各个领域（世界历史、经济学、
哲学、艺术、数学、技术、化学、自然科学、地质学和欧洲国家史等，共
计 12 234 份照相复制件），涉及 5 000 本著作，对这些摘录笔记的辨识工
作表明，马克思并不总是在单纯地摘录，而是经常同相关作者进行"讨

论"，这些"讨论"有时反映在许多摘录稿上，有时则反映在边注或发挥性阐述中。

除了德国社会民主党中央党务档案馆的收藏之外，研究院还复制了收藏在恩格斯家族档案馆（恩格斯与其亲戚的通信以及青年时期的文章）、特里尔中学档案馆（马克思的中学毕业论文）、耶拿大学哲学系办公室档案馆（授予马克思博士学位的文件）、纽约公共图书馆［马克思恩格斯与弗里德里希·左尔格（Friedrich Sorge）的通信］、大英博物馆［马克思恩格斯致尼古拉·丹尼尔逊（Nikolaj Danielson）的信］、日本京都大学（马克思恩格斯书信）的材料，此外还有许多来自私人收藏的孤本文件和书信。如今，马克思恩格斯的这些文献遗产已经被辨识，并用打字机抄录了下来。人们可以从不同的视角研究这些遗产。

除了这些照相复制件外，档案馆还购买了马克思恩格斯的大量原始手稿，例如，致斐迪南·多梅拉·纽文胡斯（Ferdinand Domela Nieuwen-huis）、威廉·布洛斯（Wilhelm Blos）的信，《资本论》第 1 卷有关章节的写作计划，以及其他不同的手稿和书信。

在第一国际和第二国际历史部收藏的原始手稿和珍稀报纸文献中，值得重视的是梁赞诺夫利用数十年时间收集的关于国际工人协会（Interna-tional Working Men's Association）历史的文件、总委员会从成立直至迁往纽约的记录复制件（原件存于德国社会民主党中央党务档案馆）。此外，这里还保存着德国社会民主党中央党务档案馆收藏的莫泽斯·赫斯（Mo-ses Hess）、海尔曼·荣克（Hermann Jung）、约翰·菲力浦·贝克尔（Johann Philipp Becker）、弗里德里希·列斯纳（Friedrich Lessner）、尤利乌斯·莫特勒（Julius Motteler）、左尔格、海尔曼·施留特尔（Her-mann Schlüter）和约瑟夫·魏德迈（Joseph Weydemeyer）的文献遗产的照相复制件，另外还有恩格斯任第一国际意大利和西班牙支部通讯书记时的所有书信与文件。第一国际总委员会迁至美国后的会议记录的照相复制件以及美国支部的手册复制件，均来自威斯康星大学麦迪逊分校的历史协会档案馆。

日耳曼国家社会主义和工人运动史部拥有 6 000 份关于早期自由主义史、"真正的社会主义"史、1848—1849 年德国和奥匈帝国革命史、日耳曼国家的工人运动和社会民主党史的原始手稿。其中最具价值的收藏包括：拉萨尔日记（1840 年）及其与亲戚的通信；费尔巴哈未发表的 160封致奥托·维干德（Otto Wigand）的信、5 封致卢格的信；海尔菲特收藏馆收藏的大量关于奥匈帝国的 1848—1849 年运动史手稿（1 056 份）；施蒂纳（Stirner）的手稿档案，包含施蒂纳的文稿以及三月革命之前的革命运动的各种文献，以及恩格斯、埃德加·鲍威尔和卡尔·瑙威尔克（Karl Nauwerek）的书信。

在该部门的照相复制件中，首先是关于德国社会主义和工人运动史的档案资料值得关注，尤其是许多资料是在柏林达莱姆区的普鲁士国家秘密档案馆（GStA）复制的，另外还有一些资料来自波茨坦的德意志帝国档案馆（拉萨尔遗产）、汉堡和阿尔托纳的国家档案馆（魏特林卷宗和三月革命之前的时期）、德累斯顿的萨克森州立图书馆（卢格遗产）、普鲁士国家图书馆、科隆市历史档案馆（1842—1843 年的《莱茵报》遗产），以及其他许多州立或市属档案馆和图书馆。该部门在苏黎世的瑞士国家档案馆（魏特林手稿）以及维也纳的国会档案馆、王宫档案馆和国家档案馆也照相复制了许多珍贵资料。在这些资料中，普鲁士国家秘密档案馆的卷宗资料（大约 3 万份）在数量和质量上都是首屈一指的。勃兰登堡（柏林）警察总局关于一些重要人物〔如马克思、恩格斯、拉萨尔、卢格、魏特林、海因里希·海涅（Heinrich Heine）、布鲁诺·鲍威尔、威廉·李卜克内西（Wilhelm Liebknecht）、奥古斯特·倍倍尔（August Bebel）等〕的人事档案构成了其中绝大部分。其次是关于监视和查禁各种激进民主主义的、社会主义的报纸和杂志（《莱茵报》以及三月革命前的激进报纸）的审查档案；此外还有关于颠覆活动和骚乱的卷宗资料。最后是国外代理人关于国外的革命运动、政治流亡者及类似内容的报告。对这些资料的照相复制是按计划逐步推进的。

罗马语系国家社会主义和工人运动史部的手稿收藏有约 8 000 份，分为五个分部：（1）空想社会主义；（2）1815 年前的法国大革命；（3）1815—1851 年；（4）1852—1871 年；（5）1872—1914 年。关于第一分部需要提及的细节有：圣西门的 22 份手稿，蒲鲁东的 43 封书信，另外还有费里希德·拉梅耐（Félicité Lamennais）、埃蒂耶纳·卡贝、皮埃尔·勒鲁（Pierre Leroux）、巴泰勒米·普罗斯珀·昂方坦（Barthélem Prosper Enfantin）、米歇尔·舍伐利埃（Michel Chevalier）等人的手稿。在法国大革命分部，保存着著名的"茹利昂收藏"（超过 1 000 份手稿），此外还有 1 000 多份关于巴贝夫的手稿或他本人所写的手稿，这几乎是他完整的手稿遗产。第三分部主要收集了关于七月革命和二月革命的文件，这里最具代表性的是关于 1848 年临时政府和国民自卫军的文件。不过，在原始手稿方面最为丰富的是关于巴黎公社的手稿（大约 2 000 份文件），包括公社社员的书信、事务条以及命令、记录、通行证、委任状等；另外，还有国民自卫军和军队的委员会成员的相关文件。引人关注的是来自《度申老头》（*Le Père Duchêne*）编辑文件夹中的文件，它们反映了巴黎公社时期的不同观点。就个人文献而言，最具代表性的有路易斯·米歇尔（Louise Michel，超过 100 份文件）、古斯塔夫-保尔·克吕泽烈（Gustave-Paul Cluseret，60 份）、路易·夏尔·德莱克吕兹（Louis Charles Delescluze，32 份）、菲·皮亚特（F. Piat，73 份）、奥古斯特·韦莫雷尔（Auguste Vermorel，66 份）等人的文件。该部门收藏的照相复制件有来自国家档案馆和国家图书馆的关于平等派［巴贝夫与菲力浦·邦纳罗蒂（Philippe Bonnardi）］密谋的卷宗，还有关于布朗基等人的卷宗。

档案馆拥有一些意大利文原始手稿，包括朱塞佩·马志尼（Giuseppe Mazzini）、扎钦托·塞拉蒂（Giacinto Serrati）、朱塞佩·加里波第（Giuseppe Garibaldi）等人的信件；英文原始手稿有科贝特、理查德·科布顿（Richard Cobden）、威廉·葛德文（William Godwin）、约翰·斯图尔特·穆勒（John Stuart Mill）、乌尔卡尔特、罗伯特·皮尔（Robert Peel）、琼斯、哈尼等人的信件；照相复制件有来自大英博物馆的通讯协会记录。

斯拉夫国家社会主义和工人运动史部收藏有一小部分普列汉诺夫遗稿原件和维拉·伊万诺夫娜·查苏利奇（Vera Zasulich）的几份手稿，另外还有一些信件，包括巴维尔·阿克雪里罗得（Paul Axelrod，61 封）、查苏利奇（27 封）、普列汉诺夫（22 封）、亚历山大·洛夫维奇·帕尔乌斯（Alexander Lvovich Parvus，25 封）、巴枯宁等人的信件。该部还收藏并研究丹尼尔逊（547 份）、恩·弗列罗夫斯基（N. Flerowski，马克思曾经研究过他关于俄国工人阶级状况的著作）、彼得·拉甫罗夫（Peter Lavrov，其中不仅有荣克关于第一国际历史的珍贵资料，而且有马克思恩格斯致拉甫罗夫的大量书信）等人的文献遗产。

所有这些档案资料并不是原封不动地摆放在那里，而是做了辨识并按照不同线索加以编辑。档案馆如今已经拥有不少于 10 套不同的目录以及卡片索引，这些目录和索引不仅对档案资料按照字母与时间原则进行系统编排，而且对这些资料的内容按照不同的关键词进行登记。有了这些目录和索引，不仅可以减轻查考文献日期和标题等方面的工作负担，而且可以减轻编辑出版有关著作时的工作负担，同时还可以为研究者使用这些资料创造良好的条件。

三、博物馆

在拥有如此珍稀、贵重的图书和档案资料之后，研究院从 1923 年起便偶尔组织小型展览。此后，研究院所隶属的苏共中央执行委员会在 1924 年决定，在研究院设立一个特别的有关西方马克思主义史、社会主义史和工人运动史的博物馆分部。之前在各研究室保管的少量展品，如今被转交给新成立的博物馆。在 1924—1929 年，研究院从国外获得了大量收藏，涉及海报、传单、呼吁书、版画、插画、图片、相册、石版画、肖像等，以至于这个在当年夏天拥有了自己的大楼并能够全面开展活动的博物馆分部收藏了 14 万件藏品。最珍贵的收藏是：马克思恩格斯的全套画像、马克思恩格斯居住过的所有住所的照片、第一国际和第二国际代表大会与会人员合影、法国大革命和 1871 年巴黎公社历史人物的全套肖像。

博物馆由下列部门构成：（1）马克思恩格斯部；（2）法国大革命部；（3）七月革命和 1848—1849 年革命部；（4）巴黎公社部。同档案馆类似，在这些部门中，所有资料均按照科学观点分类并加以研究。正是基于这些前期工作以及所有研究室的参与，研究院得以举办了三场引起轰动的大型展览：（1）法国大革命展（1927 年 5 月至 9 月），2 700 件展品；（2）马克思恩格斯生平著作展（长期展览），4 000 件展品；（3）巴黎公社展（1928 年 7 月至 1929 年 4 月），3 700 件展品。所有这些展览不仅吸引了普通劳动者到访参观，而且对历史专业人士也具有巨大的吸引力。这表明，博物馆不仅陈列资料，而且还向参观者展示工人运动的历史，进行直观的讲述，形象地呈现各种事件和运动诞生的历史与地域背景、经济驱动力以及政治社会条件。为了实现这一目标，博物馆在其所有展览中总是把图书、报纸、档案和图片资料结合起来，并通过图表、插图、引文、铭文及其他各种直观材料来说明其内容。

第 2 章　荷兰阿姆斯特丹国际社会史研究所与马克思恩格斯文献遗产[*]

马林·范德海登/文　　孙颖/编译

　　一般认为，现存的马克思恩格斯手稿大约有三分之二保存在荷兰阿姆斯特丹的国际社会史研究所（IISG）。在抵达阿姆斯特丹之前，这些手稿在西欧辗转迁徙，并受到各种政治进程的影响和制约。这段故事有许多"剧集"，并为大量文献资料所佐证。然而，并非所有环节都是清楚明晰的——重大事件总是如此。在本章中，我将首先描述马克思恩格斯文献遗产的迁徙之旅，然后简要勾勒这些文献的构成及其未曾公开的内容，最后介绍 2015 年完成的数字化项目的相关信息。

一、马克思恩格斯及其文献遗产

　　马克思和恩格斯既是生活中的挚友，也是事业上的合作者。他们怀有共同的政治理想，并对资本主义社会的病因持有一致的态度。在几十年的岁月里，他们密切合作，甚至共同写作。在两人中，马克思被视为更伟大的思想家和著作家，更重要的政治家和更具影响力的人物。但是，恩格斯也撰写了大量重要的著作，并不遗余力地促进马克思的思考与写作，是其忠实可靠的支持者——在经济方面亦是如此。而且，正是恩格斯普及和传播了马克思的理论，成为马克思思想遗产的精心守护者，并维护了马克思

　　* 本章原载：《国外理论动态》2021 年第 1 期。本章为作者直接供稿。马林·范德海登（Marien van der Heijden）：荷兰阿姆斯特丹国际社会史研究所文献收集部。孙颖：中国人民大学马克思主义学院。

在社会主义运动中的声誉。

马克思和恩格斯均出生于德国，并在欧洲多地旅居。这有时是出于自愿，但更多是由于他们的政治活动所导致的法律问题。大约在 1850 年，两人均在英国定居下来。马克思是在被德国、法国和比利时政府驱逐之后迁往伦敦的。恩格斯则住在曼彻斯特，他的家族在那里拥有一家纺织厂。在 1870 年之前，马克思及其家人在伦敦屡次搬家，并且经常面临财政问题。此后，恩格斯迁居伦敦，并将他的大部分时间和大量金钱用于支持马克思。在那之后，马克思一家便住进了一所修缮良好的房子。马克思也拥有了自己的书房，可以在那里从事研究和写作，并保存自己的书籍和札记。

没有照片可以为我们展现马克思在梅特兰公园路（Maitland Park Rood）居所中的书房是什么样貌，但是我们掌握了同时代人的一些叙述以及后来的某些理想化描绘。事实上，马克思的书房看起来凌乱不堪，四处都是成堆的书籍和文稿。这不是一个井然有序的图书馆，而是一位博学多才、求知若渴的知识分子的工作间，只有马克思本人才知道在哪里能找到哪页文稿。

1883 年马克思去世后，恩格斯承担起基于亡友的手稿完成并编辑出版《资本论》第 2、3 卷的使命。他继承了马克思的大部分文稿，它们主要是待出版著作的手稿以及同马克思的政治活动相关的文件。另有少部分草稿和手稿留放在马克思家中，它们大部分是较为私人性的文稿、书信等。

这一时期，恩格斯的任务是审阅马克思著作的新版本和新译本，以及出版《资本论》第 2、3 卷。他当时以为，这项工作应该几近完成。然而他在着手工作时却吃惊地发现，根本不存在马克思谈论多年的"几近完成"的手稿，而他要在亡友的文稿中找到出路亦是极为艰辛不易。此外，他还必须学会辨识马克思的笔迹。经过艰苦的努力，恩格斯编辑的《资本论》第 2 卷于 1885 年出版。1894 年，也就是恩格斯逝世的前一年，《资本论》第 3 卷才得以面世。

二、马克思恩格斯文献遗产运离德国

恩格斯逝世后，马克思恩格斯的文稿应当由德国社会民主党（SPD）——当时欧洲最庞大、最强盛的社会主义政党——拥有，这件事早有定论。不过，在由党内的哪个人、哪个派别保管文稿的问题上仍然存在着竞争。换言之，这些文稿可谓是社会政治运动的意识形态王冠，成为其"守护者"将是一件极为荣光之事。几年后，各方达成了协议。文稿被运回柏林，成为德国社会民主党中央党务档案馆馆藏的一部分。在这里，它们不仅被保存收藏，而且被考察研究——但它们并非完全向公众开放，而是处于德国社会民主党的监督之下。例如，卡尔·考茨基曾研究过这些文稿，而马克思与恩格斯之间的通信后来也得以编辑出版。

一批极为重要的马克思恩格斯研究者来自莫斯科的苏共中央马克思恩格斯研究院。该研究院由杰出的科学家达维德·梁赞诺夫领导。在他的带领下，苏联启动了第一版《马克思恩格斯全集》即 MEGA[1] 的编辑出版工作，并在 20 世纪 20 年代后期至 40 年代初期出版了 14 部质量上乘的 MEGA[1] 卷次。苏联人不仅研究并出版马克思恩格斯文稿，而且还为已经开始搜集手稿的苏共中央马克思恩格斯研究院制作相关复制件。

20 世纪 30 年代，欧洲的政治形势发生了变化。在苏联，斯大林政权终止了梁赞诺夫在马克思恩格斯研究院的工作，并将其流放。在德国，希特勒的国家社会主义党（NSDAP）于 1933 年上台执政，德国社会民主党遭到取缔，一部分领导人被捕，另一部分领导人则逃离德国。就在德国社会民主党各分部被占领之前，一些人设法拯救出档案馆中最为珍贵的馆藏。马克思恩格斯文稿被藏在一卷卷壁纸中偷偷地带出档案馆大楼，送至一家古旧书店的储藏室。在那里，社会民主党青年团成员把它们一份一份地放进背包，背过边境，运抵丹麦。

在丹麦的哥本哈根，这些文稿被秘密安放在丹麦工人银行的保险柜里。只有德国社会民主党和丹麦社会民主党的少数党员知晓这一安排。德国社会民主党中央党务档案馆的其他馆藏被放置于两辆大卡车中，秘密运抵巴黎。德国社会民主党领导层在捷克斯洛伐克的布拉格设立了办事处，试图以此为基地，保存党的有生力量，并组织开展反对希特勒政权的各种活动。

三、马克思恩格斯文献遗产的出售

此时，德国社会民主党领导层开始考虑这批档案资料更为一劳永逸的解决方案。这些文稿应该再次开放以供研究之用，但是，如何开放利用，在哪个地点开放利用？鲍里斯·尼古拉耶夫斯基（Boris Nikolae-vskij）——一位苏联流亡者和孟什维克活动家，同时也是一位历史学家和档案学家——在其中扮演了关键角色。他并非德国社会民主党党员，但是由于曾经在柏林为梁赞诺夫工作过，因而对德国社会民主党中央党务档案馆和马克思恩格斯文稿的情况颇为熟悉。尼古拉耶夫斯基在欧洲拥有庞大的关系网，他甚至听说阿姆斯特丹的一位教授正在搜集社会史领域的出版物，并试图在该领域成立一家国际研究所。

N. W. 博斯图慕斯（N. W. Posthumus）教授是一位在国际上备受尊敬的经济史学家，曾创立了荷兰的经济史档案馆。他对社会政治运动的遗产抱有极大的兴趣，且不局限于荷兰国内的相关遗产。基于这一兴趣，他于 1935 年在阿姆斯特丹创立了国际社会史研究所（IISG）。该所秉持政治中立的原则，旨在为所有受到威胁的政治流派的档案资料提供安全的避风港，并致力于科学研究和出版活动。

在尼古拉耶夫斯基的引介下，博斯图慕斯与德国社会民主党领导层开始商谈把德国社会民主党的历史性收藏——包括马克思恩格斯文稿——转移到阿姆斯特丹的可能性和条件。其中一个选择方案是出借，即这些文稿仍然归德国社会民主党所有，但国际社会史研究所有权出版它们。由于流亡的德国社会民主党人需要资金来支持其各项活动，因此另一个选择方案是出售这些文稿，双方亦对此进行了讨论。在谈判过程中，尼古拉耶夫斯基始终参与其中，但是双方并没有达成任何协议。

此后，另有一个组织联系了尼古拉耶夫斯基，表达了对这批档案资料的兴趣，这就是苏共中央马克思恩格斯研究院［1931 年已改称苏共中央马克思恩格斯列宁研究院（IMFL）］，它得到了包括斯大林本人在内的苏联共产党高层领导人的支持。自然，对于苏联人而言，如果他们能够获得马克思恩格斯文稿，那将是一个极为重大的事件，而他们也能够以马克思主义意识形态的真正继承者的身份为荣。对于德国人而言，他们与苏联共产党在政治和意识形态上的分歧是一个大问题，但是他们又同梁赞诺夫及其工作团队有过长期的、积极的专业合作经历。不仅如此，苏联经济实力雄厚，而这是那位刚刚在阿姆斯特丹创立一家小研究所的博斯图慕斯教授所远不能及的。

截至 1935 年底，德国社会民主党领导层的绝大多数人都同意以尽可能高的价格把这批档案资料出售给莫斯科。这并不是一次简单的售卖，而是一项复杂的工程。这批档案的所有权将仍然由德国社会民主党保留数年，同时要保证在莫斯科建立一个研究所，以便研究和出版这些文稿。1935 年 11 月，双方在巴黎举行了数次磋商，但未能就价格问题达成一致。

四、苏联购买马克思恩格斯文献遗产的交易失败

1936 年 3 月，来自莫斯科的一个新代表团抵达巴黎，其成员包括：梁赞诺夫的继任者、苏共中央马克思恩格斯列宁研究院院长弗拉基米尔·阿多拉茨基（Vladimir Adoratskij），前外交官、全苏对外文化关系协会主席亚历山大·阿罗谢夫（Aleksandr J. Arosev），以及著名的苏共前政治局委员、马克思主义理论专家尼古拉·布哈林（Nikolai Ivanovich Bukharin）。

在正式谈判开始之前，苏联代表团成员希望看一看这批文献。于是，他们前往哥本哈根进行考察。在途中，他们首先访问了阿姆斯特丹，与博斯图慕斯教授会面，并参观了刚刚成立的国际社会史研究所。

苏联代表团返回巴黎后，下榻在位于圣日耳曼德佩区拉斯帕伊大道 45 号的卢泰西亚酒店。在这里，与德国人的谈判变得紧张严肃起来。桌面上摆放着一份合同草稿，双方已就大部分条款达成一致，只是价格问题仍然悬而未决。苏联人出价 700 万法郎，而德国人则要求至少 1 000 万法郎。之后，苏联人突然接到命令，不得不即刻返回莫斯科。于是，他们马上乘坐火车离开了巴黎，不再有任何音讯。1936 年 7 月和 9 月，德国社会民主党通过外交邮件收到了莫斯科方面的一些含糊不清的消息，莫斯科方面提出的条款和条件对于德国社会民主党而言愈发不利，价格也被降得更低。即便如此，德国社会民主党此时仍然表示愿意进一步展开谈判，然而莫斯科方面却再无消息。

与此同时，莫斯科开始了针对苏联共产党前领导人的"大清洗"。布哈林于 1937 年 2 月被捕，并于 1938 年 3 月被执行死刑。此前一个月，阿罗谢夫因同样的指控被处决。如此一来，在"巴黎代表团"中，只有阿多拉茨基得以幸免。

我们的问题依然存在：为什么莫斯科没有购买德国社会民主党的档案材料？难道确实不可能在 700 万法郎与 1 000 万法郎之间磋商出一个最终价格吗？抑或是苏联人失去了兴趣？若是如此，又是为什么呢？难道仅仅

是因为他们在经历了诸多艰辛后掌握了谈判的主动权？

五、马克思恩格斯文献遗产落户阿姆斯特丹国际社会史研究所

无论如何，苏联人的"消失不见"意味着德国社会民主党只剩下一个可以对话的候选者，那就是阿姆斯特丹国际社会史研究所。1938年初，双方达成协议，德国社会民主党最终决定出售其档案馆的收藏，包括马克思恩格斯文稿。合同于当年3月签订，交易价格是7.2万荷兰盾——约为苏联在两年前出价的十分之一。折合成今天的货币，相当于约67万欧元。不过，这种换算必须非常谨慎，因为1938年的7.2万荷兰盾可能比今天的67万欧元更具购买力。

合同签订后不久，国际社会史研究所的图书馆员安妮·阿达玛·范·莎尔特马（Annie Adama van Scheltema）便赶赴哥本哈根核查文稿，她发现一切都整理得井然有序。多年来，莎尔特马周游欧洲，在严格的意义上拯救着那些可能被毁坏或没收的档案和收藏。她的护照页（保存在国际社会史研究所的档案中）的海关印章显示：1938年3月，她访问了奥地利的维也纳，事由为无政府主义历史学家马克斯·奈特劳（Max Nettlau）收藏的档案，其中包含米哈伊尔·巴枯宁的文稿；5月，她前往丹麦的哥本哈根，事由为马克思恩格斯文稿；12月，她到达南斯拉夫的贝尔格莱德，事由为俄国社会革命党的档案。

国际社会史研究所接收了马克思恩格斯文稿，试图对其进行分类编目，以便用于科学研究和出版活动。但是，由于即将爆发的战争，这项工作并没有取得进展，马克思恩格斯文稿甚至没有抵达阿姆斯特丹。出于安全方面的考虑，它们在1938年9月被运抵英国。当时，国际社会史研究所在牛津开设了一个分部，距伦敦仅100公里。于是，马克思恩格斯文稿在历经迁徙游历后，几乎又回到了它们在1900年前被安置的原点。

事实表明，这是一个明智的决定。一年后，即1939年9月，第二次世界大战在欧洲爆发。次年5月，德国军队占领了荷兰。短短几天，德方人员便接管了国际社会史研究所。研究所的工作人员被遣散回家，一支纳粹特遣队开始仔细清查馆藏物品，以便确定应把哪些物品运往德国相关机构。这些收藏自然极具价值，其中包括国际社会主义运动的原始资料。

1945 年 5 月，荷兰获得解放，国际社会史研究所开始缓慢恢复。大量书籍和收藏回归研究所，并被登记和编目。直到 1946 年，马克思恩格斯文稿才抵达阿姆斯特丹。在战后的最初几年，国际社会史研究所的资金和人员都非常紧缺。得益于美国福特基金会（The Ford Foudation）的慷慨资助，马克思恩格斯文稿才在 20 世纪 50—60 年代彻底登记完毕。

六、马克思恩格斯文稿的构成

在阿姆斯特丹国际社会史研究所，马克思恩格斯文稿被放在一个书架上，有 5～6 米高。它们由以下几类文献构成：马克思恩格斯待出版著作的手稿；札记和摘录；书信；个人文件；马克思恩格斯制作的剪报和资料文件；亲属的文件。

最知名的珍贵文献当数《德意志意识形态》手稿和《资本论》第 2、3 卷手稿。它们通常能够反映出马克思与恩格斯之间的密切合作：一个人负责写稿，一个人负责评注。马克思的札记本以微小且难以辨认的笔迹真实地展现了马克思工作时的状况，为了跟上思考的速度，他飞快地书写，并不断地再思考和纠正自己。也有一些更具私人性的文献，特别是马克思与恩格斯之间的通信，他们在信中交换政治观点、新闻以及小道消息。另外还有一些反映家庭生活的文件，例如马克思家人在家里玩的棋牌游戏等，此处不再赘述。这些文献的完整清单可以在国际社会史研究所的在线目录中查看。

大体来说，国际社会史研究所接收了那些在马克思去世后移交给恩格斯并由恩格斯移交给德国社会民主党的文稿。另一部分文稿则存放在马克思女儿们的家中，苏共中央马克思恩格斯研究院的工作人员从她们那里获得了这些文稿。在经过多次合并和更名之后，该机构现在名为俄罗斯国家社会政治史档案馆（RGASPI）。这家档案馆还通过其他渠道搜集到了马克思的其他手稿，其中不乏极为重要的材料。如今，莫斯科拥有的马克思恩格斯文献收藏量居世界第二位，约为阿姆斯特丹国际社会史研究所收藏量的一半。

除了阿姆斯特丹和莫斯科，马克思恩格斯的一些文献自然也能在其他地方找到。但令人遗憾的是，一些最重要的马克思手稿却无迹可寻。

七、《世界记忆名录》收入的两份马克思恩格斯文献

《共产党宣言》是马克思恩格斯于 1847—1848 年在比利时布鲁塞尔撰写的，马克思把最终稿送到了伦敦。在那里，一间小作坊把它印刷出来。这个作坊的主人是德意志工人教育协会（Deutscher Arbeiter bildungsver-in）的会员，该协会与订购《共产党宣言》的共产主义者同盟关系密切。当时，似乎没有人过分关注这份手稿，因为在《共产党宣言》出版几周之后，1848 年革命就爆发了。阿姆斯特丹国际社会史研究所保留下来的只有一页纸，而且还是手稿，上面写有关于《共产党宣言》的部分内容。

这页手稿的内容涉及《共产党宣言》最终版第二章所考察的私有财产问题，顶端的两行是燕妮・马克思（Jenny Marx）的笔迹。这页纸存放在马克思的收藏中，后来同马克思的大量文稿一起被恩格斯继承。1883 年 6 月，恩格斯把这页纸作为纪念赠送给了爱德华・伯恩施坦（Eduard Bernstein），后者是恩格斯在德国社会民主主义运动中关系最密切的友人之一。后来，伯恩施坦将它补充到德国社会民主党中央党务档案馆的收藏中。经鉴定，这页纸的最后一行是伯恩施坦的笔迹。

《资本论》第 1 卷的手稿也遗失了。马克思是在伦敦写作这部手稿的。1867 年 4 月，他乘船前往汉堡，亲自把手稿交给了出版商奥托・迈斯纳（Otto Meissner）。在第一版付印之后，手稿便留在了出版商手中。这是一道正常的程序，因为它涉及出版商的权利。有文献证据表明，直至 20 世纪 20 年代初期，手稿依然存放在那里。但没有证据表明，手稿此后被转移到了其他地方。在第二次世界大战中，汉堡遭受重创。1943 年 7 月，狂轰滥炸和随之而来的熊熊大火实际上摧毁了这座城市，包括迈斯纳的办公室及其藏书和档案。让我们能够最为切近地考察马克思如何写作和修改他的经典之作的文献是他本人所拥有的《资本论》第一版的样书，他在其中为之后的版本添加了注释、评论、修改和增补。

2013 年，荷兰与德国联合将《共产党宣言》手稿页和马克思本人拥有的《资本论》第 1 卷样书提交给联合国教科文组织的《世界记忆名录》。该名录旨在引起世人对纸质遗产脆弱性的关注。就此来说，我们认为这两份文献是绝佳的范例——它们是在历史上具有重大影响力的政治文献的印迹。联合国教科文组织批准了申请，并于 2013 年将这两份文献收入《世

界记忆名录》。

八、如何获取和使用马克思恩格斯文稿

在 2015 年之前，人们必须亲赴阿姆斯特丹，才能查阅马克思恩格斯文稿。在我们的阅览室里，可以浏览到这些收藏的照相复制件，不仅有国际社会史研究所馆藏原件的复制件，而且有珍藏在莫斯科和其他地方的马克思恩格斯文献复制件。所有这些内容都罗列在馆藏清单上。这份清单向我们展现出理想状态下的马克思恩格斯文献档案，仿佛所有文献都汇聚在同一个地方，甚至佚失的手稿和文献在清单中亦有提及。所有这些清单的制作是在与重启的 MEGA 项目团队的密切合作下完成的。之所以成立这一团队，就是为了出版一套全新的、权威的、完整的马克思恩格斯著作版本。该版本将收录马克思恩格斯的一切文献遗产，包括他们从各种出版物中摘录的笔记，甚至他们在其拥有的书籍上所写的札记。

2012 年，国际社会史研究所得以开启一项为期四年的项目，即把在 1935—1940 年获得的最重要的档案资料数字化。这自然也包括马克思恩格斯的文稿。2015 年 8 月，马克思恩格斯文稿的数字化工作宣告完成，我们的全部收藏均可在线访问。这些收藏总计 53 740 张扫描件，包括空白纸页——我们亦将其数字化。这些扫描件的网上访问权限是免费开放的，其路径可从 http：//search. socialhistory. org 网站的馆藏目录清单中获取。

能够向公众开放这些文献，我们感到非常自豪。过去，获取这些文献极为复杂，而且只有那些能够负担得起阿姆斯特丹之旅的研究者才有可能实现。即使是他们，也只能看到照相复制件，接触原件只有在极为例外的情况下才被允许，例如 MEGA 项目的出版准备工作。如今，人们在网上就能够看到数字化的文档，而它们的质量远远优于那些复制件。

马克思恩格斯不断地为世人所解读，无论是其支持者还是其反对者。因此，能够通达真实的资料来源，通达原始文献，对于实现新的理解和新的阐释是至关重要的。我们希望我们的工作能够对此有所助益。

第 3 章 德国社会民主党与马克思恩格斯文献遗产的命运 *

保尔·迈耶尔/文 赵玉兰/编译

一

在挚友去世后的 12 年中，恩格斯出版了马克思的一部分遗稿，但是眼疾和咽喉疾病妨碍了他最终完成这项工作。为了确保工作继续下去，恩格斯及早采取了预防措施，让他信任的学生和友人来忠实地保管两位科学社会主义之父的遗产并留传给后人。早在 1889 年，他就告诉了爱德华·伯恩施坦和卡尔·考茨基自己的打算：教他们辨认马克思"潦草的笔迹"，以便使手稿"至少对于两个人不再是看不懂的天书"。一封写给考茨基的信无疑表明，他是两位被选中者之一。因此，在恩格斯去世后，当考茨基得知自己在遗嘱中被忽略时，该是多么吃惊和失望。他认为，恩格斯改变心意的原因必须到"私人事件或影响"中去寻求。1888 年，考茨基与夫人路易莎（Louise Kautsky）离婚，十分看重路易莎的恩格斯很不赞成考茨基走这一步。恩格斯警告考茨基，这是他人生中所做的"最大的蠢事"。考茨基确信，恩格斯在这件事上从未原谅过他，尽管他们仍然保持着友好的交往。

恩格斯把考茨基排除在马克思手稿的出版事宜之外是否确实源于这一私人风波，是难以证明的，但有些事情却可以支持这一猜测，尤其是下述事实：恩格斯把离婚后的路易莎接过来，请她担任自己的管家和秘书；恩格斯后来的所有旅行都有路易莎陪伴在侧；直到去世，恩格斯都把路易莎

---

 * 本章原载：《国外理论动态》2021 年第 1 期。原文来源：Paul Mayer, *Archiv für Sozialgeschichte*，Jahrgang 6－7，1966/1967。保尔·迈耶尔（Paul Mayer）：德国社会民主党中央党务档案馆。赵玉兰：中国人民大学马克思主义学院。

留在身边，即使是 1894 年她在恩格斯的赞同下与其家庭医生路德维希·弗赖贝格尔（Ludwig Freyberger）结婚之后。恩格斯还把自己的一部分动产和现金资产留给了路易莎。另外，他在 1893 年 7 月 29 日宣布的遗嘱以及 1895 年 7 月 26 日所做的遗嘱补充中决定：马克思的手稿（马克思致恩格斯的书信除外）交给马克思的小女儿爱琳娜（Eleanor），其他手稿和书信交给奥古斯特·倍倍尔和伯恩施坦；巴门（Barmen）和恩格尔斯基兴（Engelskirchen）的亲戚写给他的信，以及爱琳娜及其丈夫爱德华·艾威林（Edward Aveling）、马克思的二女儿劳拉（Loura Marx）及其丈夫保尔·拉法格（Paul Lafargue）、路易莎和弗赖贝格尔、派尔希·罗舍（Percy Rosher）及其妻子写给他的信，均需归还写信者本人。作为德国社会民主党领导人，倍倍尔和保尔·辛格尔（Paul Singer）继承了恩格斯的非常重要的书籍以及 1 000 英镑。

1929 年 9 月 18 日和 20 日，伯恩施坦出于现实的考虑在《前进报》上公布了恩格斯的遗嘱并介绍了遗产的命运。他提到，倍倍尔、李卜克内西和辛格尔在收到恩格斯逝世的消息后迅速赶赴伦敦，并在葬礼结束后商议了遗产处置事宜。关于商议结果，我们只知道，恩格斯的手稿"连同马克思的物品"被打包在一个箱子里，起初由倍倍尔负责保存。后来，德国社会民主党的领导人一致同意把遗产先放在伦敦，由居留此处的尤利乌斯·莫特勒照管。

1901 年，莫特勒决定由伦敦返回德国定居，从而出现了为这批无价之宝另觅栖身之所的问题。倍倍尔认为，柏林的德国社会民主党中央党务档案馆并非安全之地，因此他有意把这批文献遗产运到斯图加特（Stuttgart），交由狄茨出版社（Dietz Verlag）看管。倍倍尔否定柏林的意见得到了莫特勒的赞成，后者建议把遗产运到苏黎世，与另一部分遗产合并在一起，这另一部分遗产是他在 1897 年 7 月 1 日按照倍倍尔的愿望运到屈斯纳赫特（Küsnacht）的，"以便用于 1863 年以后的历史编纂学研究"。

人们理所当然地认为，首先应把遗产安置在普鲁士当局的势力范围之外，以确保它们不会遭到毁坏。但是，当时的德国社会民主党正在进行由伯恩施坦挑起的重大理论争论。他在恩格斯去世后便开始对科学社会主义学说进行"批判性的检验"，从而得出了令工人运动的思想基础遭受质疑的结论。因此，应当阻止伯恩施坦强占马克思恩格斯的文献，从而避免他用修正主义解释它们。莫特勒在致考茨基的多封信中清楚地阐明了这一点，他表示自己将行使一切权利阻止异己分子接近这些文献："在这些箱子的旅

行过程中，我将一如既往地照管它们，以便能够亲自把它们交到合法的
继承人手中。"

倍倍尔同样认为有必要采取预防措施。他在 1898 年 11 月 26 日致莫
特勒的信中写道："我现在非常生自己的气，我居然同意把遗著出版事宜
交到他（伯恩施坦）的手中，因为在未来的情况下，避免滥用是不可能
的。"接下来，他威胁说，如果伯恩施坦在他那本已经宣布要出版的新书
［应该是指修正主义的奠基之作《社会主义的前提和社会民主党的任务》
（*Die Voraussetzungen des Sozialismus und die Aufgaben der Sozialde-
mokratie*）］中"再次污蔑马克思和恩格斯"，那么他将收回他的赞成意
见。倍倍尔还补充说，他与伯恩施坦之间显然会因此而产生冲突，而仲裁
委员会必将对此做出裁决。

倍倍尔可能倾向于把斯图加特作为文献遗产的临时安置所，因为伯恩
施坦的对手考茨基就住在那里。考茨基力图严格按照马克思恩格斯的原著
来阐释他们的思想，并拒斥伯恩施坦的折中主义。但是，考茨基对此事似
乎并不感兴趣，因为他随时都能看到最重要的文献资料——马克思的手
稿。马克思的女儿们不同意把考茨基从恩格斯遗产的出版事宜中排除出
去，因此委托他出版马克思的著作，不过马克思用英文发表过的文章除
外，爱琳娜把这些文章的结集出版工作留给了自己。最终，关于恩格斯遗
产存放地点的决定可能是在约·亨·威·狄茨（Johann Heinrich Wilhelm
Dietz）那里做出的，他无论如何都不赞成斯图加特，而是认为放在柏林
才是更好的解决办法。按照倍倍尔的猜测，狄茨担心伯恩施坦"可能会对
他发动攻击"，"因而想就此将斯图加特的出版社排除在外"。

于是，尽管绕道莱比锡，但这些箱子还是被存入了德国社会民主党中
央党务档案馆。从伦敦起运可能是以倍倍尔所希望的方式进行的。正如莫
特勒在 1901 年 5 月 12 日写给考茨基的一封信中指出的："当乡镇当局在
这里对箱子里的商务材料、手稿、书籍和印刷品等物品——属于家庭用
品——进行了仔细检查之后，它们同我们的家具一起被放入仓库，以便之
后经由国际行李车直接过境。"

按照莫特勒 1901 年 5 月 10 日致考茨基的信中的说明，遗产直至当时
都放在四个箱子里："带锁的大铁皮箱当初由爱德华交给我，标记为马克
思的物品；被称为'爱尔兰人'（Hibernica）的箱子里是将军（恩格斯）
的物品。此外还有两个木箱。"但是，莫特勒在 1901 年 5 月 15 日写给考
茨基的信中说，"爱尔兰人"里只有报纸。为了能够在海关那里申报这些

待寄物品，莫特勒必须核验箱子里的东西，结果发现一个箱子的钥匙丢了。针对他为此而向倍倍尔和考茨基提出的询问，考茨基答复道："倍倍尔说，弗赖贝格尔夫人有将军箱子的钥匙。"但是，由于莫特勒似乎不再同弗赖贝格尔夫人有任何私人联系，于是考茨基建议他"用别的方式打开箱子，以便确认里面的东西"。想必倍倍尔一定是在此期间直接求助了恩格斯当年所信赖的弗赖贝格尔夫人，因为几天之后莫特勒报告说，弗赖贝格尔夫人给他寄去了所需的钥匙。

由倍倍尔保存在瑞士屈斯纳赫特的另一部分马克思恩格斯文献仍继续存放在那里，直到倍倍尔逝世一段时间后，似乎才与主体部分合并。这件事的推动者可能是埃米莉·莫特勒（Emilie Motteler），她在丈夫去世后一直试图秉承他的遗志继续担任德国社会民主党中央党务档案馆的利益代表。1914 年 11 月，她提醒考茨基，"在瑞士的奥古斯特那里还有珍贵的历史资料"，它们属于党务档案馆，倍倍尔女儿的唯一儿子（倍倍尔的外孙）没有任何权利拥有它们。为此，她恳切呼吁："我必须同一位合适的人士商谈，我认为我有责任以尤利乌斯的身份为此事出面，党的任何东西都不能丢失。"然而，没有证据表明她的呼吁有任何显著的成效。

在把遗稿存放到党务档案馆后，伯恩施坦并没有制造任何麻烦。后来，当有关修正主义的争论基本结束、长期敌对的战友再次友善地彼此接近时，经与倍倍尔商议，部分手稿和书信被转运到伯恩施坦位于柏林的住所，交由他来看管。按照伯恩施坦的说法，他一直保管着这些东西，"大概从 1910 年起持续了多年"，直到 1924 年 12 月 21 日出于特殊原因返还给档案馆。在这些手稿中，有尚未出版的《德意志意识形态》，马克思恩格斯在这部著作中首次阐发了唯物史观。按照考茨基的证言，档案馆也从他那里接收了一系列马克思手稿，它们应该是爱琳娜的遗产中托付给他的那一部分。"除此之外，还有来自其他方面的大量手稿和书信被交给档案馆，它们或者与马克思恩格斯有关，或者是他们的著述。"

二

荣尼·亨利克森（Jonny Hinrichsen）是德国社会民主党中央党务档案馆的最后一位主管人。他于 1868 年 11 月 14 日出生于汉堡，曾经学习木匠手艺，并自 1908 年起成为木匠工会雇员。在担任档案馆的主管人之前，他在档案工作方面没有接受过任何专业训练，但是这一缺陷不仅被他对这项事业的热爱所克服，而且被他的可靠、忠诚和无私弥补。

1921 年，保尔·康普夫迈耶尔（Paul Kampffmeyer）作为文献顾问参与到档案馆和狄茨出版社的事务中。他早已享有历史学家的声望，这可以通过他在 20 世纪 20 年代发表的大量著述得到进一步证明。1864 年 11 月 29 日，康普夫迈耶尔出生于柏林。1890 年前后，他成为"青年派"的一员，该派攻击德国社会民主党的领导，谴责帝国议会党团的"独裁欲""堕落""腐败"，由此引发了一场危机，这场危机最终在 1891 年爱尔福特（Erfurt）代表大会上以将"青年派"的主要代言人开除出党而告终。为了表示抗议，康普夫迈耶尔放弃了他当时作为马格德堡的《人民之声报》（La Voix du Peuple）编辑部成员的职位，并多年过着脱离日常政治的隐居生活，直到 1899 年，他才作为法兰克福地区的工人书记重新出山。1905 年，他以工人书记的身份前往慕尼黑，并从 1907 年起领导《慕尼黑邮报》（Muenchener Merkur）的政治编辑部，1918 年后成为该报主编。

虽然此后档案馆的管理工作依然掌握在亨利克森手中，但是康普夫迈耶尔凭借其对这项工作的胜任很快成为专业带头人。他对档案工作者的使命有很深刻的认识。他的目标是把档案馆建设成一座社会主义史研究中心。他懂得吸引知名学者并同他们进行长期合作，比如柏林大学的工人运动史讲师、拉萨尔和恩格斯研究专家古斯塔夫·迈耶尔（Gustav Mayer）。他还与苏共中央马克思恩格斯研究院展开合作，后者于 1923 年秋开始筹备出版第一套马克思恩格斯著作全集（MEGA[1]）。这套全集包含 42 卷，被视为"国际"版，并将首先由位于法兰克福的马克思恩格斯文献出版有限公司用德语出版，该公司是由研究院与法兰克福社会研究所（Institut für Sozialforschung）特意为此目的联合创立的，发起人是研究院创始人和领导者达维德·梁赞诺夫。十月革命前，梁赞诺夫曾作为俄国流亡者在德国生活多年，与德国社会民主党保持着友好的联系。第一次世界大战前，梁赞诺夫受德国社会民主党委托出版了一部马克思恩格斯的报刊文章集，这些文章主要是为《纽约每日论坛报》撰写的。如果没有党务档案馆以其丰富的收藏（两位科学社会主义创始人的书信、文献和原著）所给予的支持，MEGA 方案就不可能实现。在苏联政府同意了梁赞诺夫的计划并批准了为此必须拨付的资金后，经由路易莎、鲁道夫·希法亭（Rudolf Hilferding）和阿道夫·布劳恩（Adolf Braun）的介绍，主编梁赞诺夫得以阅读绝大部分马克思恩格斯文献遗产。为了支持这一方案，伯恩施坦按照他在 1924 年 12 月 19 日发表的一份声明，将其保管的那部分遗产转交党务档案馆，并把"他对马克思恩格斯著作和书信的所有著作权和出版权"转让给马克思恩格斯文献出版有限公司。同时，他也放弃了未来"有关这些著作的进一步出版活动"，只保留了自己与恩格斯的通信，因为他早已向狄茨出版社承诺会首先在该社出版这些通信。在一年后出版的这本通信集的前言中，主编伯恩施坦指出，这些书信已经在 1924 年初夏出版俄译本，主编为梁赞诺夫，他说："我在几个月前就把这些书信以及我所保管的恩格斯的论文手稿交给了梁赞诺夫，以供他照相复制，并在晚些时候以俄文出版。"

多年来，苏共中央马克思恩格斯研究院的代表一直在德国社会民主党中央党务档案馆畅通无阻地开展工作，制作遗产原件的复制件。然而，由于苏联方面在其马克思恩格斯出版物中大量加入批判社会民主党人的评论，德国社会民主党方面开始考虑，在这种情况下是否还要长期为促进苏联的事业承担责任。1930 年，"基于对文献遭到滥用的抗议"，德国社会民主党委员会做出决议，不再允许苏联方面进行复制工作，而这一决议正是由希法亭和赫尔曼·穆勒（Hermann Müller）建议的。他们认为，必须防止"档案馆在思想上被完全洗劫一空"。

梁赞诺夫试图通过个人干预来促使德国社会民主党委员会收回成命。委员会专职委员威廉·迪特曼（Wilhelm Dittmann）接待了他。自布劳恩去世后，档案馆便隶属于迪特曼的部门。在迪特曼关于此次谈话所做的一份档案记录中这样写道："虽然他们（俄国人）说，他们只是作为科学家而不是政治家说话，但是莫斯科的当权者却在宣传的视角下把他们的工作完全视为政治性的，对此我们也必须在政治层面表明立场。"

早在几个月前，德国社会民主党就因马克思恩格斯遗产中的手稿出版权问题与梁赞诺夫发生了争论。看来，出于上述原因，伯恩施坦按照德国社会民主党委员会的愿望使苏共中央马克思恩格斯研究院的领导人注意到，出版权专属于社会民主党委员会，任何出版活动均要征得它的同意。梁赞诺夫对此表示质疑，他援引了 1924 年伯恩施坦的那份声明。事实上，该声明存在问题，其法律地位并不明晰。但是，似乎直到梁赞诺夫提出疑问后，党委会才知晓此事，并可能向伯恩施坦施加了影响，促使他采取了顾及党委会的法律权益和政治利益的措施。而伯恩施坦也迅速满足了这一要求，他在 1929 年 11 月 16 日致信马克思恩格斯文献出版有限公司，完全站在社会民主党委员会的立场上，明确表示收回 1924 年 12 月 19 日的声明：

> 尊敬的公司：
>
> 　　最近的事件促使我收回我在 1924 年 12 月 19 日向贵公司发表的声明。马克思恩格斯研究院的梁赞诺夫先生向德国社会民主党委员会援引了我的这份声明，并且据此得出他拥有我在那份声明中所提及的只是转让给您的这一权利。我们之间并不存在什么商业合同，从而使我有义务交给贵公司我所保管的手稿等弗里德里希·恩格斯的部分遗产。在这里，首先需要特别注意的是，我并未把这笔遗产视为我本人的财产，而是视为受托管的财产；我的亡友、我们党的同志奥古斯特·倍倍尔——弗里德里希·恩格斯在其 1893 年 7 月 29 日的遗嘱和 1895 年 7 月 26 日的遗嘱补充中把这些文稿遗留给了他和我——和我一致认为，在这件事上，我们只是被恩格斯视为德国社会民主党的可靠之人，他打算把党作为他的这部分和其他部分遗产的真正继承人。因此，在任何具体的情况下，关于使用这笔遗产的任何权威决定都由党委会宣布。倍倍尔去世后，在我此前还没有与我们党委会取得共识的情况下——正如你们一定知道的，最近刚刚去世的党委会成员阿道夫·布劳恩直至最后还在作为中间人发挥作用——，我自然还会坚持这一规定，自然不拥有任何一份遗稿。也正是基于此前达成的这种共识，我才在当初向贵公司发表了这份现在被梁赞诺夫援引给党委会的声明。因此，我不能再坚持这份声明了。我发表这样一份声明是有前提条件的，而事后表明，这些前提条件是完全错误的。我原以为，贵公司将会按照曾经的格律恩伯格文库所彰显的精神接受领导，对于莫斯科马克思恩格斯研究院的党派政治倾向采取完全独立的姿态。由于莫斯科的精英们错误地对所有独立的、与布尔什维克政治相悖的社会主义者，尤其是德国社会民主党进行系统的、充满敌意的怀疑和诽谤，由此持续妨碍了它与受之影响的团体的一切和谐合作，所以，我认为有必要在此明确且正式地收回我所发表的那份声明。我否认贵公司有权通过援引这份声明而要求向贵公司提供我所受托看管的手稿和书信遗产的各部分，我只承认德国社会民主党委员会是它们的所有者。
>
> 　　致以应有的敬意

　　然而，梁赞诺夫对这一答复仍不满意。他向德国社会民主党委员会递交了 1924 年的伯恩施坦声明以及一封信的复印件，这封信是布劳恩在 1924 年 12 月 1 日写给马克思恩格斯文献出版有限公司的。从这封信可知，布劳恩将该公司请求获得马克思恩格斯遗产出版权的申请书转交给了伯恩施坦，并附上一张同时收到的 4 200 马克支票。他请求伯恩施坦回复公司的信件，并签署公司所期望的"保证书"。看来，公司所要求的出版权正是以这 4 200 马克为补偿的。

　　如今，社会民主党委员会不得不进一步处理这一复杂事件。迪特曼在一封由他签名的书信中对梁赞诺夫的申诉表明了立场。他指出，梁赞诺夫从 1924 年的通信中得出的结论是错误的，并把当初的过程阐述如下：布劳恩根本没有把公司的信件及支票转交伯恩施坦，毋宁说，他让人把支票转到了社会民主党委员会的账户上，然后通过"我们的一位出纳员"把这笔钱亲自交给了伯恩施坦。在与党委会主席奥托·威尔斯（Otto Wels）和迪特曼的一次谈话中，伯恩施坦对此极为坚决地解释说，他完全不记得支付钱款一事，在他的书中也根本找不到相关记载。伯恩施坦的这一解释是可信的，但是把钱款亲手交给他的出纳员的说明也同样可信。就伯恩施坦来说，他在 1925 年经历了两次中风，尽管其精神状态总体良好，但也可能有记忆空白。

　　关于钱款的事情也在这封信中得到了详尽说明。虽然伯恩施坦通过布劳恩打来的电话得知，后者以挂号信的形式寄给他一张由马克思恩格斯文献出版有限公司开具的支票，但他并不知道这 4 200 马克与邮寄的支票是一回事，看来布劳恩并没有向他提及支票的数额。这也表明，伯恩施坦从来没有意识到，他由于出让马克思恩格斯遗产的出版权而得到了钱，他可以问心无愧地否认此事。

　　接着，这封信还明确表示，伯恩施坦于 1924 年 12 月 19 日向马克思恩格斯文献出版有限公司发表的声明只是一份"单方面的意愿声明"，而非"合同"，它对转让出版权的回报问题只字未提。因此，钱款问题并未使形势发生任何改变，因为伯恩施坦从不知道"出售"一事，也从未赞成过此事。这是决定性的一点。正如这封信进一步指出的，布劳恩似乎是"出于臆想的科学兴趣，出于与梁赞诺夫的故交，出于对伯恩施坦在通胀时代末期的财政窘况的同情，而想要进行这笔交易"，"并且采取了尽可能保护伯恩施坦的方式"。布劳恩的这种"出于好意的但却有些擅自做主的行为"，无法使党在法律上受到约束，正如布劳恩本人在写于 1924 年 12

月 21 日的一封信中所强调的：“党的委员会并不是法律意义上的人，按照组织章程第 19 条的规定，党不受任何非法律行为的约束。”

最后，这封信写道，社会民主党委员会最近对整个事件表明了态度，即拒绝一切售卖马克思恩格斯遗产的交易，只要是来自马克思恩格斯遗产或档案馆的材料，就应免费供人研究和使用。4 200 马克应当退还马克思恩格斯文献出版有限公司，“自然不是由伯恩施坦，而是由社会民主党委员会来退还”。因此，就在写信当天，4 200 马克被转到了马克思恩格斯文献出版有限公司的支票账户上。

由此，这一事件告一段落。但是，社会民主党委员会的解释并不能使人认为 4 200 马克一事得到了充分说明。还需要补充的是，布劳恩在 1924 年 12 月 21 日致马克思恩格斯文献出版有限公司的那封信中证实收到了支票，并就他关于社会民主党委员会对马克思恩格斯遗产所有权的详细说明补充了如下评论：“你们可以放心了，可以在对我们的充分信任中着手马克思恩格斯文献的出版工作了。”

梁赞诺夫在这件事上的失败可能助推了如下后果：1931 年 2 月，他被解除职务，并被开除出党，理由是他支持了“孟什维克的反革命活动”。康普夫迈耶尔在其撰写的《马克思恩格斯研究院与社会主义研究工作》（“Das Marx-Engels-Institut und die Arbeit sozialistischer Forschung”）一文中曾就梁赞诺夫事件指出，梁赞诺夫被免职是一项具有政治背景的措施，其真正原因在于他在苏共中央马克思恩格斯研究院的研究工作中采用了社会民主主义学者的专业知识，据此可以推测，马克思恩格斯研究院在统一苏联意识形态的进程中将变成反对社会民主主义的战斗研究院。

三

德国社会民主党中央党务档案馆拥有的最珍贵收藏莫过于马克思恩格斯遗产。这批数量庞大的手稿是对现代社会的发展进程产生了无与伦比的影响的那些学说的原稿。科学社会主义的两位创始人为无产阶级的解放斗争提供了最锐利的武器，他们的遗产持续地散发出神秘的魅力，这种魅力或许部分缘于其独特的命运。对于社会主义运动来说，这些遗产一如既往地成为力量之源、信仰之源以及令人虔敬的宝藏。因此，在纳粹上台之后，拯救这批独一无二的收藏就成为首要的任务。早在 1933 年 2 月，它们就被转移出档案馆。而此时，国会纵火案还没有发生。

　　起初，马克思恩格斯的遗稿被威尔斯安置在柏林路德大街的一个裱糊匠店里，或许没人想到它们会被放在这样一个地方，但在政治进程的发展如此急转直下的阶段，就这批如此珍贵的宝藏而言，这里并不能被视为一个可靠的安放点。威尔斯曾经是一个受过专业培训的裱糊匠，在担任党委会主席期间仍然是该职业组织的成员。这或许就是选择这一藏匿点的原因之一。

　　当德国社会民主党在帝国议会的党团秘书处商议此事时，在那里工作的格尔哈特·布莱特夏特（Gerhard Breitscheid）——著名的社会民主党政治家鲁道夫·布莱特夏特（Rudolf Breitscheid）之子——想起来，他一位同学的父亲达维德·所罗门（David Salomon）是柏林著名的旧书商，住在威斯特伐利亚大街，从事贵重手稿的生意。布莱特夏特与他的同事讨论了把马克思恩格斯遗稿暂时安置在此处的可能性，他们可以神不知鬼不觉地把手稿放到那里的一个大仓库中。这一建议在提交德国社会民主党委员会后，得到了威尔斯和齐格蒙特·克鲁梅内尔（Siegmund Crummenerl）的赞成。于是，几辆卡车把装有马克思恩格斯文献的包裹从路德大街运至威斯特伐利亚大街。整个工作进行得小心翼翼，以免遭到任何意外的跟踪。

　　大概在 1933 年 5 月中旬，布莱特夏特流亡到丹麦，他同这个国家有种种联系，并且精通丹麦语，还与当时的丹麦社会民主党总书记汉斯·赫托夫·汉森（Hans Hedtoft Hansen）是朋友，后者后来成为丹麦首相。布莱特夏特起初住在丹麦菲英岛（Fünen）西海岸附近的阿维纳斯（Avernaes），这里是德国流亡者的临时避难所。自 1929 年起，阿维纳斯就属于布莱特夏特的朋友汉斯·罗格·马多尔（Hans Roger Madol），他是一位历史作家，本名格尔哈特·所罗门（Gerhard Salomon），即柏林那位暂时保管马克思恩格斯文献的旧书商之子。

　　在布莱特夏特到达丹麦后不久，马多尔就将他的朋友责备了一番，因为布莱特夏特把马克思恩格斯文献置于他父亲家中的做法，使他父亲陷入了不必要的危险境地。于是，布莱特夏特前往哥本哈根拜访了汉森，后者欣然表示，丹麦社会民主党愿意承担马克思恩格斯遗产的守护工作。此后，汉森安排人把马克思恩格斯文献直接从柏林的威斯特伐利亚大街运往哥本哈根。

运输是分阶段实施的，即使没有数月的时间，也至少持续了数周。至于这些资料是如何从柏林运出来的，始终不为人知，可以确定的只是，它们最初被运到了基尔（Kiel）。当地的社会民主党人接收后，又设法转运至弗伦斯堡（Flensburg）。在那里，这些包裹被德国和丹麦的工人青年组织成员装入背包，借助折叠小艇，经由许多危险的路线偷运过境。这一阶段行动的组织者是丹麦社会民主党人乌弗·安德森（Uffe Andersen），他得到了来自边境地区哈里斯莱菲尔德（Harrisleefeld）的德国同志威廉·施梅尔（Wilhelm Schmehl）的支援。

这项冒险行动的幸运成功在 1933 年 10 月 12 日社会民主党委员会成员保罗·赫尔茨（Paul Hertz）致鲍里斯·尼古拉耶夫斯基（后来担任国际社会史研究所巴黎分所所长）的信中首次得到证实。此后，赫尔茨在巴黎——他 8 月底在那里参加了第二国际的一个会议——与布莱特夏特相遇，后者在巴黎探望了父亲后，便同赫尔茨一起前往伦敦。布莱特夏特后来说，他承担转移工作的所有德国社会民主党中央党务档案馆的资料，均已到达丹麦兄弟党手中。

在哥本哈根，汉森认为，剩下的便是对整理文献的期待了。在与流亡布拉格的德国社会民主党委员会达成一致后，他请求德国社会民主党人卡尔·拉罗夫（Karl Raloff）根据一份清单核查文献的完整性，这份清单由德国社会民主党流亡委员会（SOPADE）从布拉格寄给布莱特夏特，再转交汉森。而德国社会民主党流亡委员会又是从亨利克森那里得到该清单的。文献被存放在丹麦工人银行的一个保险柜里，"部分呈散页的形式，完全没有得到整理"。对这些文献的审核表明，它们同从布拉格寄来的清单上罗列的档案明细并不一致。但是，拉罗夫在一个箱子中发现了一份"清单 I"，它分为"卡尔·马克思"和"弗里德里希·恩格斯"两部分，上面记载了 229 份手稿和文献卷帙，其中少了 8 份。此外，这些资料中还包含了大量其他的马克思恩格斯文献，它们并没有被记录在"清单 I"上。拉罗夫猜测，缺失的那些手稿仍然在布莱特夏特手中，便向其询问。布莱特夏特许诺说，他将把仍由他保管的两个包裹寄往哥本哈根。

在致德国社会民主党布拉格流亡委员会的一份报告中，布莱特夏特本人证实了交接事宜的完成，并对赫尔茨在 1933 年 11 月 27 日的一封信中所提及的关于清单和缺失资料的询问做了详尽说明。在为数不多的几份关于马克思恩格斯遗产运至丹麦的文献中，布莱特夏特的报告最有信息量，所以在此将原文抄录如下：

> 阿维纳斯，1933 年 12 月 3 日
> 致德国社会民主党委员会
> 克鲁梅内尔先生亲启
> 布拉格

亲爱的克鲁梅内尔同志：

您提及的档案清单由赫尔茨同志寄给了我，他请求在哥本哈根设法找人把由我运去存放在那里的那部分档案资料进行编目。

于是，在汉斯·汉森同志——我当初就是经由他把文献资料交到了丹麦党组织的手中——有一次极为偶然地现身于哥本哈根时，我请求他委托一人办理此事。他选定了你们提及的那位同志，我也得以有机会与这位同志进行了谈话。

他经由赫尔茨从我这里得到的清单，并不是在哥本哈根存放的文献资料清单。这一点也有明确的说明。在存放于哥本哈根的文献资料中有一份清单，这是当初由亨利克森交给我的。它与那里的东西是否一致，我就不清楚了。您当然知道，当时在柏林根本没有时间逐一检查如此大量的手稿包裹是否完整。我当时就怀疑是否一切都同清单一致，我也向你们表达了这一怀疑。因此，我不能担保，由党务档案馆附在交给我的文献资料中的内容清单事实上与包裹里的东西一致。但是，我能够担保，所有由我当时负责交给丹麦的东西，都实实在在地存放在哥本哈根。在此期间，仍然存放在我这里的两个包裹也同样被送至哥本哈根，其中包括《在马克思墓前的讲话》等，我不想通过邮寄方式寄送它们。

无论如何，如果能给那些在哥本哈根存放的东西制作一份清单，可能会大有好处。正如汉森对我说的，手稿的存放状况极为糟糕，但这是因为党务档案馆并未系统地整理这些东西，在运输过程中，它们原来是什么样子，就呈现为什么样子。

但愿现在所有问题都解释清楚了，如果没有，我当然愿意随时为

您效劳。我本人不再对马克思恩格斯手稿具有直接影响了，因为我当初就把整件事交给了丹麦社会民主党。您能理解，我不能把它们保存在这里，因为这里没有能够安全地放置它们的地方，也因为不论我在这里以及在丹麦待多久，都不曾有也不会有安全之所。而在哥本哈根，丹麦党把所有东西都放在了保险柜里。

向您和其他人致以最好的祝愿

您的

格尔哈特·布莱特夏特

1934 年 2 月底，对德国社会民主党中央党务档案馆到达哥本哈根的那部分文献资料的分类与整理工作结束。为了记录"清单 I"上没有列出的资料，拉罗夫编制了第二份清单。"清单 I"中遗失的 8 份卷宗并没有找到。全部现有的资料均打包完好，分两个密封箱放在银行保险柜里。另外，其中一个箱子是上锁的，钥匙掌握在丹麦党的出纳主管 C. 克吕韦（C. Klüwer）手中，内容清单也在他手中。

除了上述马克思恩格斯遗产外，档案馆还保存着大量其他手稿资料，它们或者是马克思恩格斯的著述，或者与他们相关。在几十年的时间里，它们通过遗产、赠予或购买的方式才辗转到德国社会民主党手中，但只有部分资料保存在遗产类别中，还有大量其他资料由于种种原因保存在其他类别中。因此，它们并不在运往哥本哈根的那些文献资料中，而是成为档案馆中另一部分丰富收藏的组成部分。大约在同一时期，即同样是在1933 年 2 月，亨利克森设法将这部分资料保存在安全之地。所有这些资料都被打包装箱，报告的数目为 5 箱，包含着大量出自不同来源、具有不同意义的文献，但主体部分仍是藏书家所热爱的珍品，如马克思恩格斯著作的首版、工人运动早期的期刊和著作，另外还有虽然不很系统但却多少有些价值的社会主义文献选集。它们的藏匿之处无人知晓，甚至连威尔斯和克鲁梅内尔亦一无所知。在很长一段时间里，人们都在徒劳地打听它们的下落，直到两年多以后，它们的踪迹才被人发现。

第 4 章　关于马克思恩格斯文献遗产的磋商 *

——莫斯科档案馆中迄今鲜为人知的档案

罗尔夫·黑克尔/文　　鲁路/摘译

1935 年 8 月至 1936 年 8 月，苏共中央马克思恩格斯列宁研究院的代表与德国社会民主党流亡委员会的布拉格委托人在巴黎就马克思恩格斯文献遗产进行了磋商。苏联方面是根据斯大林及其同僚的指示前来磋商的，流亡委员会方面是在社会主义者工人国际（SAI）的参与下前来磋商的。双方都意识到有关遗产具有高度的精神价值。今天，俄罗斯现代史文献保管和研究中心（RC）的研究工作将一些文件大白于天下，让人们得以重新审视当年的谈判。

要利用这些资料就必须考虑到，斯大林对《马克思恩格斯全集》——今天被称为《马克思恩格斯全集》历史考证版第一版（MEGA[1]）——的判决早在 1935 年之前就生效了。由时任马克思恩格斯研究院院长的梁赞诺夫开启的这一版本，与 20 世纪 20 年代后期贯彻执行的马克思主义、列宁主义、斯大林主义发生了冲突。随着梁赞诺夫于 1931 年被捕，马克思恩格斯研究院与列宁研究院合并为马克思恩格斯列宁研究院，隶属于苏共中央委员会，MEGA[1] 随之夭折。

当然，MEGA[1] 的工作当时尚未立即停止。毋宁说，在时任马克思恩格斯列宁研究院院长弗拉基米尔·阿多拉茨基的领导下，新的领导层于 1931 年 4 月肯定了继续编辑这套书的方案：第一部分（著作和文章）预计出版 21 卷，第二部分（《资本论》及其手稿）预计出版 13 卷，第三部

* 本章原载：《信息资料参考》2019 年第 3 期。原文来源：Rolf Hecker, "Die Verhandlungen über den Marx-Engels-Nachlaß 1935/36. Bisher unbekannte Dokumente aus Moskauer Archiven," *MEGA-Studien*, no. 2 (1995): 3-25. 罗尔夫·黑克尔（Rolf Hecker）：德国柏林 MEGA 编辑促进协会。鲁路：中共中央党史和文献研究院信息资料馆。

分（书信）预计出版 10 卷，第四部分（索引）预计出版 2 卷。对于实现这一方案来说，获取马克思恩格斯文献遗产具有重要意义。

一、文献遗产的转运和保存

纳粹上台后，马克思恩格斯文献遗产和德国社会民主党中央党务档案馆的其他档案被通过各种曲折的渠道运出德国。1933 年 2 月，它们首先由奥托·威尔斯存放于柏林的路德大街。4 月中旬，通过格尔哈特·布莱特夏特引荐，它们被送往达维德·所罗门（他的儿子是布莱特夏特的同学）的旧书店。5 月中旬，所罗门流亡丹麦，在丹麦同汉斯·赫托夫·汉森（即后来的丹麦首相）取得了联系。汉森声称，丹麦社会民主党准备保护这笔文献遗产。7 月初，乌弗·安德森从柏林取走了这些文献，并通过基尔和弗伦斯堡运往阿维纳斯，在那里移交给汉森，汉森将它们保存在哥本哈根一家银行的保险柜里。

1933 年秋，德国社会民主党人卡尔·拉罗夫整理了在丹麦的档案。1934 年 2 月 23 日，他致信齐格蒙特·克鲁梅内尔说："目前，我完成了对这里的档案的甄别和整理。所有东西都很好地装在两个封存的箱子里，箱子放在银行的保险柜里。布莱特夏特同志交给我的清单中的著作和那些东西则不在这里。然而，我在一个箱子里找到了附上的"清单 I"，清单中罗列的东西缺了第 5、20、36、37、121 ［即《政治经济学批判（1861—1863 年手稿）》的 23 个笔记本］、170、183、204 号。与此相反，箱子中有大量东西不在"清单 I"中。我为它们开列了一个新清单，即"清单 II"。现给你寄去所有三份清单。"1934 年 5 月，党务档案馆的其他档案与表面上由法国政府购买的达维德·贝布托夫（David J. Bebutov）侯爵的收藏一起被运往巴黎。

显然，自 1934 年春起，德国社会民主党流亡委员会就已经在考虑出售部分档案。1935 年初，这一考虑有了具体轮廓。3 月，在阿姆斯特丹建立国际社会史研究所的 N. W. 博斯图慕斯同保罗·赫尔茨相聚布拉格进行讨论，讨论涉及全部档案的协议。他告知后来担任国际社会史研究所巴黎分所所长的鲍里斯·尼古拉耶夫斯基此事后，尼古拉耶夫斯基回复说："我不得不承认，您的行程的确成就非凡。如果研究所能够很快得到充实，那么短期内就会成为最好的马克思恩格斯研究所之一。"访问布拉格后，尼古拉耶夫斯基于 7 月初致信博斯图慕斯说："以前我一直认为档案绝不可出售，如今我的印象却是，他们（指德国社会民主党人）不会放弃这种考虑。如果他们的境况恶化，他们就会出售档案，即使他们的声望会因此而受损。"他强调说，博斯图慕斯是唯一可以接受的买家。他相信，超过 5 万马克，协议就可以签订。

1935 年初，苏共中央马克思恩格斯列宁研究院也试图了解马克思恩格斯文献遗产的情况。当年年中，研究院的中央党务档案馆馆长格尔曼·季米聂夫（German A. Tichomimov）受命为研究院在国外聘请档案人员，了解马克思恩格斯文献遗产的遗存情况。出行前，他向曾任副院长的恩斯特·佐贝尔（Ernst Czóbel）打听，在马克思恩格斯文献遗产中有哪些档案当时有可能未拍照。佐贝尔回想起有一个装有研究院与德国社会民主党通信往来的文件夹，1931 年 3 月因梁赞诺夫被捕而不得不交了出去。此外，他还对研究院同尼古拉耶夫斯基的通信往来做出提示。他认为，除了一些可能的损失外，所有东西都在。

1935 年 7 月中旬，负责与国外建立文化联系的亚历山大·阿罗谢夫同季米聂夫一起启程前往巴黎，后者显然直接接受了斯大林的指令。季米聂夫先逗留柏林（7 月 17 日），然后取道伦敦（7 月 20 日），在伦敦查阅了国际工人协会总委员会的记录。7 月 30 日，他抵达巴黎。从他向阿多拉茨基的第一份汇报中可以看出，他认为，在马克思恩格斯文献遗产方面，尼古拉耶夫斯基是"第一小提琴手"。另外，他还汇报了法国工人运动和第二国际领袖茹尔斯·盖得（Jules Guesde）的文献遗产以及获取列宁档案的事情。

8 月 23 日，季米聂夫向阿多拉茨基汇报了有关情况的新线索。最重要的线人是亨利·罗林（Henri Rollin）。罗林向莫斯科的代表表明，马上就马克思恩格斯文献遗产达成协议是无法想象的。通过《真理报》（Pravda）驻巴黎通讯员米夏依洛夫（Michailov），与尼古拉耶夫斯基的联系建立了起来。在接下来的日子里，尼古拉耶夫斯基在马克思恩格斯列宁研究院、德国社会民主党流亡委员会、博斯图慕斯之间起到了中间人的作用。8 月 15 日，米夏依洛夫向尼古拉耶夫斯基转达了官方建议：重新为苏共中央马克思恩格斯列宁研究院工作。令米夏依洛夫意外的是，尼古拉耶夫斯基表示，会谈很快就可以开始。

倘若像孟什维克档案保存在法国政府手中一样，德国社会民主党档案——包括马克思恩格斯文献遗产——也保存在法国政府手中，那么阿罗谢夫与季米聂夫就会用自 1812 年起就保存在莫斯科的拿破仑军队档案和其他拿破仑档案来交换马克思恩格斯文献遗产。他们有拿破仑档案的复制件。尼古拉耶夫斯基通过罗林听说此事时，最初感到非常惊讶，但未提出反对意见。德国社会民主党流亡委员会肯定得知此事，并通过尼古拉耶夫斯基告知，不会向第二国际的任何政党出售其党务档案，只有在价格足够高的情况下才考虑出售马克思恩格斯文献遗产。对于法国政府应当通过国家档案馆掌握马克思恩格斯文献遗产，以便用它来交换拿破仑时期的档案这一建议，罗林未理会，因为法国政府没有钱。

此外，季米聂夫还汇报了阿罗谢夫同第二国际领导人让·龙格（Jean Longuet）的会谈情况。他找到了一个从龙格手中获取档案的机会：也许可以让龙格在某个马克思纪念日访问莫斯科。显然，他们还谈到了将马克思的骨灰运往莫斯科的事情。鉴于龙格对于日后会谈的意义，季米聂夫请求阿多拉茨基给予指示。

季米聂夫最初并未做到直接同尼古拉耶夫斯基取得联系。因此，他请求有关方面为尼古拉耶夫斯基提供马克思恩格斯著作俄文版的一些卷次，以及三份俄文和德文的马克思生平年表。此后不久，尼古拉耶夫斯基主动告知季米聂夫，俄国社会民主工党于 9 月 3 日向他提出了工作建议。季米聂夫解释，他为苏联马克思恩格斯列宁研究院做的工作既不受他隶属于俄国社会民主工党（领导层）的妨碍，也不受他当时被剥夺了俄国公民权的限制。季米聂夫决定，将抉择权留给尼古拉耶夫斯基本人。

尼古拉耶夫斯基早在 8 月 23 日就致信博斯图慕斯说："现在会谈无论如何决定权都在我们手中。"9 月 5 日，对于将来向马克思恩格斯列宁研究院出售马克思恩格斯文献遗产一事，尼古拉耶夫斯基向博斯图慕斯表明了自己的看法："我的看法，您想必知道了。从政治上说，我认为绝不能出售手稿。从阿姆斯特丹国际社会史研究所的立场来看，这样出售马克思恩格斯文献遗产绝对是毫无意义的。如果要在协议中罗列几点的话（我想这是轻而易举的），那么这桩买卖对于研究所来说甚至有可能是有益的，我是在将来出版学术著作这一意义上说的。我不准备向德国的同志们说这些，但想向您挑明。如果交给莫斯科，会怎么样呢？布尔什维克尤其重视马克思恩格斯手稿。这些手稿对于他们来说并不新鲜，因为他们已经拥有近 99% 的复制件了，他们甚至有可能拥有 100% 的复制件。手稿的一大部分已经用俄文出版了。苏联已经出版了预计总共 28 卷《马克思恩格斯全集》中的 22 卷。"而研究所要出版自己的马克思恩格斯著作版本，同莫斯

科竞争，既不可能，也无必要。"马克思恩格斯手稿的文本刊印得很准确，
迄今都无法找出任何错误和偏差来。……要核查刊印的手稿，我们有复制
件就可以了。正如您已经知道的那样，布尔什维克有义务向德国社会民主
党流亡委员会提供所有手稿。布尔什维克如此重视无论如何都要拥有手稿
一事，毋宁说是面子问题。他们想强调，马克思的传人是他们，而不是
别人。"

接下来，尼古拉耶夫斯基尝试说服博斯图慕斯，转交手稿对于阿姆斯
特丹国际社会史研究所来说只会有好处："第一，研究所会节省一大笔开
支，因而有可能购买许多有价值的东西。我们目前已经收到一些有趣的建
议，我想还会收到许多建议。第二，德国社会民主党流亡委员会向布尔什
维克出售手稿后，会对我们感到愧疚，进而做出涉及档案其他部分的各种
补偿，以便借此洗刷自己。我甚至认为，在这种情况下，委员会会将一切
无偿交付我们，或无论如何都将一切提供给我们使用。第三，最重要的
是，如果交易成功，我们会得到目前保存在马克思恩格斯列宁研究院而德
国社会民主党中央党务档案馆并不掌握的所有材料的照相复制件。对于第
一国际的历史来说，这些材料意义非凡。在巴塞尔代表大会记录的资料中，
有 10 份不同的档案已经发表，其中有 5 份摘自我们并不掌握的马克思原始
书信。在《第一国际的建立》（'Die Gründung der I. Internationale'）的
附录中，有 16 份档案已经发表，其中 8 份以前不为人知。如此等等。从
马克思生平年表中可以确定，党务档案馆欠缺许多马克思档案中的材料，
例如，欠缺 1847—1852 年共产主义者同盟案件的材料，以及彼得·勒泽
尔（Peter Röser）、卡尔·沙佩尔（Karl Schapper）的书信等。我知道这
是怎么回事：梁赞诺夫战前受命撰写第一国际的历史，并受德国社会民主
党委员会的委托求助于劳拉·拉法格（在她去世前不久）。他从后者那里
得到许多不同的马克思档案材料，后来未将材料交还委员会。所以，马克
思的档案所发表的这部分第一国际的历史材料是非常不完备的。如果我们
从布尔什维克那里得到所有这些材料的复制件（他们已经准备提供这些东
西给我们，并对我说，除了照相复制件之外，还准备将所有这些档案中经
过手稿识别的文本也提供给我们，而这样可以节省我们的许多时间、精力
和工作），那么这对于研究所来说就是意义非凡的。"

尼古拉耶夫斯基深信，还可以得到更多东西："例如，可以从他们那
里得到只有他们才掌握的珍贵物品的照相复制件，或他们花费巨资获得的
物品的复制件。他们还准备将 1917—1918 年的孟什维克档案提供给我们

使用。基于上述罗列，我认为，从研究所学术研究的角度看，如果交易成功，会对我们有益。交易对我们利大于弊。然而，这绝不意味着我们必须支持这件事。上面罗列的——纯政治性——理由促使我始终反对交易。我不想建议您为取得马克思恩格斯档案花费巨资，反正我们比不上布尔什维克。虽然尚未提及正式价格，但他们等着我们提出要求。我从与他们的谈话中得知，他们甚至准备为此支付三四百万。"

9 月 28 日，尼古拉耶夫斯基向博斯图慕斯解释说，自己当初"反对苏联马克思恩格斯列宁研究院的要求真是一个天大的错误"。他指望"得到一大笔钱（我想可以得到 800 万到 1 000 万法郎）"。这就点明了提财务要求的框架。

根据来自莫斯科的两位密使于 9 月 11 日致阿多拉茨基和中央委员会书记安德烈·安德烈耶夫（Andrej A. Andreev）的一份标有"严格保密"字样的正式报告，尼古拉耶夫斯基在各个方面日益发挥着关键作用。这份报告表明，无论是德国社会民主党人，还是尼古拉耶夫斯基，都倾向于出售马克思恩格斯文献遗产。他们想在收取一定费用的情况下将文献遗产交给苏联马克思恩格斯列宁研究院保存一段时间。阿罗谢夫和季米聂夫建议，为了将文献遗产交给莫斯科，不妨采取下述策略：针对尼古拉耶夫斯基，他们继续采取的方针是，如果谈判破裂，法国人就要打消他们对拿破仑档案的念头。在私下的谈话中，尼古拉耶夫斯基将德国社会民主党流亡委员会内部关于保存马克思恩格斯档案的不同意见的细节告知了阿罗谢夫："就钱款而言，尼古拉耶夫斯基提到 500 万法郎，即大约 35 万金卢布，另付罗林 15% 的手续费⋯⋯如果这一价格降低 10%，还要额外给罗林增加 1% 的手续费。价格每降低 10%，就要增加 2% 的手续费。这样，罗林就会热衷于降低费用。⋯⋯此外，我们曾汇出 2 万卢布从尼古拉耶夫斯基手中购买档案，并支付他与我们前往布拉格的旅行费用。"

根据尼古拉耶夫斯基的建议，莫斯科的密使直接去布拉格联系德国社会民主党流亡委员会。9 月 16 日，威尔斯向委员会递交了一份尼古拉耶夫斯基转交给他的季米聂夫的信函。第二天，他在一封供传阅的信件中请求第二国际各政党表态。9 月 19 日，尼古拉耶夫斯基向季米聂夫转达了德国社会民主党流亡委员会的决议："社会主义者工人国际和德国社会民主党同共产国际的政治关系不允许我们接受苏联马克思恩格斯列宁研究院的建议。"显然，莫斯科的人不知道在委员会做出决议后他们该怎么办。无论如何，苏联内务部负责人尼古拉·叶若夫（Nikolaj J. Ežov）让阿罗谢夫回莫斯科做汇报。但是，在会谈期间，他无法马上离开巴黎。

二、莫斯科的抉择

逗留巴黎两个月后，阿罗谢夫和季米聂夫于 1935 年 10 月初返回莫斯科，向斯大林提交了一份长达 10 页的报告。斯大林认为他们掌握的信息还是不够。他们解释说，"孟什维克著名的尼古拉耶夫斯基"必须参加与赫尔茨和威尔斯的会谈，并说："保存在阿姆斯特丹的那部分档案都存在一家银行的保险柜里。这意味着存放档案的人——尼古拉耶夫斯基——在事实和形式上都有权支配档案。……在向他阐明立场的同时，我们遇到了一个有趣却极其令人不安的事实：在欧洲旅行的博斯图慕斯买走了所有有关工人运动和革命历史的档案。按照这位荷兰社会民主党人的想法，这样做的目的在于在阿姆斯特丹建立一个与我们的研究院相对立的马克思恩格斯研究所。……目前，博斯图慕斯有意识地提出购买马克思恩格斯的档案。他已经同赫尔茨和威尔斯谈论过这一话题。根据尼古拉耶夫斯基提供的线索，博斯图慕斯为此提供了 50 万法郎。但是，博斯图慕斯的行动让人担心来自另外一个方面的威胁。根据历次会谈的内容以及他能支配多少财力、他如何看待和挑选可能的档案来判断，有理由假定，在试图获得有关马克思恩格斯的档案方面，他即使不是直接地也是间接地起到了希特勒秘密警察代理人的作用。……因此，我们采取了直接和更为迅速的策略，同事实和形式上都有权支配马克思恩格斯文献遗产的人——尼古拉耶夫斯基——取得了联系。"

两位密使就是这样为自己同尼古拉耶夫斯基建立密切联系做辩解的。尼古拉耶夫斯基建议他们，在向德国社会民主党提建议时，用"在有财政保障的前提下向马克思恩格斯列宁研究院移交"这一说法来代替"出售"这个词。同时，他们提到盖世太保，借此强调拯救马克思恩格斯文献遗产的迫切性。对于德国社会民主党流亡委员会的决议，他们做了如下解释："关于我们的建议，威尔斯告知了欧洲国家的所有社会民主党领导人，并请求他们出主意、想办法。由于尚未收到第二国际领导人的回复，他是从政治方面看待我们的建议的，即从共产国际与社会民主党的关系出发，取消关于移交马克思档案的会谈。威尔斯尤其主张这一结论。为此，他甚至援引了共产国际第七次代表大会上的一系列言论。尼古拉耶夫斯基则积极主张将档案移交给我们，他向我们解释说，在第二国际官员表态之前，这一结论是暂时性的。在私人谈话中，尼古拉耶夫斯基认为，德国社会民主党内部存在意见分歧。中央委员会的大部分人反对移交档案，少数人则同意完整地向莫斯科移交档案。"因此，季米聂夫在布拉格同赫尔茨讨论了其他可能性，即先将文献遗产交给罗林，作为移交档案的中间人，罗林可以确保相应的安全。

接下来，报告提到了两位密使同莱昂·布鲁姆（Léon Blum）和菲多·丹（Fedor Dan）的会谈。布鲁姆主张将文献遗产转交给苏联马克思恩格斯列宁研究院，而孟什维克代表则反对这样做。弗里德里希·阿德勒（Friedrich Adler）专程前往巴黎，虽然同样表示反对，但他声称会尊重德国社会民主党委员会的决议。当然，他主张让马克思恩格斯文献遗产的命运服务于第二国际的事业。他说："马克思恩格斯文献遗产实际上是国际工人运动的遗产，这一问题不能由第二国际的一个派别决定。……因此阿德勒此刻应前往伦敦，以便同英国同志商谈。"

季米聂夫和阿罗谢夫得出结论认为，德国社会民主党委员会和第二国际的大多数人最终会赞同移交档案。如果不是这样，至少还可以诉诸"罗林的法国方案"。这次旅行唯一取得的成果是同威廉·迪特曼取得了共识，他同意将自己掌握的档案出售给苏联马克思恩格斯列宁研究院。

11 月 22 日，阿罗谢夫和季米聂夫再度抵达巴黎。第二天就举行了决定性的会谈，不过两位莫斯科密使没有参加。为准备建立一家研究所，阿德勒召集了一个组织委员会。属于这个委员会的有布鲁姆、亚历山大·布拉克（Alexander Bracke）、龙格、朱塞佩·莫迪利亚尼（Giuseppe E. Modigliani）和菲多·丹，威尔斯、克鲁梅内尔和鲁道夫·希法亭则从布拉格赶来，尼古拉耶夫斯基也在会谈中起到了咨询作用。建立一个专门的研究所——阿德勒后来称之为"马克思主义研究促进委员会"，目的就是向它移交马克思恩格斯文献遗产，它会在获得 500 万瑞士法郎保证金的情况下将文献遗产转交给苏联马克思恩格斯列宁研究院保存。但是，接下来的会谈却"无果而终"，因为它"要求的数额（2 500 万法国法郎）……这对于买家来说太贵了"。

按照莫斯科密使的愿望，12 月 18 日，布鲁姆和阿德勒起草的一份"协议草稿"被转交给他们。一天后，尼古拉耶夫斯基致信博斯图慕斯，讲述了计划成立的研究所："我现在就想向您保证，没有任何参加会谈的同志与未来有可能领导研究所的人会想到在巴黎建立一家资料收藏中心和图书馆。……我在这里接触过的所有人都同意您上次来访巴黎时我们制定的原则：（1）重要的档案保存地是阿姆斯特丹。（2）新研究所不从事独立的收藏工作，应同阿姆斯特丹国际社会史研究所签订一份新研究所资料收藏协议。（3）阿姆斯特丹国际社会史研究所要在巴黎开设一家分所，以保存交付该研究所的资料，条件是资料保存在巴黎。（4）阿姆斯特丹国际社会史研究所要让新研究所使用其图书馆，将研究人员需要的资料寄至巴黎。关于将德国社会民主党档案移交给阿姆斯特丹国际社会史研究所保存的可能性问题尚未提出。在同苏联马克思恩格斯列宁研究院的商谈中，交换不限于马克思恩格斯档案（马克思恩格斯时期的档案）的所有资料复制件这一问题被提了出来。来自莫斯科的人许诺，如果执行交换原则，他们会在更广泛的基础上贯彻实施。我相信这恰恰符合您的愿望。"

1936 年 1 月，阿罗谢夫短期前往瑞士，在当地接收了迪特曼的档案。此后，他返回莫斯科，于 1 月 8 日向斯大林报告了第二国际委员会的会议以及成立巴黎"马克思主义研究中心"（它应当是用莫斯科提供的资金建立的）的情况。布鲁姆、阿德勒和尼古拉耶夫斯基都告诉他，德国社会民主党流亡委员会决定，将马克思恩格斯文献遗产交付这一机构："这样，档案首先'国际化'了。委员会授权这一机构……根据自己的考虑来支配档案。为了保持自身原则的纯洁性，也为了维持经费（我们不能公开使用布尔什维克的钱，威尔斯解释说），委员会决定将自己隐身于所谓的机构背后。但是，布尔什维克的钱激发了委员会的'胃口'。阿德勒受委员会委托索要 2 500 万法国法郎，而不是我第一次逗留巴黎时（秋天）谈的500 万法国法郎。我援引自己同尼古拉耶夫斯基会谈时他提出的 500 万，而当时我已经觉得这个数额过高了。阿德勒尤其是尼古拉耶夫斯基对此的解释是，这里出了所谓的差错：威尔斯的确通过尼古拉耶夫斯基在会谈中提出 500 万，只不过是 500 万瑞士法郎。由于 1 瑞士法郎兑换 5 法国法郎，所以是 2 500 万法国法郎。"

这一无法接受的高额数字后来又经历了多次讨论。阿罗谢夫说："2 500 万是我们无法接受的，而他们不接受 500 万。从与他们的所有谈话中，我都有一个特定的印象，即交 1 700 万到 1 800 万，档案就可以给我们。因此，我过去建议，今天再次建议 500 万法国法郎，似乎他们在会谈过程中顶多可以提高到 1 700 万到 1 800 万。根据电报转达的中央委员会的指示，我查阅了保存在巴黎的马克思恩格斯档案。关于保存在哥本哈根的那部分档案，我有一份详细的目录。根据这份目录，马克思的一些笔记本已经丢失，而这些档案在柏林时，丢失的笔记本还在。显然，它们失窃了。有一部分已经由私人出售给了研究院。由于协议中还有附加条款，即档案出售者有义务搜寻丢失的东西，并将其不可或缺地提供给我们，我相信，截至协议签订，我们不应当从私人手中购买。马克思恩格斯档案主要是手稿，其中有《资本论》手稿等，还有马克思恩格斯的书信、笔记和札记。档案保存状态极其良好，只是许多图书受损严重。从规模上看，档案可以装进三至四个大箱子。档案出售者有可能将马克思恩格斯收到的形形色色的人物的信件也放在里面向我们出售。"

1 月 13—14 日，阿罗谢夫将"协议草稿"寄给了安德烈耶夫和阿多拉茨基。这份草稿的俄文翻译稿流传了下来，其中有铅笔涂改。除了少量涂改之外，翻译草稿中对社会民主党尤其重要的一点被划去了："第二，协议缔约各方一致认可，目前这份关于保存档案的协议不具有政治含义，不为缔约双方附加任何政治义务。"除此之外，它还细化了苏共马克思恩格斯列宁研究院与德国社会民主党中央党务档案馆交换复制件的条件。

显然，安德烈耶夫在这件事情上发挥了重要作用。他要求提供更多信息，阿多拉茨基向他提供了阿罗谢夫与季米聂夫在 1936 年 9—10 月的书信摘录，复制件同样交付斯大林、拉扎尔·卡冈诺维奇（Lázar Kaganovič）、维亚切斯拉夫·莫洛托夫（Vyacheslav Molotov）和叶若夫。

由于时间紧迫，必须做出决定，阿多拉茨基于 1 月 29 日再次致信斯大林，提出了下述具体建议："（1）将档案价格确定在 500 万法国法郎（约 40 万金卢布）与 850 万法国法郎（约 68 万金卢布）之间。（2）让季米聂夫同志取得下述档案：《前进报》人员档案；恩格斯致弗兰茨·梅林（Franz Mehring）的书信；有列宁的讲话及亲笔校订的《火星报》（Iskra）、《曙光》（Sarja）和《工人报》（Arbeiter-Zeitung）的记录；马克思的外孙卡尔·龙格（Karl Longuet）制作的马克思胸像；以及同样为其所拥有的马克思面具。为获取这些东西准备 1 万金卢布。（3）批准阿罗谢夫同志出公差前往巴黎和瑞士，以便同季米聂夫同志共同解决购买马克思恩格斯文献遗产事宜，并带回迪特曼的藏书。"通过（可能是安德烈耶夫做出的）修正，这封信中期望提供的数额上限从 850 万法国法郎降到 700 万法国法郎。

1936 年 1 月 31 日，安德烈耶夫亲自告知斯大林，他多次同阿罗谢夫和阿多拉茨基商谈购买马克思恩格斯文献遗产的事情："阿罗谢夫和阿多拉茨基同志根据提供给他们的各方面情况提出：（1）重新拟订'协议草稿'；（2）要购买的档案价格为 500 万至 700 万法国法郎，而社会民主党人提出的最终价格为 1 700 万至 1 500 万法国法郎；（3）关于阿罗谢夫同志的旅行建议。"安德烈耶夫附上了他要求阿多拉茨基提供的有待购买的档案的清单。斯大林同意后，莫斯科做出了决定。当时给人留下的印象是，这样一来，所有问题都解决了，很快就可以同德国社会民主党流亡委员会签订协议了。但是，不久，情况就表明并非如此。

阿罗谢夫停留莫斯科期间，季米聂夫在巴黎考察了存放在师范学校的德国社会民主党档案库存。1939 年 2 月 11 日，他向阿多拉茨基汇报说："几乎马克思恩格斯的所有东西都让尼古拉耶夫斯基拿到自己的住所和另外一个地方去了。我（几乎成功地）劝说他将有旁注的书籍放到我们大使馆的保险柜中，以免损坏。他几乎同意了，前提是没有人知道这次搬运。"

三、布哈林与阿多拉茨基在巴黎

1936 年 3 月 7 日，苏联代表团请求重新谈判。为了确定马克思恩格斯文献遗产的完整性，布哈林和阿多拉茨基前往哥本哈根。关于此行，拉罗夫说："1936 年 3 月，我重新处理马克思恩格斯文献遗产事宜。两位重量级的苏联人前往哥本哈根。最著名的是苏联马克思研究专家、列宁的战友、《真理报》主编布哈林。与他同行的是马克思恩格斯列宁研究院院长阿多拉茨基。他们想要看看保存在这里的马克思恩格斯文献遗产，因为苏维埃有意花几百万——数额我记不清了——从德国社会民主党手中购买它。正像他们向我解释的那样，此外还有一笔款项用于档案的照相复制，而这一工作要在哥本哈根的丹麦王国图书馆进行。每一页都要翻拍下来，以免出纰漏。这是德国社会民主党的出售条件，其无论如何都要掌握照相复制件。我将两个箱子送到党务档案馆，并受委员会委托打开箱子，布哈林和阿多拉茨基当着我的面一页一页地查阅档案。整整一个星期，我们每天坐在罗森农大街的房子里。我今天仿佛还能看到，布哈林怀着怎样的热情——我想说怀着怎样的挚爱——将马克思的档案拿在手里研究。他肯定想将这笔宝藏带回莫斯科，放进他向我提到的马克思恩格斯列宁研究院的地窖里。"

阿多拉茨基的副手弗拉基米尔·格·索林（Vladimir G. Sorin）3 月 26 日说："此行的结果就是，我们最终亲眼看到了那些东西：马克思恩格斯手稿。档案当然格外珍贵，尽管有人有可能偷走了一些意义非凡且极其重要的手稿。我们在两天时间里只能走马观花地浏览档案，而要接收档案，至少需要 7～10 天。现在，我们要致力于尽快推进会谈，得到这样或那样的答复。但是，我们要考虑到这至少还需要两周时间。"

从哥本哈根返回后，他们在巴黎提交了早在莫斯科就重新拟好的"协议草稿"，将保证金预定为 700 万法国法郎，并在其他一些条款上回避了德国社会民主党流亡委员会的想法。随后，尼古拉耶夫斯基向他们转交了一份阿德勒于 3 月 31 日写给他们的信函。根据这一信函，会谈可被视为破裂。阿德勒提出，委员会 1935 年 12 月提交的"协议草稿"与马克思恩格斯列宁研究院此时提交的"协议草稿"有三个"重要差异"："(1) 我们在'协议草稿'的第二条中要求明确规定，该协议不具有政治含义，不为缔约双方附加任何政治义务。这一规定在提交给我们的新'协议草稿'中完全没有。而这一规定构成了我们实现协议的根本前提。缺少它，意味着协议自然失效。(2) 在布鲁姆和我同阿罗谢夫同志于 12 月进行的详细会谈中，我们明确而坦诚地向他表明，保证金的数额绝非随意确定，而是符合一种必要性，正是这种必要性协调了对移交手稿至关重要的各方利益。我们公开声明，除了我们的委员会首先必须奉行的学术宗旨以及德国社会民主党宣传工作的需要之外，还要考虑其他立场，如关怀在德国的战俘的家庭，关怀因希特勒的恐怖而在流亡中殉难的人士。新'协议草稿'的第二条中提出的保证金不在解决问题的考虑之列。(3) 新'协议草稿'的第三条提出的付款方式也不在考虑之列。'附加条款'必然会令人考虑今天局势的不稳定性。但是，我在第八条中提出的建议不是由币种的不稳定性决定的，而是取决于我们的愿望，即着眼于我们在第二条中提出的不附加政治义务、尽快完结全部事情的建议。"同时，阿德勒声明，如果莫斯科的代表准备修改草稿，他准备再次同他们在巴黎会面。

阿多拉茨基致信索林说，4 月 6 日的这次会面主要事关售卖价格。阿德勒坚持 2 500 万法郎。他们请阿德勒注意，文献遗产中最重要的（约 30 个）笔记本已经缺失。随后，阿德勒降价 10%，即 250 万法郎。阿多拉茨基却希望"咨询"所有委员会委员，以便用可以接受的价格购买档案，而这还需要一个月的时间。

伊尔亚·艾伦堡（Ilja Ehrenburg）自 1932 年起任《消息报》（Iz-vestija）驻巴黎的通讯员，他描述了同自己的主编布哈林的一次会面："1936 年 4 月，布哈林来巴黎，下榻卢特提亚饭店。他告诉我们，斯大林派他前来，协助孟什维克购买德国社会民主党运往巴黎的马克思档案。他突然补充说：'可能这是一个陷阱，我不知道。'他非常激动，有时又很困惑。"

一切都预示着会谈接下来可以顺利进行，有可能取得积极的成果。当时，布哈林同斯大林再次通了电话，据他向委员会成员所说，斯大林声称苏维埃"无法支付这一价格的钱款"。布哈林请求委员会通盘考虑各种机会。4 月 20 日，布哈林同阿多拉茨基商议，由苏联马克思恩格斯列宁研究院保存档案 20 年，支付 1 000 万法国法郎，而委员会降低了要求，即保存档案 10 年，但要支付 1 300 万法国法郎。

无论是布哈林还是阿多拉茨基，都试图再次联系斯大林，但斯大林的秘书亚历山大·波斯克列贝舍夫（Aleksandr N. Poskrebyshev）告诉他们，斯大林坚持最初的价格。这样，苏联代表团全体成员于 4 月 22 日突然离开巴黎。6 月 12 日，尼古拉耶夫斯基致信阿德勒说，"布哈林及其同事远远超出了他们的权限"，他们因"越权"而被遣返。

四、会谈破裂

接下来的谈判最初是通过中间人进行的。苏联大使馆的艾维根尼·赫尔施菲尔德（Evgenij Hirschfeld）对此负责，他再次同罗林取得了联系。1936 年 7 月 3 日，阿多拉茨基就苏联马克思恩格斯列宁研究院为取得马克思恩格斯文献遗产而交付保证金的几项有争议的要点做了细致的说明。10 日，赫尔施菲尔德将信息通报罗林，并于 26 日向斯大林汇报："根据您的指示，我给罗林寄去一封信，内含您传达的条件。罗林已经同意 750 万的数额。几天后，我收到阿德勒的一封信。他请求我接待一位委员会成员，即社会主义领袖莫迪利亚尼。我看不出有拒绝接待他的理由，但向罗林指明，我们曾约定通过罗林将委员会的答复传达给我，我个人不会同委员会的任何个人会面。在同我的会谈中，莫迪利亚尼请求，从 20 年内归还档案这一条款中剔除对缴纳保证金这一必要性的提示。用莫迪利亚尼的话说，这一条件对于掌握档案的德国社会民主党人来说是'伤害性的'，因为这一条件'给人留下的印象'就好像他们无意保留档案似的。此外，他还请求提高数额，因为在原先提出的 1 000 万与现在的 750 万之间，差别过大。同时，他指出，他可以理解还有一系列必要的支出（照相复制、

公务旅行、劳务费用），但这些不会超过 100 万。为了降低费用，可以只
制作一份照相复制件，而不是两份。莫迪利亚尼就此提出了'这笔钱是不
是无的放矢'的问题。……最后，他提醒说，不要用法郎来支付这一数
额，而要按照他们根据协议签订日确定的币种汇率来支付。我回答他，我
只是一个中介。同时，我相当肯定地向他解释说，这事关政府的决策，在
我看来几乎不可能做任何改动。我还逐项向他强调，删除'为 20 年内有
可能归还档案而支付保证金'是完全不可能的，因为这事关一项自然而然
且合乎逻辑的要求，这项要求出于一种愿望，即我们在未来也需要保留档
案，而委员会的成员肯定也有此意向。在同莫迪利亚尼会谈后，我多次见
过罗林，向他提到了莫迪利亚尼表达的提高数额的愿望。我强调，如果他
们要提高数额的话，也只能在这 1 000 万的范围内。我还向他说明，任何
在他们已接受的条件下的改动都无须再谈。罗林同意我的话，并说明他希
望未来能够达成协议。我向他解释说，在委员会出具认可我们的条件的公
函之前，莫斯科不会派人前往。罗林保证同我在委员会出具公文文本一事
上保持一致。他建议，将预定的价格提高 25 万法郎，即提高大约一份照
相复制件的价格（即从总数 1 000 万中向委员会提供 775 万）。罗林还再
次重申，他希望协议不久就可以签订。罗林介绍了委员会内部两派之间完
全可以理解的争斗。一派（包括莫迪利亚尼）热衷于尽可能高的数额，以
便委员会用来在第二国际各支部间进行分配。另一派与罗林'合作'，因
而对收取较低的数额感兴趣，以便抬高劳务费。"

　　此时，尼古拉耶夫斯基努力促使委员会尽快达成关于签订协议的决
议，因为"条件更为有利了"。7 月 30 日，委员会再次审阅协议的各项问
题，随后给尼古拉耶夫斯基"开了绿灯"，向苏联马克思恩格斯列宁研究
院正式发函。8 月 4 日，信函抵达莫斯科，内容是："我接受委托告知您，
委员会为发展马克思主义研究而同意签署 1936 年 4 月协商并于同年夏天
草拟的协议，同时向您详细阐释您给亨利·罗林先生的信函。为拟就最终
的协议，让·龙格先生接受委员会的委托，以他的名字签署协议。我冒昧
敦请您告知我协议双方的签署地点。"

　　这封信附在一份日期为 1936 年 8 月 1 日的法文新"协议草稿"中，
意味着双方就数额达成了一致。此时，阿多拉茨基只需征得负责此事的中
央委员会书记的同意即可。8 月 19 日，他致信赫尔施菲尔德说："完结购
买档案一事（签署协议，出公差取得档案，准备相应的资金）的问题目前
处于通过机构予以解决的过程中。我收到您 8 月初的电报后，毫不耽搁地

书面提出了相应建议以供决策。决议一经通过，我马上告知您。我们只需要等待。社会民主党的先生们磨蹭太久了，现在他们可以等待了。我建议，至少为接收在哥本哈根和巴黎的档案预留一个月至一个半月。最好在签字后再开始接收，即在 9 月 1 日后接收。"

但是，1936 年 8 月，苏联的政治局势闪电般地发生了变化。此时，同苏联马克思恩格斯列宁研究院签署协议对于德国社会民主党来说已经无从谈起。9 月 5 日，阿德勒致信克鲁梅内尔说："正像审判这一厄运充分体现出来的那样，我觉得有必要同你们深入地谈一谈，在这种完全变化了的情况下，是否至少有必要拖一拖时间，以便同眼前的事件拉开一段距离。"

早在 8 月 31 日，克鲁梅内尔就同阿姆斯特丹国际社会史研究所签署了保存档案的协议，它实际上已经终结了同苏联马克思恩格斯列宁研究院的谈判。1938 年 5 月，购买协议缔结，包括马克思恩格斯文献遗产在内的德国社会民主党档案最终归阿姆斯特丹的研究所所有。不到一个月之后，即 6 月 11 日，赫尔施菲尔德告知阿多拉茨基这一购买事实。关于卖家的出价和条件，罗林未能了解。

第 5 章 马克思的经济学手稿是如何跑到莫斯科去的?*

拉里莎·米兹凯维奇/文   鲁路/译

众所周知,德国社会民主党柏林档案馆以前保存的卡尔·马克思的一系列经济学手稿,如今保存在莫斯科。关于它们是如何跑到那里去的,截至 20 世纪 90 年代初,人们只能猜测。就连《马克思恩格斯全集》历史考证版第二版(MEGA²)的编辑人员也接触不到那些能够提供有关情况的资料。MEGA 相关卷次——第二部分第 1—3 卷、第 4 卷第 1 分册——中的流传史说明仅限于指出手稿原件保存在苏共中央马克思恩格斯列宁研究院中央党务档案馆(IMLM)。

对于澄清有疑问的手稿流传史来说,苏共中央马克思恩格斯列宁研究院院长办公室的通信具有特殊意义,只是无法完整获取。其他线索可从研究院中央党务档案馆的"收录登记簿"中寻找。

这一线索可以追溯到 1935 年。这一年初,马雷克·克里格(Marek Kriger)博士从维也纳致信苏共中央马克思恩格斯列宁研究院中央党务档案馆,希望向档案馆出售马克思恩格斯原始手稿。这封信至今未找到,流传下来的却有两份档案,似乎是克里格当时一同邮寄的,为的是证明:第一,他在社会主义工人国际(SAI)中并非默默无闻;第二,那些材料是他合法获得的。第一份档案是社会主义工人国际书记弗里德里希·阿德勒于 1931 年 12 月 7 日写给克里格的一封书信的照相复制件,信中给出的地

---

* 本章原载:《信息资料参考》2019 年第 4 期。原文来源:Larisa Mis'kevič, "Wie kamen ökonomische Manuskripte von Marx nach Moskau?" in *MARX-ENGELS JAHRBUCH 2012/13*, Internationale Marx-Engels-Stiftung (Berlin: Akademie Verlag GmbH, 2013), pp. 7 - 21. 拉里莎·米兹凯维奇(Larisa Mis'kevič):苏共中央马克思恩格斯列宁研究院。鲁路:中共中央党史和文献研究院信息资料馆。

址，克里格在 1935—1936 年与苏共中央马克思恩格斯列宁研究院中央党务档案馆磋商时也在使用。

档案一

致马雷克·克里格博士
维也纳第 19 区
胡施巷 1 号

尊敬的克里格博士同志：

衷心感谢您 12 月 4 日的来信和来电。您从书信复制件中可以看到，事情我已处理完毕，书信我今天交给了雷瑙德尔（Renaudel）。

我们现在迫切需要尽快获悉法庭重新开庭的实际日期以及下一次延期的情况，因为雷瑙德尔同志极其忙碌，行程自然要这样安排，即开庭时他在华沙。请您求助于海克尔（Haecker）同志，让他随时通知您这一日期，即日期变更的情况。您一有消息，请您马上通知我。

您在《工人报》上的报道，我自然在它刚一发表时就拜读了。报道很有意思，肯定有用处。我们期待您写一篇综述性报道。或许，这样来发表报道是合理的，即在判决做出之前，新闻界就拿到报道。我相信，此刻，在目击证人陈述完毕之后，是发表这篇文章的时候了。

衷心问候！

您的
弗·阿德勒（签字）

第二份档案是位于柏林菩提树大街的德国社会民主党中央党务档案馆于 1933 年 12 月 18 日出具的"追加证明"的照相复制件。

档案二

柏林，1933 年 12 月 18 日
德国社会民主党中央党务档案馆（签章）
菩提树大街 3 号

追加证明

谨此签字证明，马雷克·克里格博士先生，家居柏林舍嫩贝格（Schöneberg）萨尔茨堡大街 15 号，于今年 4 月至 12 月在德国社会民主党中央党务档案馆对卡尔·马克思和弗里德里希·恩格斯的手稿遗产做了实质性的材料整理工作，并制作了大量相关著述的总体目录。

此外，他还做了预备性档案工作。此项工作对于档案馆中保存的涉及第一国际的档案以及莫泽斯·赫斯的著述遗产的归档整理均属必要。

谨怀感激之情证明，克里格博士为党的档案馆的利益而向德国社会民主党委员会捐助了大笔资金。

鉴于其做出了上述贡献重大且劳动量巨大的工作和捐赠，党的委员会的签字人明确授权，将签字人标注且大多留有其他版本的马克思恩格斯及赫斯手稿交付克里格博士先生，补偿其劳动报酬。因此，其拥有的上述作家的手稿及档案均属其合法拥有。

谨此证明！

档案馆负责人
I. A.

1935 年 3 月至 5 月苏联驻奥地利代表处与苏联外交人民委员会之间的通信往来反映出，苏共中央马克思恩格斯列宁研究院院长弗拉基米尔·阿多拉茨基对克里格提供的材料很感兴趣，但却怀疑这些材料的真伪。显然，克里格最初向苏共中央马克思恩格斯列宁研究院提供了《资本论》第 1 卷和第 2 卷的 300 页马克思草稿、恩格斯的《共产党宣言》草稿与一些有马克思手迹的书籍。同克里格谈判的，是苏联驻奥地利代表处一等秘书雅科夫·波多尔斯基（Jakov B. Podol'skij），此人接受苏共中央马克思恩格斯列宁研究院的指示，不让对方察觉该研究院的兴趣有多么大，以便如果这些档案资料被证明为真迹，克里格无法提高价格。

1935 年 12 月 5 日，苏共中央马克思恩格斯列宁研究院中央党务档案馆记录，收入了克里格拥有的前三份手迹。

档案三
文件

······日，波多尔斯基同志向马克思恩格斯列宁研究院交付他从克里格博士处（维也纳第 19 区胡施卡巷 1 号）取得的马克思恩格斯文献档案。

档案目录：

1. 马克思《资本论》第 2 卷手稿，有恩格斯文字的"手稿四"——10 张纸；

2. 马克思数学手稿——1 张纸；

3. 与布朗基主义者的协议，有马克思恩格斯等人的签字——1张纸。

文件已交付档案馆。

D. 格尔迪瓦（D. Gordeeva）签字接收

马克思恩格斯档案馆（弗金）

1935 年 12 月 5 日

12 月，阿多拉茨基在一封私人信件中将此事告知苏共中央马克思恩格斯列宁研究院中央党务档案馆负责人格尔曼·季米聂夫，季米聂夫当时正同亚历山大·阿罗谢夫一道逗留巴黎，与德国社会民主党流亡委员会协商获取该党拥有的全部马克思恩格斯文献遗产。克里格是如何得到这些档案的，待季米聂夫回去后，他将向其汇报。由于季米聂夫还要长时间逗留巴黎，所以阿多拉茨基于 1936 年 1 月 4 日写了一份详尽的报告。

档案四

密

格尔曼·亚列克山德洛维奇（German Aleksandrovič）：

……您不在时，我们又搞到一些东西：一份马克思手稿原件。我给您寄去一份照相复制件。关于这份手稿以及另外两份档案（马克思写下数学笔记的一张纸和发表于《马克思恩格斯全集》俄文版第 8 卷的与布朗基主义者的协议）的获取，我可以做如下陈述。它们是苏维埃驻奥地利全权代表处一等秘书波多尔斯基同志转交给我的，他得自某位马雷克·克里格博士，此人 1935 年初曾致信我们（附上他的书信、附件及我们的答复的复制件）。……据波多尔斯基说，克里格不是骗子。但是，我不愿意让他来（他想来苏联），我觉得这太显眼了。不过他拥有的档案，我们必须搞到，尤其是 1857—1858 年马克思《资本论》手稿的 3 个笔记本，它们分别有 45 页、21 页和 45 页。

克里格值得关注，是因为他于 1932 年在德国社会民主党中央党务档案馆工作过。正如 1933 年 12 月 18 日在柏林签署的档案表明，工作日期是 4 月至 12 月。波多尔斯基预支了克里格 3 000 奥地利先令，这笔钱我们已经还给他了。波多尔斯基前往维也纳之前，我同他商定，他同克里格谈判时，要等到谈及我们购买上述 3 份档案时，才能提及我讲的大约 1 万先令的价格……据波多尔斯基说，克里格知道其他一些马克思恩格斯的材料在哪里（总之是在柏林）。还有，他肯定非常熟悉档案馆。他如果愿意的话，可以给我们提供有益的指导。另外，波多尔斯基向我说明，克里格请求，我们在同其他人商谈时，不要使用德国社会民主党中央党务档案馆致克里格的那份关于移交马克思手稿的档案……

致以问候！

1836 年 1 月 4 日

弗·阿多拉茨基

附

这期间，在维也纳的面谈中起中间人作用的鲍里斯·尼古拉耶夫斯基向阿罗谢夫和季米聂夫提供了一份寄存在哥本哈根的材料清单。据 1935 年 12 月 24 日季米聂夫致阿多拉茨基的信中所说，清单也表明有哪些东西遗失了。阿多拉茨基所说的获取克里格拥有的档案表明，他显然在尽力从尼古拉耶夫斯基那里获悉更多关于德国社会民主党中央党务档案馆丢失档案的情况。1936 年 1 月 9 日，阿多拉茨基说："尼古拉耶夫斯基猜测，所有丢失的东西都是迈耶尔（Mayer）径直从档案馆中偷走的，其中有 23 个《资本论》笔记本。显然，克里格有这些笔记本，但他只拿出来 3 本。"季米聂夫认为，克里格就是迈耶尔本人。此外，阿多拉茨基在 1 月 19 日的一封信中说："说到克里格，我不知道您为什么认为他就是迈耶尔本人。也许他同迈耶尔关系密切。关于他实际上就是克里格，生活在维也纳，这一点他已经借助于阿德勒写给他的一封信证明了。我写信告诉波多尔斯基您的想法，请求他谨慎考虑，同克里格打交道要小心。"1 月 25 日，季米聂夫回信说："关于克里格，或许他不是迈耶尔，但事实是，在德国社会民主党中央党务档案馆，正是迈耶尔管理这些被偷走的档案。这一点，尼古拉耶夫斯基刚才终于讲了。据说这些年，他在档案馆从未同一个名叫克什么的人合作过，也从未将自己负责的原始档案交付任何人。档案馆并未被洗劫一空，只有 23 个笔记本和若干个别档案丢失了。"

1936 年 6 月 2 日，苏共中央马克思恩格斯列宁研究院的"收录登记簿"中记录了进一步获取手稿——马克思笔记本 A、B、Ⅲ——的情况："得自波多尔斯基（克里格）"。

关于此后仍属于克里格的手稿，波多尔斯基于 6 月 18 日致阿多拉茨基的一封信做了揭示。

档案五

密

1936 年 6 月 18 日于维也纳

第 104 号

致阿多拉茨基同志

亲爱的阿多拉茨基同志：

我完全同意您的看法，即凡是我们在维也纳的马克思研究专家拥有的，我们必须得到一份完整的目录。我把您上一封信中的一些段落转达给该专家后，终于从他那里得到这样一份清单。至于他迟疑的原因，据他讲，要这样来看，即他很难将其同手稿原件分开，即使他原则上决定将所有材料卖给苏共中央马克思恩格斯列宁研究院。此外，并非所有材料都在这里。无疑，他的考虑也起到了作用。

我在讲这一目录之前，还想提一下：这位马克思研究专家从可靠渠道得知，斯堪的纳维亚的社会民主党人想得到巴黎的档案，这正合所有人的心愿。他们要将它卖给自己人，并准备以更低的价格卖出去。

现在先说第一份目录：

（1）马克思的 5 个笔记本在 3 个已经寄出的笔记本之外。在 5 个笔记本中，有 3 个笔记本共同的题目是"资本章"，第一个笔记本注明 1857 年 12 月，共 53 页；第二个笔记本注明 1858 年 1 月，共 34 页；第三个笔记本注明 1858 年 2 月，共 44 页。

另一个笔记本共 28 页，题目为"货币章"，而第五个笔记本没有题目。

（2）《资本论》手稿。

（3）第二册"资本的流通过程"的对开本 150 页。

（4）第一册"资本的生产过程"的对开本 76 页和 4 个零散的半张。

（5）第一章开头"剩余价值转化为利润及剩余价值率转化为利润率"的对开本 2 页。

第二份目录主要包含 1861 年 8 月至 1863 年 7 月马克思撰写的《政治经济学批判》的 23 个笔记本，共 1 476 页。

其他若干小规模手稿是：

（1）《共产主义者同盟章程》，恩格斯撰写，马克思修改，共

4 页。

（2）2 页马克思手稿，注明 1842 年 5 月 17 日星期二，集中制问题本身。

（3）1869 年 3 月 9 日国际工人协会总委员会致社会民主主义者国际同盟中央局的法文信件，加上 1870 年 8 月 6 日和 30 日马克思致海尔曼·荣克的英文信件，共 4 页。

（4）1872 年 7 月 24 日恩格斯致国际工人协会西班牙联合会委员会的一封法文信件，有马克思的引见，共 4 页。

（5）1870 年 8 月 2 日马克思致约翰·菲力浦·贝克尔的一封信，共 4 页。

这位马克思研究专家希望为所有列出的材料得到总共 15 万奥地利先令。细分起来，第一份目录的档案价格为 5 万奥地利先令，第二份目录的档案价格为 10 万奥地利先令。据说，这是他的"最终"价格，他自然很愿意马上收到全部钱款。

还有一些档案，他愿意"旅行莫斯科时赠送"，但我没有细谈这一主题。

我等待您回信指示。

致以同志般的敬礼！

雅·波多尔斯基

在第一份目录中，"（1）"下面提到的笔记本即《政治经济学批判大纲》笔记本四、五、六以及笔记本一、二。"（2）"下面是：《资本论》第 2 卷手稿一；第 1 卷第六章；第 3 卷第一章的一份草稿。第二份目录中首先罗列的是马克思 1861—1863 年手稿中的 23 个笔记本。

接下来在维也纳的谈判由苏联驻奥地利代表处负责人伊万·洛伦克（Ivan Lorenc）亲自进行。9 月 15 日，苏共中央马克思恩格斯列宁研究院的一位副院长弗拉基米尔·格·索林通知他，钱款已经汇出。

档案六

密

致苏维埃驻奥地利全权代表洛伦克同志

尊敬的同志：

2 万金卢布（折合 17 900 美元）已汇出，用于购买公民克里格的马克思档案。马克西米利安·萨韦利耶夫（Maksimilian A. Savel'ev）

同志前往卡尔斯巴德，将同您取得联系，并前往维也纳，以便接收档案。

我请求您，在接收档案后通过萨韦利耶夫同志向克里格支付这笔款项。

苏共中央马克思恩格斯列宁研究院副院长

弗·索林

1936 年 9 月 15 日

第 586/c 号

9 月 30 日，苏共中央马克思恩格斯列宁研究院的另一位副院长萨韦利耶夫告诉自己的同事索林，那位"马克思研究专家"期望的是 2 万美元，而不是金卢布。但是，从洛伦克与萨韦利耶夫 10 月 17 日致阿多拉茨基的信（档案七和档案八）中可以看出，协议很快就达成了。从洛伦克 11 月 9 日致阿多拉茨基的信中也可以看出，克里格最终对 17 900 美元表示满意。

档案七

密

维也纳 1936 年 10 月 17 日第 160/c 号

致苏共中央马克思恩格斯列宁研究院院长弗拉基米尔·维克多罗维奇·阿多拉茨基同志

尊敬的弗拉基米尔·维克多罗维奇：

我很高兴地通知您，我们今天与萨韦利耶夫同志一道结束了同克里格的会谈，得到了目录中罗列的所有档案，除笔记本三之外。克里格已于 10 月 19 日将该笔记本交付我们。

我们今天给您寄去所有我们已掌握的手稿，它们对于苏维埃具有非常突出的价值，涉及《政治经济学批判》的 23 个笔记本、马克思《资本论》草稿的一系列极具价值的笔记本，以及一些小规模手稿。萨韦利耶夫同志单独给您寄去一封信，附有邮递档案的目录。

同克里格的会谈旷日持久。波多尔斯基同志离开后，我继续会谈。我不得不强调，在我看来，会谈本该更早结束。

克里格在同我和萨韦利耶夫同志的会谈中表现得极为得体，对我们格外信任。我原本可以做到在两次见面的过程中就结束预备会谈。这样，我们就可以在萨韦利耶夫同志到达后马上处理转交档案事宜。

克里格在整个过程中强调，档案必须保存在莫斯科，他视移交档案给我们为他的义务。因此，他格外关注他寄往莫斯科的马克思手稿原件照片。他强调说，这些照片极富价值，并请求波多尔斯基同志转告苏共中央马克思恩格斯列宁研究院，这些照片应当赠送给斯大林同志，将它们放在他的办公桌上。因为，"放在任何另外一张办公桌上都不合适"。我们安慰他，向他解释照片在莫斯科极其安全。要告别马克思恩格斯手稿令克里格极其难过，甚至痛苦。他全神贯注于手稿，对手稿倒背如流。移交手稿时，他双手颤抖。他并不想掩饰自己的激动情绪，多次坦言同手稿分离令他极其难过。他是一个极其富有的人，不需要钱财，因而认为有必要向我们解释为什么他要为移交档案收取钱财。他没有"贩卖"手稿，只是收取一定的钱来补偿他的支出，以便能够结束他的学术工作。倘若他要贩卖手稿，可以获得远远多于我们支付的钱。他将这一立场写进声明中，声明由波多尔斯基交给您了。我想声明，克里格给我留下的印象是，他是一个诚实的人。他将档案带来并转交我们时，尚未提前收到钱。现在，在我们将档案寄给您的同时，克里格刚刚收到 900 美元。他还想考虑一下需要哪种币种以及在哪家银行开支票，而我们在付钱之前还会得到最后 3 个笔记本。

因此，克里格请求有机会去莫斯科一段时间，以便在我们的档案馆工作。他最初想在我们这里完结研究工作，愿意来莫斯科三个月左右的时间。我想，我们无论如何都应当向克里格提供签证，迄今的拒绝态度看来是误解的结果。克里格还拥有一些非常有价值的马克思恩格斯档案，具体情况萨韦利耶夫同志会跟您说。我相信，克里格如果来莫斯科，也会将这些档案交给我们的。我甚至相信，我们应当让克里格作为"非旅游者"免费来莫斯科一个月。这笔支出完全值得。过几天，萨韦利耶夫同志会去您那里，向您描述他的印象。我想，对于我们大规模地在巴黎购买德国社会民主党的档案来说，克里格会非常有用。

克里格向我们展示了一系列档案与信件，以表明在他提供给我们的档案中，一部分得自他在柏林档案馆的工作，另一部分是从档案馆购买的。

致以同志般的问候！

伊万·洛伦克

档案八

亲爱的弗拉基米尔·维克多罗维奇：

　　我们利用外交邮件的机会，寄给您我们同克里格商谈的所有手稿，同样包含在他的目录中的"小规模系列"①的 3 个笔记本（题目是"资本章"）除外。据他说，他"忘记"这 3 个笔记本是否要交给我们了。当我向他提及这 3 个笔记本的准确规模和内容时，他便"想了起来"，并许诺 21 日星期一就带来。他交给我们"大规模系列"②的 23 个笔记本、小规模系列的 2 个笔记本，以及《资本论》的其他一些材料和波多尔斯基转交的目录中的一些个别档案，却只是在此前得到我们总价格中的 900 美元。在我看来，他不会不交给我们剩下的 3 个笔记本，尤其是在最后几次会谈中，他对此没有表示原则上和实际上的异议。

　　凡是能做的，我都做了，为的是取得克里格的认可，通过明确的行动来争取他。他对我们还非常有用。长久以来，他就从事收集各种马克思主义著作版本的工作。凭着诚实和明智的收藏热情，他显然还存有德国社会民主党中央党务档案馆中的重要东西。也许在希特勒夺取德国政权的危难时刻，他将它们卖掉了。但是，无论如何，他为我们开具了书面证明，证明手稿是档案馆交予他自由支配的。……

　　我从与克里格的谈话中得知，他还有对于研究院来说极其有意思的一些东西。他多次向我声明，他明确主张将所有材料交付我们的档案馆，并向我们讲述例如德国社会民主党委员会的努力，甚至私下里给我们看了委员会主席和财务负责人齐格蒙特·克鲁梅内尔的信，后者在信中告诉他，他们准备将大规模的马克思档案卖到斯堪的纳维亚国家去，虽然没有提及卖给谁和卖多少钱，但却表达了一种愿望，即在一个月内了结这件事。显然，他对社会民主党的计划了然于胸。……

　　问候您和您的家人……

您的萨韦利耶夫

1936 年 10 月 17 日

10 月 20 日，苏共中央马克思恩格斯列宁研究院中央党务档案馆的登

---

①　指《政治经济学批判大纲》手稿。
②　指《1861—1863 年经济学手稿》。

记记录显示，收到了萨韦利耶夫寄送的手稿。11 月 7 日，洛伦克告诉阿多拉茨基，自己又收到了 3 个笔记本，并将其寄出。

档案九

密

维也纳 1936 年 11 月 7 日

第 175/c 号

致苏共中央马克思恩格斯列宁研究院院长阿多拉茨基同志

尊敬的同志：

我们随信再寄给您马克思的三份大规模手稿，以补充之前寄给您的马克思手稿……

克里格因与这些笔记本分离而心情沉重。他保证说，这些笔记本在柏林档案馆的一个箱子里，同一些报纸放在一起，是他本人找到的。据他所知，这些笔记本从未发表过，也未翻拍过。因此，他认为您的研究院也不了解这些笔记本。① 如果是这样的话，这些笔记本对于我们来说就价值极高。实际上，这些笔记本没有恩格斯、考茨基等人做的记号或画的线，不像之前寄给您的笔记本中的纸页都经过加工。寄给您的这 3 个笔记本非常有意思……

第三，同克里格的谈话非常艰难，这主要是因为，他在某种程度上有心理斗争。我并不怀疑我们最终能够从他那里得到他拥有的所有东西。他本人就强调说，他视转交所有手稿给我们为他的道德义务。但是同手稿相分离又令他非常难过，他从我们手中拿钱也令他心情沉重。不过，他的境况显然令他别无选择。他给人的印象是：他是一个既一心一意又显小家子气的人。他生活简朴，住在简陋的房间里，尽管他是一个富人。他的大部分财产都留在了柏林，因而只能费力地一步步变现。在进行最后一次商谈时，他很难受，再次为从我们手里拿钱做辩解。他还强调，自己的良心受到煎熬，因为他理解，这笔钱可以使我们增加对西班牙的援助，调去更多大炮。我回答说，我不了解我们对西班牙的军事援助，但在同法西斯的斗争中，马克思书稿中的

---

① 克里格在这里弄错了。苏共中央马克思恩格斯列宁研究院已经有了这 3 个笔记本——显然是《政治经济学批判大纲》的第四、第五和第六个笔记本——的照相复制件，想必是 20 世纪 20 年代初就已翻拍的。当然，当时做的复制件有些质量很差，必须重新复制。看来这 3 个笔记本当时未一起翻拍。无论如何，它们与《政治经济学批判大纲》的其他笔记本都不同，没有显示用铅笔做的记号，而 20 世纪 20 年代中期拍照的档案各页上都有用铅笔做的记号。

字字句句都起到了最强有力的武器的作用。因此，这些手稿不能藏在保险柜里，而要交给我们。克里格脸色通红，激动异常，强调说他理解我，我正确而坦诚的回答深深地打动了他，他会毫不迟疑地将所有东西都转交给我们。随后，他向我发誓说，他准备将一些档案的照相复制件交给我们——当然是无偿的，以便我们了解那些文本，至于原件，我们需要再给他一些时间。……

　　第四，我附上克里格的收讫，即他为所有交给我们的档案收讫17 900美元。我请求您对收到手稿做出证明。

全权代表：洛伦克

　　这样一来，尽管在这一时期关于马克思恩格斯文献遗产的谈判未取得成果，但是苏共中央马克思恩格斯列宁研究院得到了一大批马克思手稿遗产。至于应当如何评价此事的意义，可以由此看出来：在同克里格商谈的过程中，外交人民委员马克西姆·李维诺夫（Maxim Litvinov）、内务人民委员和中央书记尼古拉·叶若夫以及斯大林的秘书亚历山大·波斯克列贝舍夫也被牵扯进来，他们也收到了洛伦克1936年11月7日致阿多拉茨基信件的复制件。

　　与克里格的通信往来又持续了一段时间，但获取马克思经济学手稿的历史就此告一段落。

　　可以补充说明的是，克里格于1947年通过波兰外交部再次联络苏共中央马克思恩格斯列宁研究院，打算提供其他档案。对于苏联外交部1947年12月18日的询问，时任苏共中央马克思恩格斯列宁研究院院长弗拉基米尔·科鲁兹科夫（Vladimir S. Kružkov）于1947年12月22日回信说，档案馆已于1935—1936年从克里格手中得到了重要手稿。科鲁兹科夫还在信中补充了关于克里格的"近况"，提到苏共中央马克思恩格斯列宁研究院的工作人员米歇尔·奥西波夫（Michail V. Osipov）于1946年受命出差前往德国期间曾探寻克里格的下落。奥西波夫在柏林找到克里格的一名家政雇员，从雇员口中得知克里格去美国了。克里格是百万富翁，他在柏林的一幢房子被炸毁，此外，他还有保留完好的郊区别墅以及留在德国的其他财产。当时，科鲁兹科夫还告知苏共中央书记安德烈·日丹诺夫（Andrei Ždanov）克里格提供的东西。正像苏联外交部在1947年12月18日的信中所说的那样，那是克里格于1932—1933年从柏林带去伦敦并寄存在一位亲戚那里的保险柜中的一些材料。1948年8月12日，科鲁兹科夫在致外交部的信中证实，收到了"公民克里格通过波兰驻伦敦大使馆转交的文件"，它们是国际工人协会重要文件的首版。

克里格再次露面是在 1949 年底。正像 1949 年 12 月 4 日苏联外交部告知时任苏共中央马克思恩格斯列宁研究院院长彼得·波斯佩洛夫（Petr N. Pospelov）的那样，"曾数次向我们递交马克思恩格斯档案的波兰公民克里格"想向驻波兰大使馆递交苏黎世银行一个保险柜的钥匙，并授权取走里面保存的档案。克里格的意图是，在斯大林 70 寿辰之际向苏联赠送这些档案。大使馆询问苏共中央马克思恩格斯列宁研究院对此是否有兴趣，波斯佩洛夫做了肯定的答复。但是，1950 年 7 月 16 日，他从外交部获悉，驻瑞士大使馆无法获取档案，因为克里格去世后，他的保险柜被冻结了。克里格的继承人是生活在瑞士的他的遗孀。经过波兰代表团前往伯尔尼接洽，这位遗孀声称，愿意以 7 500 瑞士法郎的价格向代表团出售档案——根据附带的目录，它主要还是国际工人协会的刊印材料。波兰人准备付款，但想事先知道苏联方面是否当真对此感兴趣。而波斯佩洛夫的回复未流传下来。

附注

保存在莫斯科的《马克思恩格斯全集》历史考证版第二版第二部分的所有文本实物与原始手迹并非都来自克里格。像《政治经济学批判》第一分册样书与《资本论》第 1 卷第 2 版就是 1934 年苏共中央马克思恩格斯列宁研究院在阿尔特曼旧书店花 4 300 马克购买的。《资本论》第 1 卷法文版样书是马克思的重外孙保尔·龙格（Paul Longuet）和马塞尔·龙格（Marcel-Charles Longuet）赠送给苏共中央马克思恩格斯列宁研究院的。早在 1952 年，苏共中央马克思恩格斯列宁研究院就从他们手中得到了"《资本论》第 1 卷补充和修订"手稿和"《资本论》第 1 卷变更表"。带有马克思亲手勘误的《资本论》第 1 卷法文版第一分册，苏共中央马克思恩格斯列宁研究院于 1962 年得自列宁格勒（今圣彼得堡）的图书馆。

第6章　龙格家族遗产中的马克思档案*

玛蒂纳·达尔马斯　罗尔夫·黑克尔/文　　　鲁路/编译

一、龙格家族的马克思档案流传史

苏共中央马克思恩格斯研究院（1921—1931 年）以及后来的马克思恩格斯列宁研究院（1931—1956 年，其间曾改称马克思恩格斯列宁斯大林研究院）、马克思列宁主义研究院（1956—1991 年），一直与龙格家族成员保持持续的联系。龙格家族成员是卡尔·马克思和燕妮·马克思及女儿燕妮·龙格的直系后人。俄罗斯国家社会政治史档案馆（1999 年成立）中有一份"龙格卷宗"，包括 65 份档案，内含达维德·梁赞诺夫、弗拉基米尔·阿多拉茨基等几任院长领导下的研究院同龙格家族的往来通信。龙格家族成员曾在不同时期访问过上述研究院，并转交过他们保存的一些马克思档案及个人物品。

研究院与龙格家族之间的往来大致经历了如下阶段：

1928—1931 年，梁赞诺夫与让·龙格通信。

1936—1939 年，研究院与德国社会民主党流亡委员会协商，力争获取马克思恩格斯文献遗产，让·龙格参加了协商；研究院驻伦敦通讯员同罗伯特-让·龙格（Robert-Jean Longuet）取得了联系。

1948—1953 年，埃德加·龙格（Edgar Longuet）访问研究院，其去世后，曾经保存的材料也被转交研究院。

* 本章原载：《信息资料参考》2020 年第 3 期。原文来源：Martine Dalmas and Rolf Hecker, "Marx-Dokumente aus dem Longuet-Nachlass in Moskau," in *Beiträge zur Marx-Engels-Forschung：Die Marx-Engels-Werkausgaben in der UdSSR und DDR（1945 - 1968）*, Beiträge zur Marx-Engels-Forschung (Berlin, Hamburg：Argument-Verlag, 2006), pp. 171 - 204。翻译有删减。玛蒂纳·达尔马斯（Martine Dalmas）：法国巴黎第四大学。罗尔夫·黑克尔（Rolf Hecker）：德国柏林 MEGA 编辑促进会。鲁路：中共中央党史和文献研究院信息资料馆。

1960—1963 年，弗雷德里克·龙格（Fréderic Longuet）和马塞尔-沙尔·龙格（Marcel-Charles Longuet）分别访问研究院，并转交了相关档案和物品。

随后，研究院与龙格家族的联系维系了下来。1971 年，为纪念巴黎公社成立 100 周年，马塞尔-沙尔·龙格在巴黎向时任副院长的金纳季伊·奥比奇金（Genadi Obiěkin）转交了一个装有档案和照片的"鞋盒"。1979 年，罗伯特-让·龙格和卡尔·龙格访问了研究院下属的中央党务档案馆。而档案馆工作人员 G. A. 尤金科娃（G. A. Judinkova）也至少两度（1979 年和 1980 年）到巴黎拜访龙格家族。1980 年，中央党务档案馆马克思恩格斯研究室的工作人员鲍里斯·M. 鲁佳克（Boris M. Rudjak）前往巴黎，在卡尔·龙格和西蒙娜·龙格（Simone Longuet）夫妇家中的一个箱子里找到马克思恩格斯生前的藏书和其他档案。这一做法符合苏共中央马列研究院与民主德国马列研究院约定的工作分工，即后者负责恩格斯家族后裔的事务，前者负责马克思家族后裔的事务。

龙格家谱

沙尔·龙格 （1839—1903） 与燕妮·龙格 （1844—1883） （1872 年结婚）	沙尔·龙格 （1873—1874）		
	让·龙格 （1876—1938）	罗伯特-让·龙格 （1901—1987）	无子女
		卡尔·龙格 （1904—1981）	弗雷德里克·龙格
			安娜·龙格 （Anne Longuet）
	亨利·龙格 （1878—1883）		
	埃德加·龙格 （1879—1950）	沙尔·龙格（1902—?）	四儿一女
		弗雷德里克·龙格 （1904—?）	三个子女
		燕妮·龙格（1906—1939）	无子女
		保尔·龙格（1909—?）	一儿一女
	马塞尔·龙格 （1881—1949）	马塞尔-沙尔·龙格 （1909—?）	无子女
	燕妮·龙格 （1882—1952）	无子女	

　　20 世纪 90 年代初，西蒙娜·龙格让人重新查阅了保存在她那里的书籍，以便为马克思恩格斯藏书中所有流传下来的书籍制作一份目录，目录中注明了 1 450 本书籍，其中有 22 本在巴黎。关于龙格家族中马克思档案的流传史，罗伯特-让·龙格说：

　　　　外祖父母去世后，我们的父亲让·龙格及其兄弟埃德加和马塞尔继承了马克思遗产中的大量书信、个人档案乃至家具。我父亲是这样做的：在两次世界大战之间的日子里，他将一些遗物交给了苏联，其中有马克思在梅特兰公园路工作室的两张沙发，其他东西则在莱昂·布鲁姆的催促下交给了德国社会民主党，还有一些作为家族财产保留下来。

　　　　作为长子，我获得了其中的一部分。第二次世界大战后，我亲自将这部分带往莫斯科，作为馈赠交付马列研究院。其中有我父亲同威廉·李卜克内西、爱德华·伯恩施坦以及其他人的通信。还有一封片山潜写给马克思的书信，这想必是最有价值的档案了，它写在日本和纸上。片山潜告诉马克思，因为自己要在监狱里待一年，所以无法及时回复他的来信。

　　　　马塞尔·龙格一直住在父母那里。这样就可以解释，有一些档案，父亲认为属于过于私密的回忆，因而未拿出手，而是在父母去世后交给他的兄弟马塞尔-沙尔·龙格。而他想必也不愿同装有珍贵家族遗物的鞋盒分离，直至 1971 年 2 月。但是，马塞尔-沙尔·龙格交付奥比奇金教授的，肯定是我们家族掌握的最后遗物了。

　　罗伯特-让·龙格向德国社会民主党中央机关报《新德意志报》(Neues Deutschland) 记者讲述的这段回忆证明，截至 1971 年，无论是让·龙格，还是罗伯特-让·龙格，以及埃德加·龙格和马塞尔·龙格，都陆续将自己掌握的马克思档案与纪念物交付苏共中央马列研究院。此外，也还有一些带有旁注的书籍留在了卡尔·龙格的继承人手中。
　　马克思恩格斯研究院第一任院长、《马克思恩格斯全集》历史考证版第一版的缔造者梁赞诺夫同龙格家族结交的历史，可以回溯到他第二次流亡西欧时期（1907—1917 年），并且这一交往从未中断。双方的交往对于出版完整的《马克思恩格斯全集》历史考证版具有重要意义。早在 20 世纪 20 年代初，梁赞诺夫就通过照相复制了保存在龙格家族的马克思恩格斯档案，并接收了其他一些相关档案。

二、梁赞诺夫与让·龙格

梁赞诺夫与龙格家族〔主要是与燕妮·龙格和沙尔·龙格之子、巴黎律师、《社会主义评论》（*Nouvelle Revue Socialiste*）杂志编辑让·龙格〕的通信往来从 1928 年 12 月延续至 1931 年 1 月。现有的总共 15 封通信长短不一，均用法文写作，语气亲切友好。

在第一封信（1928 年 12 月 10 日）中，梁赞诺夫请求让·龙格帮助一位前巴黎公社社员、让·龙格的父亲沙尔·龙格在敖德萨（Odesa）疗养时的战友阿希尔·勒罗伊（Achille Le Roy）清偿房租。梁赞诺夫引证勒罗伊本人的话说，他在巴黎的住处"有对于共产主义历史极具价值的档案"。接下来的通信则直接涉及马克思文献遗产的保护以及获取各种档案等事宜。

在 1929 年 1 月 10 日的回信中，让·龙格首先确定自己收到了莫斯科的汇款，并同勒罗伊的房东取得了联系，以便偿还房租。接下来，让·龙格提到，梁赞诺夫的两卷本著作已由巴黎的社会出版社翻译成法文出版。他称赞梁赞诺夫对马克思深入而准确的心理刻画，并在书信结尾处提到马克思写给自己的母亲和姨母的书信已发表在《社会主义评论》上。

梁赞诺夫对让·龙格的称赞"受宠若惊"（"您的错爱令我受宠若惊"），马上于 1929 年 1 月 19 日回信，邀请龙格前往莫斯科（"以便见证我们纪念您的外祖父的学术时刻"），而让·龙格出于政治原因谢绝了这一邀请（1929 年 3 月 4 日）。他认为当时苏联政府抨击欧洲的工人党和社会主义党的做法是错误的，希望很快能建立起"社会国际与俄国之间正常的甚至是兄弟般的关系"。

在接下来的通信中，让·龙格坚持自己的立场，讲述双方在道义和政治上的障碍，强调其不可动摇的观点（1929 年 3 月 19 日）。梁赞诺夫表示非常遗憾，尤其是他的邀请属于个人邀请，是给马克思的外孙让·龙格的。

自 1929 年 3 月起，通信往来主要涉及龙格家族掌握的马克思文献遗产，梁赞诺夫想为自己的研究院争取到它们。3 月 9 日，梁赞诺夫首先提到雷蒙·维耳马尔（Raymond Wilmard），此人是"国际的热忱鼓吹者"，自 1871 年起同马克思和恩格斯通信，后来同让·龙格的父亲沙尔·龙格以及马克思的女婿保尔·拉法格通信。让·龙格证实，他自己同这一时期已经垂垂老矣的维耳马尔保持着友好的、密切的关系，并指出维耳马尔"今天"（1929 年 3 月 19 日）还在提及自己同龙格家族的友好关系。在谈及马克思的青年诗作时，让·龙格认为它保存在弗兰茨·梅林的文献遗产中。梁赞诺夫回复说，可惜在那里没有找到（1929 年 3 月 9 日）。这令让·龙格深感遗憾（1929 年 3 月 19 日）。这些文献遗产实际上在其兄弟马塞尔·龙格那里。

接下来的通信还讨论了移交画像和胸像的事宜。在 1929 年 5 月 16 日的一封短信中，梁赞诺夫提醒让·龙格，自己曾请求得到一张燕妮·马克思画像的照片。约一年后（1930 年 7 月 20 日），梁赞诺夫给他寄去一张马克思油画像的照片，这是他从列宁格勒得到的，他请让·龙格发表看法，同时祝贺他的儿子卡尔·龙格制作完成了一座马克思胸像。让·龙格于 7 月 29 日回信，首先提到了自己儿子对照片的反应，卡尔觉得马克思显得"太瘦了"，而且"穿得有些怪模怪样"，但认同梁赞诺夫的写实主义判断，认为画像想必创作于马克思生命中的最后几年。让·龙格还提到卡尔创作的马克思胸像，认为那是成功之作，并把它寄给梁赞诺夫，同时提出了使用建议（"您是否认为这座青铜胸像可以放在马克思恩格斯研究院或苏联其他地方"）。梁赞诺夫想必直接同马克思的重外孙卡尔·龙格取得了联系。

在 1930 年 10 月 26 日的回信中，梁赞诺夫猜测，油画中的大衣是马克思最后几年穿的。马克思在同恩格斯的通信往来中提到过这件大衣，据克拉拉·蔡特金（Clara Zetkin）说，大衣由拉法格拥有。至于卡尔·龙格创作的胸像，梁赞诺夫说，研究院准备购买原件，将其陈列在新组建的马克思恩格斯研究室。梁赞诺夫还向让·龙格提出额外请求：请马克思恩格斯研究院驻柏林通讯员鲍里斯·尼古拉耶夫斯基照相复制马克思的结婚证书，而这需要一位龙格家族成员的认可。12 月 2 日，梁赞诺夫确认，他同意以对方提出的价格购买胸像，前提是研究院有权复制（照片除外）。接下来，他感谢让·龙格就马克思的结婚证书做出答复，但可惜的是，保存下来的让·龙格 11 月 5 日的回信中却没有相关答复。

这一次，回复梁赞诺夫的是让·龙格的儿子罗伯特-让·龙格，作为律师，他接受委托出售自己的兄弟卡尔·龙格的作品，并维护其权利。在 1931 年 1 月 13 日的信中，他告诉梁赞诺夫，德国特里尔的马克思故居已经有了一座马克思胸像，他准备以同样的价格（5 000 法郎）向马克思恩格斯研究院提供第二座原件，并建议购买程序采取类似于德国的方式，因为他兄弟的作品在德国获得了巨大成功。他还说自己准备同研究院的代表在巴黎商谈此事。在这封信中，他还提出第二条建议："我完全可以听凭您为苏联复制青铜胸像，条件是将既定报酬汇入一家法国银行。"

1931 年 1 月 25 日，梁赞诺夫在写给罗伯特-让·龙格的书信草稿中用一种稍显冷淡的口吻说，研究院自始至终有兴趣购买这座胸像，但是如今胸像已经有了多份复制品，而且权益问题似乎也不同以往，那么这件事就不能着急，可以以后再谈。书信到此中断，也没有被寄出，因为梁赞诺夫在这一时期被捕。此后，阿多拉茨基于 20 世纪 30 年代中期重新开始了与龙格家族的书信往来。

三、关于马克思恩格斯文献遗产的"交易"

在着手协商从德国社会民主党流亡委员会那里购买马克思恩格斯文献遗产之前，梁赞诺夫被免去了苏共中央马克思恩格斯研究院院长职务，研究院同龙格家族的联系也就此中断。1935 年初，研究院着手了解马克思恩格斯文献遗产的遗存情况。当年年中，中央党务档案馆负责人格尔曼·季米聂夫接受委托，在国外为研究院搜集档案文献。7 月中旬，自称"赫尔曼同志"的季米聂夫启程前往巴黎，负责与国外建立文化联系的亚历山大·阿罗谢夫也来到巴黎，他显然直接受命于斯大林。

逗留巴黎期间，他们同让·龙格进行了会谈。季米聂夫感到他们有机会从让·龙格手中得到他掌握的所有档案。显然，他们还谈到了将马克思的遗物从伦敦运往莫斯科之事。基于让·龙格在接下来的会谈中表明的立场，季米聂夫期待研究院给予"指示"。

经过这次侦察式探访并回莫斯科汇报之后，1935 年 11—12 月，阿罗谢夫与季米聂夫带着新的谈判指示再度前往巴黎，与德国社会民主党流亡委员会就获取马克思恩格斯文献遗产进行谈判。谈判一直持续到 1936 年上半年，直至最终失败。

来自莫斯科的特派员们可以为第二次旅行的成果庆祝，因为他们于 1935 年 12 月 25 日同威廉·迪特曼签署了购买其在苏黎世的档案馆和政治图书馆的协议。阿罗谢夫从迪特曼那里获得了 8 个装满档案文件的箱子后取道巴黎，于 1936 年 1 月初抵达莫斯科。

1936 年 1 月，马克思恩格斯列宁研究院驻巴黎通讯员阿利克斯·吉莱恩（Alix Guillain）谋求获取龙格家族档案的清单。1 月 19 日，她向莫斯科汇报说：

我终于可以对让·龙格的档案一览无遗了。昨天，我找到机会完成此事，我希望这只是暂时的。之前同他本人的会谈遇到了极大的、似乎难以克服的困难。龙格一再强调他只掌握一些信件，而且看起来非常不愿意进一步接触那些东西。我最初的全部努力只在于为龙格掌握的文件开列一份清单。但是，如何整理各种档案，以便使它们一览无余，完全无法预料。幸亏在我同他会谈时，他的一个儿子加入进来。据我后来所知，他比他的父亲更热衷于此事。他向他的母亲转达了我的意图，我感谢他的热情以及龙格夫人的精力，以至于事情终于有了眉目。为了查找家族档案，她检查了整栋房子，包括储藏室、地窖等。这样，就最终形成了一份已经交给您的有价值的收藏清单。当然，我一直鼓励龙格夫人继续她的搜寻。在我看来，不仅在这栋房子里，而且在让·龙格的兄弟家中，肯定还可以找到一些有价值的材料。此外，我认为不能排除的是，在让·龙格的熟人及其后人那里还可以找到其他档案。这主要取决于我如何同龙格夫人建立和维护关系。因此，我想避免有可能给这种关系造成不和谐的一切。一切都取决于龙格夫人的善良意愿。在相当复杂的家族关系中，她的地位极其艰难。她要克服家庭成员和其他家族成员的诸多猜忌与心理抵触。……这里的危险倒不在于整个收藏或其中有什么会与我们失之交臂，而在于个别东西会单独售出或馈赠出去。现在，我猜无论如何都有个别东西掌握在所有可能的人物手中，而我借助于龙格夫人全力以赴的一项艰巨任务就是搞清楚准确情况。目前，我还不想过分地催促她，而是仅限于同她保持书面和口头联系。

这笔文献遗产或者说多份文献遗产涉及：沙尔·龙格和燕妮·龙格的文献遗产；保尔·拉法格和劳拉·拉法格的文献遗产。……尤其还要提到恩格斯致拉法格的书信。您在来信中开列了您了解的恩格斯致拉法格的书信目录，同时询问，是否正像迈耶尔教授在他关于恩格斯的书中所提示的那样，1886 年至 1887 年还有其他书信。我想，首先可以从您的来信中推断，您所提到的书信由龙格家族保存。迄今为止，龙格夫人一直没有找到这样的信。但是，她会继续找，并相信自己会找到。另外，您从我的清单中可以看到，有两封恩格斯致拉法格的信，它们是您的来信中未提到的……。因此，我这样回复您的来信，即在您提到的书信之外，我不知道有任何一封 1886 年至 1887 年的书信，但知道有两封书信分别注明为 1884 年 3 月 11 日与 1889 年 4 月 10 日。

长达 8 页的清单包括：马克思的书信和档案，其中有：马克思的《路易·波拿巴的雾月十八日》手稿，共 82 页；恩格斯的书信和档案；马克思夫人燕妮致女儿们的信；弗雷德里克·德穆特（Frederick Demuth）1912 年 4 月 10 日致让·龙格的信；保尔·拉法格与让·龙格的通信；马克思女儿们的档案和笔记；1872 年至 1878 年关于《资本论》法文版的通信。此外，吉莱恩可以寄去在卡尔·龙格的工作室中找到的燕妮·马克思及其母亲的油画肖像的 7 张照片和 2 张照相复制件。1936 年 1 月 17 日，吉莱恩给莫斯科寄去一封信，用马克思去世后为其制作的石膏面具照片和卡尔·龙格创作的马克思胸像照片补充了这一收藏。

为了获得这些艺术品，阿多拉茨基于 1936 年 1 月 29 日致信斯大林。他早年访问巴黎时，在卡尔·龙格的工作室看到了油画，表达了购买油画的愿望，不过当时龙格夫人无法做出决定，因此只能制作油画的复制品。但是，这次吉莱恩看到了机会，即龙格夫人改变了主意，她便于 1936 年 5 月 14 日通知莫斯科，购买油画的价格为 4 万法郎。她接着汇报说：

> 正像我已经告知阿多拉茨基同志的那样，我正努力同龙格夫人建立更持久、更密切的关系，以便尽可能从她那里获得符合我们目标的所有东西。首先是恩格斯致拉法格的书信，它们掌握在让·龙格的兄弟马塞尔·龙格手中，可以买下来。像所有龙格家族成员一样，马塞尔·龙格的情况很麻烦。他总是缄默无语，拒人于千里之外。眼下，他又到巴黎了。我坚信，现在终于可以克服一切困难接近他了，交易也可以没有太大障碍地进行了。

除了油画之外，还有其他纪念品可以购买。吉莱恩在 1936 年 5 月 31 日的一封信中说：

> 说到沙发，龙格夫人告诉我下述新情况：两张沙发中有一张是马克思去世时坐的，后来被蒙上了新布罩。龙格夫人在储藏室中找到了原先的布罩。我利用这一时机询问她是否最终准备把两张沙发卖给我们，价格是多少。最初她坚持说，买卖根本无从谈起，她绝不会同这

些珍贵的家族纪念品分离。后来她又环顾四周说，她可以以 5 万法郎的价格把两张沙发中的任何一张卖给我们。

吉莱恩从让·龙格那里获得了大量书信和档案，并从卡尔·龙格那里获得了马克思的石膏面具，而这一时期无法复制胸像。她还从罗伯特-让·龙格那里得到了马克思赠予女儿爱琳娜的《福格特先生》（*Herr Vogt*）一书（内有马克思的题字），以及一本 23 页版的《共产党宣言》。1937 年底，吉莱恩结束了作为研究院通讯员的工作。

1938 年让·龙格发生致命车祸后，研究院驻伦敦通讯员阿格尼娅·迈斯卡娅（Agnija Majskaja）重新联系巴黎的龙格家族。1939 年，她获得了吉莱恩实际上已经做好前期准备工作的所有东西。个人物品——工作椅与沙发、马克思的钱包与烟嘴、一枚带有马克思肖像和一缕头发的圆形饰品、一块绸缎——都更换了拥有人。此外，她还从罗伯特-让·龙格那里获得了一些马克思的书信和笔记本，以及一些涉及马克思及其家庭成员的小册子。当然，至少有一件遗产保留在罗伯特-让·龙格手中，即马克思的怀表，那是他从马克思的朋友威廉·沃尔弗（Wilhelm Wolff）那里继承下来的，里面刻上了马克思、海伦·德穆特（Helene Demuth）、恩格斯的姓名及去世日期，以及让·龙格和罗伯特-让·龙格的姓名。1983 年，莫斯科复制了这块怀表，原件则保存在罗伯特-让·龙格的妻子克里斯蒂娜（Christine）那里。1997 年，她在柏林展出了这块怀表。

四、埃德加·龙格的遗产

第二次世界大战后，马克思恩格斯列宁研究院重新开始调查马克思的文献遗产。20 世纪 30 年代，研究院未能成功获得保存在马克思的外孙让·龙格手中的部分遗物，而此时的努力主要集中在马克思仍然健在的另一个外孙埃德加·龙格身上。1948 年 2 月 13 日至 3 月 16 日，这位 68 岁的老人与妻子布朗歇（Blanche）访问了列宁格勒和莫斯科。

作为研究院的客人，埃德加·龙格的行囊中装有重要赠品：1871 年 9 月 23 日马克思致妻子燕妮的一封信和一份批判弗里德里希·李斯特（Friedrich List）的 4 页手稿。此外，他请求亲手将马克思与女儿们及恩格斯的照片原件交给斯大林。这次访问令埃德加·龙格夫妇格外激动，他在 1948 年 7 月 12 日的书信中对此做了详细描述。

埃德加·龙格还在一封致伊琳娜·巴什（Irina Bach）的私人信件中感谢莫斯科方面亲切而细致的接待，并表示希望得到马克思 1844—1845 年逗留巴黎期间的档案，因为他接受委托写一篇文章，而他掌握的材料太少。

1950 年 12 月 13 日，莱奥·波尔（Leo Por）写信给研究院副院长恩斯特·佐贝尔，商量如何在埃德加·龙格去世后搜集到他的遗产。1951 年 1 月，在匈牙利劳动人民党（即匈牙利共产党）中央委员会第一书记拉科西·马加什（Rákosi Mátyás）的授意下，这封信通过该党转交研究院院长彼得·波斯佩洛夫。

波尔自称是最熟悉这个家族情况的人，他认为只有已故的埃德加·龙格积极支持将家族档案移交研究院，而所有传承下来的档案都在他的房子里。埃德加·龙格在家族中有些"孤立"（这显然是指他的政治信念），他有四个孩子。至于他的儿子们是否有愿意"出售"档案，则不清楚。无论如何，摸清情况已势在必行。波尔描绘了最糟糕的可能性："档案放在龙格家狭小工作室的一个可随意打开（未上锁）的柜子里的大纸袋中，杂乱无章。它们也有可能丢失了，或作为无用的纸张被毁掉了。"

出于这些原因，波尔建议研究院派一名全权代表前往巴黎处理相关事宜。如果这样不可行的话，研究院可以请求埃德加·龙格的遗孀向波尔交付手稿，她同波尔很熟。波尔认为，如果自己能拿到文献遗产，就可以马上交付佐尔坦·桑托（Zoltan Szantó）保存。

最后，波尔提到自己受《自由人民报》（*Szabad Nép*）委托对埃德加·龙格进行了一次访谈。埃德加·龙格在访谈中抱怨说，他很晚才理解了社会民主党的真正作用。如果佐贝尔需要这次访谈的文本，他可以马上寄去。

佐贝尔被流放西伯利亚几年后，于 1947 年前往布达佩斯，在当地参与了出版匈牙利文版《马克思恩格斯全集》的工作。这一时期，尤其是在阿多拉茨基去世后，他同苏联马克思恩格斯列宁研究院没有直接联系。

埃德加·龙格于 1950 年 12 月 12 日去世，在研究院引起了"连锁反应"：12 月 15 日，苏共中央书记 M. A. 苏斯洛夫（M. A. Suslov）签署的悼词经法共中央转交给他的遗孀。1951 年 1 月 16 日，苏联外交部副部长 A. E. 博戈莫洛夫（A. E. Bogomolov）委托驻巴黎大使馆的工作人员同他的遗孀建立联系，后者说明了她掌握哪些马克思文献遗产的档案，以及怎样才有可能获取这些档案。2月底，显然是在得到苏联外交部的指示之后，研究院院长波斯佩洛夫直接致信大使 A. P. 帕夫洛夫（A. P. Pavlov）指出，埃德加·龙格访问莫斯科时曾承诺，他掌握的所有马克思档案都归研究院所有。博戈莫洛夫请求帕夫洛夫进行详细调查，澄清移交的条件。5月29日，帕夫洛夫致信苏联外交部，提交了现有档案的要目，并汇报了龙格家族的境况。

这批档案涉及下述东西：马克思的 3 个笔记本（两个分别为 200 页和 146 页的笔记本写于 1850 年，还有一个 100 页的笔记本写于 1869 年）；6 封马克思的书信；约 60 封致马克思的书信，其中有巴枯宁 1868 年 12 月 22 日致马克思的信；230 封马克思家庭的书信；3 位家庭成员的笔记本；考茨基与李卜克内西的一些书信及一系列涉及马克思恩格斯生平与影响的其他档案。

所有材料均"保存良好"，只是"未经整理"。大多数档案为 1949 年去世的马塞尔·龙格和他的妹妹燕妮·龙格拥有。埃德加·龙格的遗孀布朗歇准备将自己掌握的所有档案交付研究院，条件是向马塞尔·龙格的儿子马塞尔-沙尔·龙格以及埃德加和马塞尔的妹妹燕妮·龙格提供物质补偿与医疗帮助，并用外币向她本人支付数额为 4 000 卢布的"补偿金"。帕夫洛夫还说，这位遗孀深受伤害，因为她从苏联回来后写给研究院的信从未得到答复。

波斯佩洛夫汇总帕夫洛夫的信息后，于 1951 年 6 月 30 日直接向苏共中央总书记斯大林做了汇报，并于 8 月 2 日请求苏联外交部西欧司司长 A. G. 阿布拉莫夫（A. G. Abramov）向大使帕夫洛夫解释，在巴黎有哪些条件可以向马克思的重外孙马塞尔-沙尔·龙格和外孙女燕妮·龙格提供必要的医疗与财务帮助。然而，各方在采取哪些必要措施方面却陷入了僵局。

直到 1951 年 12 月，波尔向佐贝尔重新提交了一份长达 7 页的详尽报告，经过翻译后于 1952 年 1 月 22 日通过苏联外交部递交波斯佩洛夫，这件事才重新引起关注。

波尔本人时常拜访埃德加·龙格的遗孀，不久前，她给他看过自己在丈夫的办公桌中找到的茹尔·盖得和拉法格等人的信。波尔询问是否有可能再找到其他这类东西，而她回忆起一个箱子。他看后发现里面果然有一大批有价值的材料，包括马克思起草的关于工人阶级生活条件的问卷、关于召开第二国际成立大会的决议（有倍倍尔、李卜克内西、拉法格等人的签名)、一大堆书信、一些重要书籍以及一些个人物品。

　　波尔建议龙格夫人将这些材料转交党组织,其中涉及第一和第二国际的交给马克思恩格斯列宁研究院,涉及法国的交给法共档案馆。她表示同意,并委托他完成此事。随后,她还寄给波尔一张马克思的照片原件,波尔将此连同致佐贝尔的书信一起交给匈牙利工人运动研究所。在书籍中,有一本马克思的题字赠书,是送给女儿劳拉的拜伦(Byron)著作。波尔将这本书放在交给马克思恩格斯列宁研究院的材料中。

　　1952 年 4 月 1 日,波斯佩洛夫再度向博戈莫洛夫汇报了“勘查”马克思档案的情况,认为此时的主要问题是以何种方式满足马塞尔-沙尔·龙格的物质需求(财力支持、居住条件改善、医疗照顾)。

　　1953 年 3 月 4 日(斯大林于 3 月 5 日去世),奥比奇金向苏共中央书记 N. A. 米哈伊洛夫(N. A. Michajlov)汇报说,有一大批马克思档案于 1952 年 12 月送到研究院。中央党务档案馆已拥有其中少量档案的复制件(而且其文本已刊发于《马克思恩格斯全集》俄文第一版),而大部分其他档案尚不为人知,它们包括:1860 年至 1880 年的 20 份马克思档案,其中有一系列书信和 3 个笔记本〔一个涉及福格特(Vogt)的笔记本,173 页;一个经济学摘录笔记本,147 页;一个关于爱尔兰历史摘录的笔记本,89 页〕;77 份恩格斯档案,大多是 1880 年至 1890 年的书信;59 封马克思的夫人和女儿写给他的书信;64 封其他人写给恩格斯的书信;140 多封马克思家庭成员的书信;约 40 封国际和法国工人运动成员的书信。

　　在上述书信中,有一些写于 1906 年和 1909 年,涉及马克思文献遗产流传史,是劳拉·拉法格从路易莎·考茨基(Luise Kautsky)那里得到的,并且是写给倍倍尔和伯恩施坦的。

五、马塞尔-沙尔·龙格与弗雷德里克·龙格在莫斯科

　　1960 年 9 月 11 日至 10 月 6 日,马塞尔-沙尔·龙格访问莫斯科。9 月 12 日,他向马列研究院转交了龙格家族拥有的下述马克思档案:马克思致恩格斯、妻子燕妮、女儿和女婿拉法格夫妇、女儿爱琳娜以及德国社会民主党人威廉·白拉克(Wilhelm Bracke)的 15 封信;1856—1882 年马克思致法国政治家 L. 巴索(L. Bassot)的信;马克思写给燕妮的诗集;燕妮的一本附有马克思及其家庭成员“座右铭”的相册;劳拉·拉法

格的一本收藏有马克思及其家庭成员和友人照片的相册。

在提交苏共中央委员会的一份报告中，时任马列研究院副院长的 N. 沙塔金（N. Šatagin）强调说，在上述档案中，1875 年 5 月 5 日马克思致白拉克的信附有他的《哥达纲领批判》草稿。此外，收藏中还包括马克思在国际工人协会的活动档案。

移交的恩格斯档案包括：1867 年至 1895 年恩格斯致拉法格夫妇的 44 封信；恩格斯对发表在 1894 年的《新时代》（L'Ère Nouvelle）杂志上的《共产党宣言》法文译文的评论。

移交的家族档案包括：劳拉·拉法格致恩格斯的 23 封信；燕妮·龙格致父母、妹妹爱琳娜以及沙尔·龙格的 61 封信；爱琳娜·马克思-艾威林致恩格斯及姐姐劳拉的 15 封信；保尔·拉法格致恩格斯的 29 封信。

档案移交是同马塞尔-沙尔·龙格的请求联系在一起的，即向他提供 1 万法郎的年金，为期 10 年，或一次性支付补偿金 10 万法郎。报告起草人沙塔金在报告中解释说，这是出于"市场经济"的考虑："根据尼古拉·劳赫（Nicolai Rauch）于 1959 年在日内瓦编纂的手稿目录，马克思恩格斯的一页手稿在西欧值 750 瑞士法郎。由此，马塞尔·龙格移交的 194 页马克思恩格斯档案值 14.55 万瑞士法郎。另外，258 页的家族档案可视为值 5.16 万瑞士法郎（每页 200 瑞士法郎）。根据这一计算，全部档案价值 19.71 万瑞士法郎，或 22.43 万法国法郎，即马塞尔-沙尔·龙格请求的数额的两倍多。"

1960 年 11 月 19 日，沙塔金向苏联外交部欧洲一司司长 S. T. 巴扎罗夫（S. T. Bazarov）表示，要通过驻巴黎大使馆向马塞尔-沙尔·龙格汇款 10 万法郎。他还直接向大使 S. A. 维诺格拉多夫（S. A. Vinogradov）寄去了类似的书信。此外，沙塔金告知"亲爱的龙格同志"，已经做出关于补偿的决定，钱款将通过大使馆支付。12 月 2 日，维诺格拉多夫向沙塔金证明，钱款已经支付。

1960 年 12 月 1 日，马塞尔-沙尔·龙格表示感谢："亲爱的沙塔金同志，我与我的妻子向您致以新年的良好祝愿，并真诚地感谢研究院为我们所做的一切，希望再次见到您。亲爱的同志，祝您一切顺利，谨致问候。"

1961 年 5 月，奥比奇金询问大使维诺格拉多夫，马塞尔-沙尔·龙格是否有意再次访问莫斯科。8 月 25 日，马塞尔-沙尔·龙格写于 8 月 16 日的信抵达研究院。他在信中说，预计到访的日期（9 月 3 日）非常不合适，因为这段时间有一个大型展览，他担心自己在公众面前缺席，因此建议将访问日期往后拖延两周。9 月 22 日，他再次写信表示，他最近一段时间不是很舒服，不得不遗憾地再次拖延预定的旅行。

而马克思的另一位重外孙弗雷德里克·龙格直到 20 世纪 60 年代才引起研究院的关注（这显然是考虑到遗产继承顺序），尽管他早在 1956 年就出席了伦敦的马克思新墓地揭幕仪式。他于 15 岁起开始学习绘画，第二次世界大战后举办了第一次画展，而他的创作顶峰想必是 1962 年在莫斯科普希金博物馆举办的风景画展览，在他参展的 100 幅画中，有 13 幅画被博物馆买下。

展览期间，弗雷德里克·龙格访问了研究院，参观了中央党务档案馆保存的来自龙格家族文献遗产的马克思档案，并"对良好的档案保存条件印象深刻"。在 1962 年 4 月 7 日致苏共中央第一书记赫鲁晓夫的报告中，研究院副院长 N. 马特科夫斯基（N. Matkovskij）提到，弗雷德里克·龙格想亲自向第一书记递交两张马克思相片的原件、两本马克思的藏书以及沙尔·龙格拥有过的一枚纪念章。他说，转交这些纪念品具有极其重要的象征意义，因为赫鲁晓夫是苏联最高领导人，而苏联"正在践行他著名的曾外祖父的理想"，但遗憾的是，1960 年赫鲁晓夫前往巴黎参加四国峰会期间，弗雷德里克·龙格没有机会同他见面，而此时他想予以弥补。

弗雷德里克·龙格未能如愿与赫鲁晓夫进行私人会面，但与苏斯洛夫进行了会谈。一年后，弗雷德里克·龙格受苏联文化部和艺术家协会以及苏斯洛夫的邀请，前往苏联访学一年。1963 年 9 月逗留莫斯科期间，弗雷德里克·龙格向研究院交付了一本有 126 张照片的相册，相册曾由他的祖母燕妮·龙格拥有。这本相册后来导致了一个历史性错误，即其中的一些照片被当成马克思的妻子燕妮·马克思及其女儿燕妮·马克思-龙格的肖像，而它们实际上是路德维希·库格曼（Ludwig Kugelmann）的妻子盖尔特鲁黛·库格曼（Gertrud Kugelmann）及其女儿弗兰契斯卡（Franziska）的肖像。

在结束这次访学之旅的回国途中，弗雷德里克·龙格经停柏林，做客民主德国马列研究院。在一份卷宗中，马克思恩格斯研究室的工作人员鲁特·施托尔茨（Ruth Stolz）记录了龙格家族成员的生平信息。记录显示，弗雷德里克·龙格有意向该研究院寄送或于 1964 年春天带来"下述物品"：马克思的肖像照片（照相复制件）；新郎埃德加尔·冯·威斯特华伦（Edgars von Westphalen，马克思的夫人燕妮·马克思的兄弟）的袖珍肖像（照相复制件）；两张燕妮·马克思的肖像（照相复制件）；带有燕妮·马克思献词的马克思家庭相册（照相复制件）；5 封沙尔·龙格的书信（原件）。

1968 年 5 月，在马克思诞辰 150 周年之际，马克思的重外孙罗伯特-让·龙格和卡尔·龙格兄弟以及他们的堂兄弟弗雷德里克·龙格和保尔·龙格兄弟到访莫斯科。同年 9 月，罗伯特-让·龙格携夫人逗留苏联一个月，访问了列宁格勒和莫斯科。他利用这次机会向苏联马克思恩格斯博物馆转交了劳拉·拉法格的一个笔记本、沙尔·龙格在警察局的档案，以及 68 封国际工人运动代表人物 1899 年至 1919 年寄给他父亲让·龙格的书信，其中有 18 封是卡尔·考茨基写的，11 封是路易莎·考茨基写的，3 封是爱德华·伯恩施坦写的。

六、结语

研究院与龙格家族的关系史既有高潮也有低谷。研究院及其代表曾向龙格家族人员保证，会小心地保管他们移交的马克思恩格斯档案，将其用于学术研究，并自 20 世纪 60 年代末起用于筹备出版《马克思恩格斯全集》历史考证版第二版。

正如罗伯特-让·龙格所说，龙格家族掌握的所有马克思恩格斯档案都已于 1971 年之前移交研究院。不过，俄罗斯国家社会政治史档案馆的登记册表明，1980 年，工作人员尤金科娃在出公差时从巴黎带回了进一步的档案。此外，龙格家族也顾及其他渴望其家族遗产中相关档案的诉求者，如法国社会史研究所和法国共产党马克思主义研究所。

当埃德加·龙格于 1938 年加入法共时，将自己掌握的所有家族档案几乎全部交给了法共总书记雅克·杜克洛（Jacques Duclos），作为一座新博物馆的馆藏。1939 年，在德国法西斯占领法国之前不久，这批档案被藏在了枫丹白露（Fontainebleau）的一个村子里，45 年后才重见天日。正如《马克思恩格斯全集》历史考证版第二版第四部分第 32 卷所记录的那样，马克思家族的一些书籍和物品至今仍保存在巴黎的龙格家族遗产继承人手中。

1979 年，民主德国出版了罗伯特-让·龙格撰写的《卡尔·马克思——我的外曾祖父》（*Karl Marx—mein Urgroßvater*）。他以马克思后人的眼光丰富了汗牛充栋的马克思传记文献，并试图在书中表现马克思

"作为凡人的性格、思想和家庭生活"。20 世纪 70 年代，罗伯特-让·龙格多次访问民主德国马列研究院。

卡尔·龙格与其妻子西蒙娜·龙格同苏共中央马克思恩格斯列宁研究院并未保持定期联系，但这绝不意味着这个家庭没有保存同马克思密切相关的历史遗产。据他们的两个女儿（即弗雷德里克和安娜）所说："卡尔·龙格的政治信念表现在他的个人生活和艺术创作中。他是家里唯一要求在法律上使用马克思这一姓氏的人，并于 1964 年至 1972 年在法国的一次诉讼中贯彻了这一点。"女儿们还介绍说："在纳粹德国占领法国时期，卡尔·龙格积极参与抵抗活动，并在他的巴黎住宅和工作室中多次举行法国地下抵抗组织会议。20 世纪 50 年代末，他同妻子参加了支持阿尔及利亚人民的集会，后来又参加了支持越南独立的运动。"

总之，如果没有研究院的长年努力，尤其是如果没有龙格家族的慷慨相助和善意支持，由国际马克思恩格斯基金会（IMES）出版的《马克思恩格斯全集》历史考证版第二版就会在重要档案的收录方面大打折扣。马克思的后人们可以感到欣慰的是，这些档案能够呈献给广大读者，并在俄罗斯国家社会政治史档案馆拥有尊贵的地位，得到了悉心保管。

第7章 马雷克·克里格与马克思恩格斯手稿的命运[*]

于尔根·罗扬/文　　鲁路/编译

　　拉里莎·米兹凯维奇在《马克思的经济学手稿是如何跑到莫斯科去的?》[①] 一文中，令人信服地讲述了苏共中央马克思恩格斯列宁研究院如何在 1935—1936 年从维也纳的马雷克·克里格手中买到了保存在柏林德国社会民主党中央党务档案馆的马克思《政治经济学批判》手稿。但是，文中并未澄清这位克里格是何许人，他本人又是如何接触到手稿的。根据他自己提供的一份文件，他是在为德国社会民主党中央党务档案馆工作期间"花费了大量钱财"才得到手稿的。但是，他的说法是否可信？或者是否像恩斯特·莫尔（Ernst Mohl）猜测的那样，他从档案馆偷出了手稿并自己伪造了上述文件？莫尔在马塞罗·默斯托（Marcelle Musto）主编的《马克思的〈大纲〉：〈政治经济学批判大纲〉150 年》（*Karl Marx's Grundrisse*：*Foundations of the Critique of Political Economy 150 Years Later*）中撰文认为："构成 1857—1858 年草稿的这束手稿和被称为《资本论》第二稿的 1861—1863 年文本为何没能同马克思的其他遗著一起放入荷兰阿姆斯特丹国际社会史研究所的保险箱，这一点直至 20 世纪 90 年代苏联国家档案馆向社会开放都是一个谜，而如今我们知道，波兰人克里格于 1932 年从疏于防范的柏林德国社会民主党中央党务档案馆偷走了这两部手稿，并于三年后在维也纳将它们卖给了苏共中央马克思恩格斯列宁研究院的代表。"

---

　　[*] 原文来源：Jürgen Rojahn, "Der Schattenmann：Wer war Marek Kriger?" in *MARX-EN-GELS JAHRBUCH 2012/13*，Internationale Marx-Engels-Stiftung（Berlin：Akademie Verlag GmbH，2013），pp. 22 - 45。翻译有删减。于尔根·罗扬（Jürgen Rojahn）：国际马克思恩格斯基金会。鲁路：中共中央党史和文献研究院信息资料馆。

　　[①] 参见本书第 5 章。

一、克里格其人

档案资料显示，在与克里格进行交易的过程中，苏联官员的往来信函中并未包含多少有关克里格的信息。对于他们来说，克里格是一张白纸。他们感兴趣的是：克里格是否可信？他是骗子或间谍吗？苏共中央马克思恩格斯列宁研究院院长弗拉基米尔·阿多拉茨基尤其疑虑重重，建议"同克里格打交道要小心"。但是，苏联驻奥地利代表处负责人伊万·洛伦克和雅科夫·波多尔斯基会同研究院副院长马克西米利安·萨韦利耶夫与克里格进行谈判后，得出他是"一个诚实的人"的印象。在做出接受克里格提供的手稿这一决定之后，他们感兴趣的问题是：他是如何搞到这些手稿的？人们无法核对他本人的陈述是否符合事实。洛伦克和萨韦利耶夫虽然心存疑虑，但仍然试图"通过明确的行动来争取"克里格这位"会非常有用"的人。

当然，米兹凯维奇援引的苏联档案还包含一条线索：1948 年，克里格向研究院提供了进一步的手稿资料。按照时任波兰外交部部长的齐格蒙特·莫泽列夫斯基（Zygmunt Modzelewski）致苏联驻华沙大使 V. Z. 列别德夫（V. Z. Lebedev）的信，克里格当时是"波兰外交部的工作人员"。关于波兰外交部肯定有克里格的档案的猜测，经证明是准确的。根据这份档案，1886 年 2 月 22 日，克里格出生于加利西亚（Galicia）地区的普热梅希尔（Przemyśl），即当时波兰被奥地利占领的部分。中学毕业后，他前往维也纳攻读法律、政治学和哲学，并于 1912 年获得法律专业博士学位。结束了在一家法院的实习后，他先是在一家律师事务所工作，后又成为新闻记者。1919—1928 年，他进入波兰外交部任职，先后担任波兰驻伯尔尼公使馆新闻负责人和波兰驻柏林公使馆新闻专员。第二次世界大战期间，他是在瑞士度过的。1946 年 9 月 1 日，他重返波兰外交部，任职于其中欧司。1949 年 5 月至 1950 年 1 月，他在驻柏林军事使团的波兰新闻办公室工作。1950 年 2 月 8 日，克里格去世。

通过保存在阿姆斯特丹的国际社会史研究所档案馆和波恩哥德斯堡（Bonn-Bad Godesberg）的德国社会民主党中央党务档案馆的克里格与他人的往来信件，我们可以更为清晰地获得有关克里格的生平简历。

克里格从波兰外交部离职后，先是去了日内瓦，后回到柏林。1930

年，他请求波兰社会主义者赫尔曼·迪亚曼德（Herman Diamand）将自己引荐给社会主义工人国际的书记弗里德里希·阿德勒。迪亚曼德同克里格一样来自加利西亚地区，很乐意帮忙。迪亚曼德于 5 月 14 日写信给阿德勒说，柏林有一位"波兰同志克里格博士，他在波兰外交部供职 10年"，由于他向上级表示"不愿意被毫无意志地随意差遣"而引发了一些"摩擦"，并且由于当时"很多地方马上会被法西斯占领，所以他同外交部的许多其他人一起被解聘了"。但是后来，他的经济状况改善了许多，以至于他能够也愿意"运用自己的见识和能力为社会做贡献"，并且他"不反对献身于社会主义工人国际"。几天后，克里格本人也致信阿德勒，阐明了自己的动机："很久以来我的强烈愿望就是能够为实现社会主义做一些实际的工作。由于受到各种状况的左右，我曾经偏离了这条道路。"他进一步解释说，他在外交部工作的 10 年间"目睹了当今资本主义势力的种种立场和力量……无论如何都能更好地洞悉波兰的各种状况了"。所有这些都增强了他的意志，使他能够"坚定不移地走上以尽早唤醒社会意识和生活责任感为目标的道路"。

在同阿德勒进行过一次电话谈话后，克里格给阿德勒寄去了 1930 年6 月 7—8 日的《巴塞尔新闻报》（der Basler Nachrichten）复活节号，上面有他撰写的社论《毕苏斯基的四年》（"Vier Jahre Pilsudski"），从中可以看出他的观点。正像他提到的那样，他同时也在为波兰社会党的华沙组织机关报《工人报》工作。但是，他接着说，长期从事"纯粹的信息性——非斗争性——工作"并不适合他："我渴望深入政治活动，尤其是最近在日内瓦度过的日子里，在我只从事理论工作（包括研究相对论的基础）的情况下，就更是如此。"显然，他考虑在社会主义工人国际的苏黎世书记处工作。

1930 年 6 月初，阿德勒建议同克里格在柏林会面，但未能如愿，因为克里格前往波兰的克拉科夫（Krakau）参加中左翼政党的"反对党阵营"代表大会去了。随着经济危机爆发，波兰形势的发展类似于德国。8月 30 日，波兰国民议会解散。9 月 10 日，新的大选举行。此前不久，政府以所谓的中左翼政党的"反对党阵营"酝酿政变为理由羁押了其领导人。1931 年初，社会主义工人国际书记处用波兰文、法文、英文和德文发表了题为《布列斯特－里托夫斯克的地狱》（Die Hölle von Bresk-Litowsk）的质询书，在质询书中，波兰国民议会中的反对党党团对于被羁押者被非法转移到布列斯特要塞并遭受刁难和酷刑提出了抗议。应阿德勒及其同事阿道夫・施托姆塔尔（Adolf Sturmthal）的请求，克里格拟就了质询书的波兰文本，并将其翻译成德文，还将埃米尔・王德威尔德（Émile Vandervelde）撰写的前言从法文翻译成波兰文。质询书以小册子的形式出版时，他还在克拉科夫的波兰社会党机关报《前进报》（Naprzód）上发表了自己翻译的王德威尔德撰写的前言《社会主义工人国际与波兰独立斗争的历史关系》（"das geschichtliche Verhältnis der Arbeiterintern［ationale］zum Unabhängigkeitskampf Polens versehen"）。

　　1931 年 4 月，克里格告诉阿德勒，他全家将于月底一起前往维也纳附近的沃斯拉（Vöslau），在那里，他会同克拉科夫"保持不断的联系"，也会"不断地向苏黎世寄送政治报道（每周一两次）"。4 月 30 日到达当地后，他致信施托姆塔尔说，他将在沃斯拉待到年底："党在这里日益蓬勃发展，这一点对于选择居住地来说是至关重要的。"这一时期，他致力于"马克思主义理论研究"，也愿意"从事实际工作"。在此之前，应阿德勒的请求，他已经为社会主义工人国际 7 月底即将在维也纳召开的第四次代表大会完成了法文文件的翻译工作。在维也纳，他被奥托・鲍威尔（Otto Bauer）介绍给社会主义同盟（Sozialistische Arbeitsgemeinschaft），为同盟"就波兰的专制统治做了大型报告"。秋天，他在华沙为维也纳的奥地利社会民主党机关报《工人报》持续报道了有关波兰国民大会领导人的案件审理情况，他可能是通过《前进报》编辑部获得相关信息的。按照波兰社会党的要求，社会主义工人国际向审理这一案件的法庭派出了观察员，先是比利时社会主义者路易・德・布罗克尔（Louis de Brouckère），后来由法国社会主义者皮埃尔・雷瑙德尔接替。他们前往波兰的相关消息由《前进报》编辑埃米尔・海克尔通过克里格传达给社会主义工人国际书记处。阿德勒对雷瑙德尔称，克里格是"波兰同志的代理人"。

　　显然，克里格同德国社会民主党财务主管齐格蒙特・克鲁梅内尔的联系更为密切。1933 年纳粹上台后，克鲁梅内尔流亡布拉格，而克里格也前往维也纳。此后他们似乎数度会面，克鲁梅内尔显然告诉了克里格苏共中央马克思恩格斯列宁研究院要征集马克思恩格斯文献遗产的情况，以及德国社会民主党流亡委员会想要将相关档案出售给斯堪的纳维亚地区的社会民主党的计划。1936 年 9 月 11 日，即苏联代表团匆匆离开巴黎约五个月后，克里格告诉克鲁梅内尔，自己"有机会在 18 日乘车前往布拉格"："由于我离开此地许久，一直没同您联系，不知道有关情况（指关于苏共中央马克思恩格斯列宁研究院要求的协商）进行到了哪一步，也不知道这

段时间内斯堪的纳维亚计划是否实现了。如果不是这样的话，您不妨留意
一下我关于最初意向的说法。"

　　9 月 28 日，克里格写信说，他 10 月中旬之前就可以向克鲁梅内尔
"准确地陈述关于这一事件的情况，如果有必要的话，可以通过不露声色
地不断提示斯堪的纳维亚计划的可能性来推动事情的进展"。他自己不便
抛头露面，但会"从外部持续发挥推动作用，直至按照克鲁梅内尔的意思
完成此事"。这对于他来说轻而易举，因为他同一位权威人物——萨韦利
耶夫——保持着学术联系，并从萨韦利耶夫处得知，"莫斯科始终有强烈
的兴趣"。克鲁梅内尔回复说："我可以等您，我们将在下个月联系北方的
朋友。我想那时将放在巴黎的档案运往北方，以便同我们的朋友好好谈
谈……我毫不怀疑，我们可以取得任何一种积极的结果。"

　　克里格想要在同洛伦克和萨韦利耶夫的会谈中"推进这一事情"。正
像他在 10 月 15 日的信中对克鲁梅内尔说的那样，今天与他共同进餐、关
系甚好的上述人物无疑"有意获得所有东西"，但此事显然"不能着急"。
而对上述人物，他通过提及斯堪的纳维亚计划来催促他们不要耽搁："在
手稿到达莫斯科之前，肯定会有一段漫长曲折的过程，此后还有一个大问
题，即手稿是否保存良好？谁也不知道……它们是否会在政治漩涡中走向
毁灭。"对克鲁梅内尔，他也毫不隐藏自己的动机："手稿属于那里（即莫
斯科），只有在那里，才具有精神价值，对此我私下里深信不疑。"

　　由于克鲁梅内尔不放弃自己的想法，而洛伦克表明自己的态度是莫斯
科方面最好"尽快着手"，所以克里格很有希望。1936 年 10 月 27 日，他
致信克鲁梅内尔说："这涉及……双方的兴趣：对于您来说，是把东西卖
个好价；对于对方的人来说，是得到所有东西。据我听公使说，由于有巨
额预算，所以钱的多少几乎无关紧要。而且我知道，钱在您那里会派上很
好的用场。终究只有一个目的，而且是同一个目的，即对大家都好。……
关键在于，将东西转移到合适的地方，而另一方面，您也减轻了负担。我
相信，这样可以符合所有人的意愿。"

　　克鲁梅内尔却并不准备同洛伦克面谈；他致信克里格时提到了德国社
会民主党流亡委员会为此事而成立的国际委员会，认为他们不是对手。除
此之外，由于苏联政局动荡，他怀疑苏联人是否会在短时间内"重新对此
事感兴趣"。1937 年 6 月 17 日，他致信克里格说："在我看来，似乎他们
（在那里）还有很长一段时间要忙，我向您表达过关于他们的政府的极
其悲观的看法，这种看法因最近的事件而令我愈发悲观了。我们得等等

再说。"在此之前，克里格一直很乐观，此时不得不认可他的观点。1937 年 9 月 27 日，克里格致信克鲁梅内尔说："我这些日子才从维也纳回来。……我常常想起我们的谈话，不幸的是，我觉得您在许多方面都说对了。就众所周知的事件而言，我回来后，几天前有机会同公使谈话。他没有进一步的消息，觉得事情被拖延了。"

1937 年 10 月 11 日，克鲁梅内尔回复了克里格。他们仍旧保持着联系，直到 1938 年 7 月 9 日通讯中断。奥地利"并入"德意志帝国四个月之后，克里格与妻子离开了维也纳。或许仅仅是为了掩饰自己的踪迹，他只表明新的住址在"比利时布鲁塞尔"。

二、从德国社会民主党中央党务档案馆获得的手稿

1935 年初，克里格准备向苏共中央马克思恩格斯列宁研究院出售马克思恩格斯手稿时，为了使自己的行为合法化而提供了两份文件的照相复制件（底片）：一份文件是阿德勒 1931 年 12 月 7 日写给他的信；另一份文件是注明日期为 1933 年 12 月 18 日的德国社会民主党中央党务档案馆的"追加证明"。第二份文件显示，他于 1932 年"4 月至 12 月在德国社会民主党中央党务档案馆对卡尔·马克思和弗里德里希·恩格斯的手稿遗产做了实质性的材料整理工作，并制作了大量相关著述的总体目录"；此外，"他还做了预备性档案工作。此项工作对于档案馆中保存的涉及第一国际的档案以及莫泽斯·赫斯的著述遗产的归档整理均属必要"；鉴于他"做出了上述贡献重大且劳动量巨大的工作和捐赠"，并"为党的档案馆的利益而向德国社会民主党委员会捐助了大笔资金"，"党的委员会的签字人明确授权，将签字人标注且大多留有其他版本的马克思恩格斯及赫斯手稿交付"他，因此，"其所拥有的上述作家的手稿及档案均属其合法拥有"。

第一份文件的真实性无可置疑，根据前面发生的事情，阿德勒写下这封信的背景一览无余，而且这封信的打字副本就保存在社会主义工人国际的档案中。而第二份文件需要更为详尽的核查考证，克里格试图用它来证明他合法拥有自己提供的马克思恩格斯文献手稿。也许这一"追加证明"是用克里格的打字机打出来的，因为位于柏林菩提树大街的德国社会民主党中央党务档案馆自 1933 年 12 月 18 日起就不复存在了。纳粹上台后，党的财产于 5 月 10 日被没收。6 月 22 日，德国社会民主党遭到党禁。随

后，档案馆场所被盖世太保封存。而在此之前，价值连城的库存已被转运国外。"追加证明"的用纸也不是档案馆的，而是普通的打字机用纸。"档案馆负责人"——自1920年起是荣尼·亨利克森——一栏也没有签字。

看起来，第二份文件似乎是伪造的。但这里的问题是：为什么克里格没有进一步伪造亨利克森的签名？他应当知道，一份未经签字的证明，其价值是有限的。另一个问题是：为什么他不给本可以径直冠名为"证明"的文件附上一个不令人怀疑的日期，如"1932年12月18日"，而是一年后"追加证明"中的"1933年12月18日"？

更为重要的是，我们可以在阿姆斯特丹国际社会史研究所20世纪30年代收藏的德国社会民主党中央党务档案馆的档案中查阅到这一时期的另一份文件，即一份下述"证明"的打字副本：

1932年6月25日

证明

兹证明马雷克·克里格博士先生拥有的马克思恩格斯和赫斯手稿系其合法所得，即作为对其档案工作的补偿。

由于该副本是留存于德国社会民主党中央党务档案馆的档案，所以签字空缺无足轻重。

显然，在克里格看来，1932年6月的这份"证明"不够充分，而"追加证明"想要尽可能令人信服地解释将手稿和档案交给他本人这件不同寻常的事情。"追加证明"不仅提供了他为档案馆工作的准确时间，即从1932年4月至12月，而且详细地罗列了他的工作都包括哪些方面。"追加证明"还提到他为档案馆的利益而捐助了大笔资金，做了"贡献重大且劳动量巨大的工作"，因此马克思恩格斯手稿是作为"补偿"留给他的，而且这些手稿是由他本人整理出来的，"大多留有其他版本"。

就此来看，有关克里格活动的信息显然准确无误，他尤其关注马克思恩格斯文献遗产，这符合他个人的兴趣。他制作的目录清单涉及保尔·迈耶尔在《德国社会民主党与马克思恩格斯文献遗产的命运》[①]一文中提及的"清单Ⅰ"，这份清单附在1933年春夏之交运往丹麦哥本哈根的马克思恩格斯文献遗产中，德国社会民主党人卡尔·拉罗夫就是根据这份清单发现运抵时的文献遗产有所缺失的。1942年6月，亨利克森向国家秘密档

---

① 参见本书第3章。

案馆交付了这份清单的一份不完整备份，并明确说明这份清单是由"克里格博士制作的，他花了四周时间，呕心沥血、挥汗如雨"。亨利克森无法满足国家秘密档案馆补上缺失页码的请求，但他强调说："我清楚地记得，前德国社会民主党中央党务档案馆中所有的卡尔·马克思博士的手稿遗产，当时都由马雷克·克里格博士凭着不懈的工作与耐心进行了整理，并由他用打字机做了记录。"1932 年在档案馆工作期间，克里格还全面整理了涉及第一国际的档案和赫斯的文献遗产，这一点同样出自档案馆的那份"追加证明"。1947 年和 1949 年，他将这些文件交给了研究院。

因此，我们没有理由怀疑"追加证明"的书写日期，即"1933 年 12 月 18 日"。随着纳粹政权的愈发稳固，德国社会民主党能否继续合法地开展工作变得愈加缺乏确定性。了解克里格为档案馆工作的那个小圈子里的人面临着四分五裂的局面，就连克里格本人也准备离开德国了。截至 1932 年，他一直居住在柏林维尔默村阿申巴赫大街（1963 年更名为里岑堡大街）14 号。1933 年，他迁居舍嫩贝格的萨尔茨堡大街 15 号。截至 1933 年，他在柏林的通讯簿中都使用这一地址，职业标注为新闻主管。而早在 9 月，他就举家经布拉格迁往维也纳。他本人仅回过柏林一次。

缺失亨利克森的签字，可能有各种各样的解释：根据柏林 1931 年的通讯簿，亨利克森住在维尔默村拜罗伊特大街 25a 号。1933 年 5 月 10 日，他因占领《前进报》大楼事件而被短期逮捕，此后深居简出。也许克里格去过拜罗伊特大街，他的居所距离那里不过两公里。显然，他认为亨利克森此时仍然可以作为负责人为以前的德国社会民主党中央党务档案馆签署一份"追加"证明。但是，亨利克森有可能拒绝了，无论是因为他担心盖世太保的监视，还是因为他觉得自己再无此项权利了。

也有可能克里格并未见到亨利克森。1935 年春，后来担任阿姆斯特丹国际社会史研究所巴黎分所所长的鲍里斯·尼古拉耶夫斯基致信研究所创始人尼古拉斯·博斯图慕斯基说："据我所知，亨利克森最后（1933 年底）的地址是柏林白湖的洛克勒大街 154 号。"在 1933 年的通讯簿中，该地址注册的是卡尔·亨利克森（Karl Hinrichsen），职业为焊接工，他有可能是亨利克森的一个儿子。自 1934 年 4 月起，亨利克森住在维森湖畔的施泰因贝格 122 号。

极有可能的是，亨利克森事实上写了"追加证明"，但请求克里格保守秘密。克里格于 1935 年寄往莫斯科的照相复制件是一份未签字副本的复制件。很难想象，克里格在维也纳向洛伦克和萨韦利耶夫展示"追加证明"的原件时，如果原件上没有签字，洛伦克和萨韦利耶夫会没有注意到这一点。

　　似乎并非不可设想的是，克里格在自己家里与亨利克森见面，并同他一道起草了"追加证明"，并且亨利克森用克里格的打字机打出了这份"追加证明"。可以说明这一点的是一些非同寻常之处：（1）"追加证明"采用了克里格本人不使用的名字书写方式，即"Krieger"（地区不同，人名的拼写会有所不同，克里格通常自称"Kriger"）；（2）"追加证明"强调了"劳动量巨大"，显然是因为克里格的工作给亨利克森留下了深刻印象，以至于10年后他在给国家秘密档案馆的信中还在强调这一点；（3）标题"追加证明"（Nachträgliche-Bestätigung）中两个单词的连字符类似于亨利克森写给国家秘密档案馆的第二封信中的"Geheimes-Staatsarchiv"（秘密-国家档案馆）；（4）"追加证明"第二段的句法有欠缺，而克里格在哈布斯堡的加利西亚上过高级中学，在维也纳上过大学，正像他的书信所展现的那样，他的德语书写毫无瑕疵，而亨利克森的情况则不同，他在写给国家秘密档案馆的两封信中均有类似的文法错误。

　　然而，非同寻常的是，一家档案馆会让私人——无论出于什么理由——将档案带出馆藏库，可见此人在档案馆的地位非同一般。在此之前，日本马克思研究的先驱之一栉田民藏（Tamizō Kushida）曾为成立于1919年的大原社会问题研究所而在柏林逗留两年，据他亲笔证明，"1921年7月27日……从德国社会民主党中央党务档案馆"得到了带有马克思等人旁注的《哲学的贫困》的样书。

　　想必出现这种情形的原因还有档案馆当时的状况：自1918年起，档案馆一直设施简陋，缺乏适合的专家，被委任的负责人亨利克森专业性有限。亨利克森的职业是木匠，自1908年起成为工会雇员，只是一个规矩而刻板的干部，主要以忠诚见长。他及馆员们主要关心的是档案馆的图书室，而不是手稿遗产——正像人们曾经抱怨的那样，它们只是摆放在那里，如同刚刚开箱一般。1932年，马克思恩格斯文献遗产尚未得到整理。亨利克森虽然意识到这笔遗产"有助于档案馆的特色和声誉"，以至于他很高兴有克里格这样一个人，克里格也有能力且正在准备为遗产中"第二个箱子"里杂乱无章的诸多卷帙制作目录，而"清单Ⅰ"忠实地再现了这一整理工作。但是，亨利克森似乎很难意识到这些手稿甚至一本满是旁注的样书对于马克思恩格斯已出版的著作的意义。在这种情况下，为什么不让如此"乐于助人"的克里格留给自己一部手稿呢？

无论如何，1932 年 6 月的"证明"并不让人怀疑克里格从德国社会民主党中央党务档案馆得到了马克思恩格斯和赫斯的手稿。只不过当时还没有详细开列手稿清单。就连"追加证明"也未给出更为详细的信息。但显而易见的是，截至 1933 年初，克里格拥有的马克思恩格斯手稿大大增加了。或许在 1932 年秋才制作出来的清单不再包含 1857—1858 年手稿的 6 个笔记本，而 1861—1863 年手稿的 23 个笔记本还赫然列在清单之中。这就是拉罗夫在哥本哈根根据清单进行核查时 1861—1863 年手稿遗失而 1857—1858 年手稿并未遗失的原因。

至于克里格作为"补偿"得到的手稿是他自己找出来的这一推论，显然一目了然，因为当时档案馆中只有他一人了解各种文献的内容。当然也可以这样推论，即他为了自己的缘故而更为广泛地利用了他的优势：他的热情，他所享有的信任，他先发制人的方式，他对手稿"大多留有其他版本"的提示。

还有一种考虑可能也起到了一定的作用：1932 年 6 月 1 日，冯·帕彭（von Papen）内阁接替了布吕宁（Brüning）政府。6 月 4 日，帝国议会解散。6 月 16 日，对纳粹党冲锋队的禁令解除。6 月 22 日，纳粹叫嚣要冲击《前进报》大楼。6 月 25 日，冲锋队果然冲击了大楼。虽然大楼警备人员当时阻止了冲击，但谁也不能保证下一次也能阻止冲击。而且如果希特勒上台，档案馆的命运就更无法确定。相反，由作为波兰公民的克里格来掌握手稿，则会相对安全。

在当时的情况下，捐助的作用也不可低估。萨韦利耶夫猜测，有可能在希特勒掌权这一灾难性的时刻，克里格购买了手稿或部分手稿。这一猜测似乎相当接近真相。德国社会民主党委员会当时需要资金，以便在党禁的情况下维持工作。在这一背景下，将克里格整理的一些手稿交给他，以换取用来拯救档案馆的"大笔资金"捐助，看起来就合情合理了。因此，委员会"明确授权"亨利克森将手稿交付克里格。当然，这种交付要避免变得众所周知——委员会方面只有克鲁梅内尔和奥托·威尔斯参与了此事。

关于克里格的"捐助"，有这样一段有趣的插曲可以表明其捐助意愿是如何与他对德国社会民主党中央党务档案馆档案的兴趣联系在一起的。对此，克鲁梅内尔虽未点破，但并非毫无察觉。1936 年 11 月，克里格告诉克鲁梅内尔，自己从洛伦克那里得知，俄国人始终有意"搞到东西"（马克思恩格斯文献遗产）。洛伦克当时的反应是："要重新着手所有事情了。"

　　但是，鉴于事情还会一拖再拖，克里格于 1936 年 11 月 27 日致信克鲁梅内尔，请他告诉尼古拉耶夫斯基，会列出在巴黎的"所寻之物"，"直至制作成一份目录清单"。而尼古拉耶夫斯基需要告知"可能的钱款数额"。克鲁梅内尔随后通知尼古拉耶夫斯基，接下来克里格会去巴黎找他。克里格会"以自己撰写的一本书为托词"而"从档案中长期借出一些东西"，档案馆学术委员会由于希望将这些档案用于学术研究，所以愿意提供帮助，"尤其因为他是一位党内同志"。但是，他将决定权交给了尼古拉耶夫斯基。在得到肯定答复的情况下，克里格准备向委员会"汇去一大笔……得到安全保障的资金"，克鲁梅内尔会立即为这笔资金在瑞士开一个户头。尽管阿姆斯特丹国际社会史研究所在巴黎的分所尚未正式开张，但由于档案自夏天起就存放在那里了，所以尼古拉耶夫斯基愿意让克里格借出自己感兴趣的档案，只不过他总体上反对将档案借给私人。尼古拉耶夫斯基将克鲁梅内尔 1936 年 12 月 5 日的信及自己于 12 月 9 日的答复的一份副本寄给博斯图慕斯，博斯图慕斯于 1936 年 12 月 11 日回信说，自己完全同意尼古拉耶夫斯基的看法："绝不能将档案借给克里格同志。"克里格并未坚持一定要从尼古拉耶夫斯基那里获得档案，正像他从巴黎回来后于 1936 年 12 月 28 日写信告诉克鲁梅内尔的那样："我无论如何都准备给您汇去一定款项。尼古拉耶夫斯基同志相当详尽地向我陈述了布拉格的情况。"

　　波多尔斯基曾认为，克里格知道"马克思恩格斯的其他文献（尤其是柏林的文献）在哪里"，想必指的就是克里格告诉了他一些拯救档案馆的行动，甚至克里格本人也参与了行动，当然只是在外围参与行动。无论如何，所有这些都是想要对苏共中央马克思恩格斯列宁研究院的代表掩饰德国社会民主党中央党务档案馆与克里格之间的联系。1936 年 1 月，尼古拉耶夫斯基致信研究院中央党务档案馆馆长格尔曼·季米聂夫说，1933 年间，没有"一个名叫克什么的人"在德国社会民主党中央党务档案馆工作过，"也从未将自己负责的原始档案交付任何人"，文献遗产中缺失的 23 个笔记本是"迈耶尔"买走的。且不提尼古拉耶夫斯基管理的孟什维克档案同德国社会民主党的档案被搬进了同一幢大楼，单就尼古拉耶夫斯基截至 1931 年都是研究院驻柏林的代表而言，他在 1931 年后也一直同德国社会民主党中央党务档案馆保持着密切联系。因此，很难设想 1932 年他在那里没有碰见过克里格，不了解克里格在那里的活动。克鲁梅内尔就克里格的诉求征求尼古拉耶夫斯基的意见时说："您在柏林肯定认识他。"
尼古拉耶夫斯基直截了当地回答："我认识克里格同志。"1935 年 12 月，
威尔斯寄给尼古拉耶夫斯基"在哥本哈根找到的文献清单"，并告诉了他
拉罗夫确定的遗失情况，他写道："我很诧异，一大批马克思的重要手稿
在哥本哈根不见了。《政治经济学批判》的 23 个笔记本是我们拥有的最有
价值的手稿之一。您关于它们或许在我这里的假定毫无根据。"

如果在未留在柏林而是运往阿姆斯特丹的那些箱子里找不到遗失的手
稿，那么它们就是"在装箱和运输的过程中被偷了"。尼古拉耶夫斯基后
来谈起"迈耶尔"时表明，他就是 J. P. 迈耶尔（J. P. Mayer），同齐格弗
里德·兰茨胡特（Siegfried Landshut）一道于 1932 年在阿尔弗勒德·克
勒讷出版社出版了《历史唯物主义：卡尔·马克思早期著作集》（*Karl
Marx：Der historische Materialismus. Die Frühschriften*）。1935 年 12 月
18 日，尼古拉耶夫斯基致信威尔斯说："要同 J. P. 迈耶尔取得联系，以
便从他那里获得恩格斯的手稿，拉罗夫的书信中提到过这些手稿。"这不
仅涉及克里格的清单中罗列的一份手稿，而且涉及拉罗夫查到的记录，根
据拉罗夫 1934 年 2 月 23 日致克鲁梅内尔的信，"恩格斯的著作《真正的
社会主义者》的手稿（20 页）借给了 J. P. 迈耶尔"。

尼古拉耶夫斯基是否真的不知道 23 个笔记本在克里格那里？值得注
意的是，克里格的名字从未同遗失手稿联系起来。在那个艰难的时期，接
触过马克思恩格斯文献遗产的人屈指可数，但在致威尔斯的信中，尼古拉
耶夫斯基首先澄清，23 个笔记本不在运往巴黎的箱子里。1933 年，德国
社会民主党人格尔哈特·布莱特夏特就对克鲁梅内尔做过类似的解释，说
自己只能保证运往丹麦的箱子确实都运抵那里了，但不能保证箱子里的东
西同附上的清单完全一致。正如他于 12 月 3 日致克鲁梅内尔的信中所说：
"当时在柏林没有时间逐一核查众多手稿包裹的完整性。"

三、手稿的价值

幸亏有妻子继承的遗产，克里格才能过上富裕的生活，以至于没有必
要将从德国社会民主党中央党务档案馆获得的手稿出卖。他对这些手稿的
兴趣想必确实来自萨韦利耶夫所说的那种"收藏热忱"。涉及手稿时，他
的兴趣在学术上，而不在——或者说最初不在——钱财上。早在 1932 年

之前，克里格就开始收集有关社会主义的文献了。1937 年初，他将自己留在柏林的图书收藏赠送给德国社会民主党中央党务档案馆，并为运往巴黎的"七个书箱"支付了邮费。1937 年 3 月 3 日，尼古拉耶夫斯基在致克鲁梅内尔的信中说，他在阿姆斯特丹国际社会史研究所巴黎分所接收的这些箱子里有一些"有价值的东西……如马克思、恩格斯、拉萨尔的许多东西，完全是有关维也纳'斗争'的收藏，还有在苏黎世出版的《社会民主党人报》（*Sozial-Demokrat*）、1986—1989 年在维也纳出版的《平等报》（*Gleichheit*）以及卡尔·格律恩伯格的'档案'收藏，等等"。战后，克里格将从德国社会民主党中央党务档案馆得到后马上运往伦敦、保存在一位亲戚那里的大部分出版物赠送给了苏共中央马克思恩格斯列宁研究院。

也许，克里格是为了自己的写作而进行研究，才关注马克思的 1857—1858 年和 1861—1863 年手稿的。显然他沉迷其中，这些手稿在他的著述中占据了核心位置，这也是他很难割舍手稿的原因。正如洛伦克所说："他全神贯注于手稿，对手稿倒背如流。移交手稿时，他双手颤抖。"克里格此后继续写作，直至去世前才完成的这部著作究竟是什么，今天无人知晓。虽然他于 1949 年 12 月通过苏联驻华沙大使馆向苏共中央马克思恩格斯列宁研究院赠送了该书的样书，请求研究院对其"内容与现实意义"做出评价，但这本样书并未流传下来。

根据当时的时局，克里格认为有必要出售马克思手稿。迁居维也纳后，他的经济状况开始紧张，因为在"第三帝国"严格的外汇管控下，他要将财产——显然其中很大一部分是柏林市内和周边的不动产——"费尽周折地"一点一点变现并转移到国外。然而，在这种情况下情非所愿地掏钱，不符合他自称是富人且无私地支持自己认为有义务的事业这一形象。因此，他需要在一份专门的"声明"中声称自己不是（以赚钱为目的）贩卖手稿，而是为完成自己的著作才收取研究院支付的钱财。

克里格声称马克思恩格斯的全部文献遗产都属于研究院，并非夸夸其谈。阿德勒当时也认为，研究院似乎是保存马克思恩格斯文献遗产最合适的地方。在社会主义工人国际书记处只是在特定的情况下才倾向于这一方案的时候，克里格却"坚信"，从"思想的角度来说"，研究院是保存马克思恩格斯著述遗产的唯一"正确之地"。这一信念同 1933 年之后他的政治观念的发展密切相关。

最晚从波兰外交部离职时起，克里格就认同社会主义运动，尤其认同波兰社会党，认为它是约瑟夫·毕苏斯基（Józef Piłsudski）政权的坚定反对者，因而在日内瓦、柏林和维也纳等地从一个新闻从业者的角度支持波兰社会党的斗争。他与奥地利社会民主党关系密切，正像他 1931 年所说的那样，奥地利社会民主党比德国社会民主党"更加朝气蓬勃"。随着纳粹的上台，他认为党的主要任务是同法西斯主义进行殊死的斗争。显然，在这个方面，他与克鲁梅内尔的观点相近。克鲁梅内尔当时倾心于"新开端"（Neu Beginnen）。这是一个小团体，致力于革命运动的复兴，试图消除各工人政党之间的隔阂。但是，接下来克里格似乎愈发将希望寄托于斯大林领导下的苏联。就马克思恩格斯文献遗产而言，正如他于1936 年 11 月 27 日致克鲁梅内尔的信中所认为的那样，最理想的解决方案是：一方面，"将东西送到莫斯科，即物归其主"；另一方面，德国社会民主党流亡委员会可以得到继续开展政治活动的资金。他亲身实现了这一方案，在出售马克思手稿后不久就宣布，为德国社会民主党流亡委员"汇去一大笔资金"。

第二次世界大战后，克里格重返波兰外交部，而此时的波兰已经是社会主义国家。去世前不久，他还试图向苏共中央马克思恩格斯列宁研究院赠送保存在苏黎世银行的一些出版物。

总之，克里格以半卖半赠的形式交付苏共中央马克思恩格斯列宁研究院的档案是如何从德国社会民主党中央党务档案馆获取的，恐怕永远也无法完全解释清楚。但是，正如事实所表明的那样，有一些情况显示，1933 年 12 月 18 日的"追加证明"中包含的陈述是准确的。相反，只有极少的情况支持另一种说法，即克里格径直从德国社会民主党中央党务档案馆偷出了那些档案。

第二编

马克思恩格斯文本研究

第8章 与《马克思恩格斯全集》历史考证版一道重读马克思*

罗尔夫·黑克尔/文　　　金寿铁/编译

一、马克思的复兴

1913年，在马克思逝世30周年之际，克拉拉·蔡特金谈到了马克思毕生的事业。同年，弗拉基米尔·列宁发表了他著名的文章《马克思主义的三个来源和三个组成部分》。1918年，弗兰茨·梅林出版的《马克思传》可能是最重要的、流传最广的马克思传记。1953年，德意志民主共和国以"卡尔·马克思年"的方式举办了第二次世界大战后第一次纪念马克思的活动。1968年，世界各地隆重纪念马克思诞辰150周年。事实上，马克思在东西方真正被广泛接受是与这一纪念活动紧密联系在一起的。1983年，在马克思逝世100周年之际，在民主德国，人们纷纷把马克思称为"工人阶级的革命家和理论家"。时光飞逝，随着苏联解体和东欧剧变，诸如"马克思已死，耶稣万岁！"一类的口号甚嚣尘上、不绝于耳。然而，事实远非如此！马克思并没有死，他还活着。无论人们如何看待马克思本人，其思想和方法都不会因为社会的变化而从人们的记忆中抹去。那么，自21世纪以来，马克思的形象到底发生了怎样的变化呢？

2003年，在德国电视二台关于"伟大的德国人"的民意调查中，马克思名列第三。自此，马克思开始了华丽的回归，再次被社会接受。在美国，即使是一名银行家，也会爱不释手、津津有味地品读《资本论》。就

　　* 本章原载：《信息资料参考》2019年第2期。原文来源：Rolf Hecker, "Marx mit der MEGA neu lesen," *junge Welt*, 05.05.2008。罗尔夫·黑克尔：德国柏林 MEGA 编辑促进会。金寿铁：东北师范大学马克思主义学部，吉林省社会科学院哲学与文化研究所。

连教皇也在一则通谕中指出："尽管不乏党派的片面性，但马克思具有惊人的准确性。他描述了他所处的那个时代的境况，并以伟大的分析能力阐释了革命之路。"出于对马克思的崇敬，罗马天主教会第 265 任教宗本笃十六（Pope Benedict XVI）撤回了天主教教会对马克思思想的诽谤和诋毁，这是一个最引人注目的心路转变过程。

在马克思诞辰 190 周年之际，关于其生平事业的文献财富再次激增，这为"马克思的复兴"添加了强有力的证据。此外，马克思的思想还具有现实意义，因为他所阐发的许多概念一直环绕着我们的日常生活。即使我们的生活并非总是受到这些概念的直接影响，但这些概念中充满了新的分析内容和行为规范。

与 20 世纪初对马克思的单纯崇敬不同，我们今天可以在一种更有利的位置上看待马克思，因为我们不仅能看到越来越多的马克思本人的作品，而且能看到有关马克思的各种书籍、小册子和文章。自苏联解体和东欧剧变以来，马克思的形象有了根本的变化：这一变化具体表现在对他的理论观点的具体评价、历史分类以及马克思与其前辈和同时代人的比较等各个方面。对此，《马克思恩格斯全集》历史考证版（MEGA）的编辑出版及其相关研究成果做出了非常重要的贡献。1975 年以来，MEGA² 开始陆续编辑出版。1990 年之后，MEGA² 转由阿姆斯特丹国际马克思恩格斯基金会编辑。由于国际学界的抢救措施和德国科学委员会（DFG）的积极评估，MEGA² 在苏东剧变后得以幸存，截至 2008 年已经编辑出版了 16 卷。

二、作为批判经济学家的马克思

MEGA² 第二部分是 MEGA 编辑出版中一项具有重大科学意义和政治意义的事件，因为其中的某些卷次是德、俄、日三国学者合作拟定的。尤其是《资本论》第 2 卷、第 3 卷的手稿有助于我们深入探究马克思的资本主义"实验室"，并考证恩格斯作为编辑所做的具体工作。在第二部分第 11—15 卷中，马克思已经阐明了他是如何获得对社会再生产和资本主义生产的全部过程的认识的，以及这种再生产过程的错误和矛盾是如何被揭露的。

显然，每一代人都难免对《资本论》的开篇（即商品的性质问题）展开争论。这种争论紧紧围绕着对第一部分的基本认识展开。问题不应该仅仅局限于下述方面：在争论中，占上风的到底是对商品、货币的历史-逻辑的描述，还是对逻辑-体系的描述，抑或是对逻辑-历史的描述？马克思是否且何时改变了描述层次？商品是否从一开始就是作为价值规定或抽象的货币而被分析的？马克思是否对商品生产或商品流通进行了全盘考察？等等。这些方面也得到了进一步的讨论：在第二版中，借助于对价值形式的描述，马克思的《资本论》想为无产阶级的反剥削斗争创造理论基础，提供一枚射向资本家的"可怕的炸弹"。用马克思本人的话来说："我希望为我们的党取得科学上的胜利。"[①]

自 19 世纪以来，《资本论》第 2 卷和第 3 卷也引发了许多争论，主要涉及如何解释马克思的再生产理论、价值向生产价格的转化、平均利润率的形成，等等。与恩格斯呈现给我们的这两卷的印刷版本相比，更为困难的是，马克思如何阐述了国民经济交换的总体模型、如何分析了社会生产和资本的再生产。马克思试图用数学方法来处理多重价值率，这表明他在研究那些直到 20 世纪才能解决的数学模型。鉴于现有的文献资料状况，并考虑到作为作者的马克思与作为编者的恩格斯之间的关系，今天我们可以理所当然且不言而喻地认为《资本论》是"未完成的"。

三、作为哲学家的马克思

近年来，有关马克思的争论有增无减，不仅涉及《资本论》的作者，而且涉及马克思对现代科学发展的理解。与此同时，国际学界也开始不厌其烦地重新讨论他的早期作品中唯物史观的发展脉络。值得关注的是，在这个方面，近年来已经出版了马克思的若干早期作品的新版本。

奥斯卡·内格特（Oskar Reinhard Negt）写道："这些早期作品的特征是经济学范畴与哲学人类学反思的结合。人的自然化与自然的人化是不可分割的。因此，正如马克思所理解的那样，现实的维度增加了第二个关键因素：历史。没有无历史的自然，但也没有无人的外部本质和内部本质的历史。正如我们从马克思的晚期作品中可以看到的，在这里，马克思通过创造人的生活环境来发展人的自我生成的具体过程。"这些新版本首先被推荐给年轻人，以便他们能够领会马克思恩格斯的思想发展历程，进而

---

① 《马克思恩格斯全集》第 29 卷，人民出版社 1972 年版，第 554 页。

理解马克思的政治承诺和科学知识的进步是如何产生的。

　　作为早期作品的一部分，MEGA² 第一部分第 5 卷中的新版《德意志意识形态》仍有待编辑出版。自 1990 年以来，已出版了有关这部早期作品的三部评论图书，以供讨论。这份手稿的编辑出版激动人心，读者翘首以待的是，过去，关于费尔巴哈的一章一直"由六个按逻辑体系编排的不同版本构成"；现在，手稿则"由七个独立的文本构成，并按时间顺序编排"。因此，在《马克思恩格斯年鉴》的出版者说明中，出版者强调指出："曾经暗示完整无缺的地方，语言学分析却查明了残缺不全的东西。"

　　未出版的手稿主要服务于两位作者的"自我理解"，马克思恩格斯早已证明了《德意志意识形态》的临时性特征："我们决定共同阐明我们的见解与德国哲学的意识形态的见解的对立，实际上是把我们从前的哲学信仰清算一下"①。很久以后（1888 年），恩格斯在《路德维希·费尔巴哈和德国古典哲学的终结》单行本的序言中认为关于费尔巴哈的部分仍未完成："已经写好的部分是阐述唯物主义历史观的，这种阐述只是表明当时我们在经济史的知识还多么不够。"② 众所周知，马克思从未使用过"历史唯物主义"这一表述。至于"唯物主义历史观"这一表述，也只是恩格斯在《家庭、私有制和国家的起源》1884 年第一版序言中使用过。

四、作为历史学家的马克思

　　2007 年底 MEGA² 第四部分第 12 卷的出版使学界对马克思作为历史学家的研究获得了决定性的推进。本卷以马克思的新闻工作为背景，向我们传达了马克思对历史的诸多新见解。本卷收录了 9 本一直未发表的马克思的小册子，时间跨度为 1853 年 9 月至 1855 年 1 月。这些小册子反映了马克思在克里米亚战争前夕以及克里米亚战争期间的阅读情况，以及他关于外交史和西班牙历史的摘录。在介绍本卷时，历史学家曼弗雷德·纽豪斯（Manfred Neuhaus）指出，从马克思的摘录中可以清楚地看出，马克思是如何通过研究阶级构成与宪法发展、政教分离与引入新民法、形成现代军事科学与改变作战方式、政治均势改变与外交政策重构等的关系问题

---

① 《马克思恩格斯选集》第 2 卷，人民出版社 2012 年版，第 4 页。
② 《马克思恩格斯文集》第 4 卷，人民出版社 2009 年版，第 266 页。

而建立起各门科学之间的相互联系的。

五、作为新闻工作者的马克思

在 MEGA² 第一部分第 14 卷，编辑者为读者重新翻开了马克思革命活动的新篇章，其中包含了马克思自 1885 年起从事的新闻活动。显然，在从事这些新闻活动的过程中发表的文章以前并没有被视为他的作品，但是现在则得到了纠正：1851—1862 年，通讯记者马克思在《纽约每日论坛报》（*New-York Daily Tribune*）上独立发表了 465 篇文章，其中 206 篇为社论。人们应该记得，这份报纸在 1854 年的总发行量约为 14.5 万份，甚至超过了《伦敦时报》（*The London Times*）的总发行量。由此可见，马克思在《纽约每日论坛报》编辑部享有很高的声望，在他的众多文章中，几乎有一半是作为社论发表的。

正如历史学家于尔根·赫雷斯（Jürgen Herres）强调的那样，马克思的新闻学在他的所有著作中起着一种独立的作用："他是他那个时代的批评者，他对所有政治理念都保持着足够的好奇心，并对自然和社会追根究底。因此，不仅应广泛地了解马克思告诉了这个世界什么，而且需要不停地追问他是如何对他所处的时代尤其是对公众舆论产生影响的。反过来，另一个问题同样很重要：新闻和编辑工作又是如何影响马克思的，即如何影响他的思想及其对经济、社会和政治进程的分析的？"

我们都知道，马克思本人在《〈政治经济学批判〉序言》中强调，在他的著作中，评论英国和欧洲大陆重大经济事件的文章占很大部分，以至于他迫切地感到有必要"去熟悉政治经济学这门科学本身范围以外的实际的细节"①。在马克思那里，这一点恰恰是一个优势，促成了科学研究与新闻活动之间的相互作用。MEGA² 第一部分的新卷将以崭新的形式出现，它使马克思的新闻活动完全不同于迄今传记中所把握的方式。在这里，我举一个实例，即从 1857 年 10 月到 1858 年春季（第一次世界经济危机）马克思关于危机与革命之间关系的推测。随着经济危机的爆发，马克思期待一场革命运动，然而事与愿违，这场革命并没有发生，于是马克思意识到危机与革命之间并没有直接的联系。

---

① 《马克思恩格斯选集》第 2 卷，第 5 页。

在接下来的几年里，MEGA^2 的编辑者将会编辑出版第一部分第 16 卷和第四部分第 14 卷，其中包括马克思的报刊文章，并将第一次出版 3 本"危机笔记"，其中收录了马克思对经济发展趋势的全面领会和理解。

六、作为政治家的马克思

自 1990 年以来，MEGA^2 的编辑们重新考察了马克思在共产主义者同盟中的活动、1848—1849 年的活动以及他参与国际工人协会的过程（参见 MEGA^2 第一部分第 20 卷）。马克思撰写了这两个组织所有的重要文件：《共产党宣言》（1848）和《国际工人协会成立宣言》（1864）。后来，马克思又参与了新兴的德国社会民主党的政治活动，并撰写了《德国工人党纲领批注》（1875），其更为著名的标题是《哥达纲领批判》，不过这个标题是 1933 年由其他出版者命名的。

对于马克思在政治和思想上对这些组织产生过怎样的影响这个问题，人们一直莫衷一是、争议不断。西方的研究突出了工人运动组织机构的作用和意识形态的多样性。与此相反，马克思列宁主义研究则认为，马克思及其理论在这些组织的形成和政策制定过程中发挥着突出的、独特的作用。例如，国际工人协会就被视为"马克思主义战胜各种形式的小资产阶级社会主义的证据"。

MEGA^2 第一部分的出版将有助于从历史上澄清工人运动的驱动力问题，消除国际工人运动中将马克思过分"中心化"的狭隘倾向，公道地对待直接参与国际工人运动的其他活动家。此外，马克思的政治分析还被记录在他的著作《路易·波拿巴的雾月十八日》（1852）、报刊文章、书信、公开信以及其他国际工人协会文件等历史文献中，例如马克思于 1864 年致美国总统亚伯拉罕·林肯的公开信和 1865 年致另一位美国总统安德鲁·约翰逊的公开信。正如马克思对工人阶级切身利益的捍卫一样，他的这些著作和文件无疑是为民主与社会进步而战的见证。

七、马克思与自然科学

1925 年，在纪念恩格斯逝世 30 周年之际，《马克思主义与自然科学》

（*Marxismus und Naturwissenschaften*）杂志在纪念专刊中这样写道：
"就像他的天才朋友一样，弗里德里希·恩格斯身上更多地体现了这种马克思主义的科学壮举——自然科学与社会科学的结合。恩格斯抽出专门时间进行了广泛的自然科学专题研究，并且能够撰写出一部独一无二的《自然辩证法》。"正是在那一年，恩格斯的《自然辩证法》首次出版，而马克思的数学手稿也被破译，而在那之前，马克思的自然科学研究尚鲜为人知。在哲学家安内莉泽·格蕾丝（Anneliese Griese）的指导下，MEGA² 第一部分第 26 卷收录了恩格斯的《自然辩证法》，第四部分第 31 卷收录了马克思关于有机化学和无机化学的摘录以及 1877—1883 年恩格斯的自然科学研究。

　　MEGA² 即将出版的 1874—1883 年的马克思笔记摘录，几乎一半的内容都是马克思的自然科学和数学研究。在不久的将来，收录有马克思地质学作品摘录的卷次也将问世。但是，这些手稿仍有待开发，并且在很大程度上将修改上述 1925 年的那段评价。格蕾丝用下面一段话概述了相关的研究课题："对马克思自然科学研究的分析开辟了可以更深入地了解他的整个工作以及他在 19 世纪科学史上的地位的一条通道。特别令人感兴趣的是，1870 年以后关于生理学、地质学、矿物学和化学的广泛摘录。……尤其是，根据这些文本，有必要澄清这些摘录是否以及在多大程度上处于他那个时代自然科学思想的高度，也有必要澄清他的自然科学研究的关注对象以及它们与他的社会理论研究有何关系。"

　　有关摘录已经为第一个问题提供了答案。当然，也必须强调，想要根据马克思主义来撰写自然知识史绝非易事。值得我们关注的是，为什么 19 世纪 70 年代马克思不致力于完成《资本论》，而是在很大程度上转向了自然科学，其原因仍然需要进行广泛的讨论。

八、关于马克思传记的评论

　　最后，我们还需讨论一下有关马克思传记的一些新的方面。首先，必须澄清涉及马克思家庭照片的误解。人们总是转载据称是马克思夫人和女儿燕妮合影的照片，并认为照片是在汉诺威拍摄的，但是她们两人从未去过那里。实际上，照片上的两个人分别是盖尔特鲁黛·库格曼及其女儿弗兰契斯卡。1963 年以来，这张照片的底版一直存放在莫斯科，没有人注意到。直到 1990 年，这个错误才得到纠正。此外，现存的马克思一家的照片，没有一张来自 19 世纪 50 年代。

同样，MEGA² 将第一次出版马克思女儿燕妮的相册中燕妮发放的全部自白帖问卷，这为了解马克思与其家庭、女儿、朋友之间的关系提供了新的文献资料。甚至还会有一些偶然的新发现。例如，1864 年 10 月 16 日马克思致索菲·冯·哈茨费尔特（Sophie von Hatzfeldt）的一封信，迄今人们只了解其中的四分之一内容（MEGA² 第三部分第 13 卷第 16 页）。这封信被一家柏林古董店以 5.2 万欧元拍卖。马克思和恩格斯的书信往来包括约 5 000 封他们的亲笔信以及约 10 000 封他们收到的来信。到 2008年，MEGA² 信件部分的编辑工作已推进到 1864 年。这些成果肯定会为传记研究提供新的动力。

那么，现在我们已经了解了关于马克思的一切了吗？鉴于 MEGA² 在全部 114 卷中已经出版了 54 卷，还有 60 卷尚未出版，因此答案只能是：47.4%。我们既了解他，又不了解他。如前所述，关于马克思，既有很多新的评论，也有很多争议。MEGA 的编辑者也是这样看问题的："《马克思恩格斯全集》历史考证版将马克思从圣人之席上拉了下来，并将其提升到经典思想家的行列。"MEGA² 终结了过去人们赋予作品的"目的性"。然而，这并不意味着马克思只是资本主义社会的一位"哲学家和国民经济学家"。马克思仍将被公认为而且也应该被公认为支持被压迫阶级解放的资本主义批判者、科学社会主义创始人，而这也证明了他的理论分析的现实意义。当然，每一代人都可以用自己的方式接近马克思，提出新的问题，并获得新的发现。

第 9 章　从若干典型事例看 MEGA² 对马克思研究的影响 *

海因茨·迪·库尔茨/文　　赵辛　吴童/编译

一、引言

1865 年 7 月 31 日，马克思在致恩格斯的一封信中写道："至于我的工作，我愿意把全部实情告诉你……我不能下决心在一个完整的东西还没有摆在我面前时，就送出任何一部分。不论我的著作有什么缺点，它们却有一个长处，即它们是一个艺术的整体；但是要达到这一点，只有用我的方法，在它们没有**完整地**摆在我面前时，不拿去付印。"①

这封信中的关键词是"艺术的整体"和"完整地摆在我面前"。而以国际马克思恩格斯基金会名义出版的《马克思恩格斯全集》历史考证版第二版，即我们所熟知的 MEGA²，就被认为是把马克思（和恩格斯）著作的"艺术的整体"几乎"完整地"呈现在我们"面前"。它之所以几乎能做到这一点，是因为原初计划——基本出版展现两人手迹的每一张纸页——已经被放弃，而不同于原初计划的 164 卷，现在将只出版 114 卷。这仍然是一项宏大的事业。极有可能的是，一旦整个版本可供使用，我们最终将能够看到所有对于理解马克思的思想之旅具有重要意义的内容。我们有足够的理由认为，没有一条大鱼能够从 MEGA² 编者撒下的网中溜走。

---

　*　本章原载：《国外理论动态》2022 年第 3 期。原文来源：Heinz D. Kurz，"Will the MEGA² Edition be a Watershed in Interpreting Marx?" *The European Journal of the History of Economic Thought* 25，no. 5（2018）：783 - 807。海因茨·迪·库尔茨（Heinz D. Kurz）：奥地利格拉茨大学经济学系和格拉茨熊彼特中心。赵辛、吴童：中国人民大学马克思主义学院。

　①　《马克思恩格斯文集》第 10 卷，人民出版社 2009 年版，第 230 - 231 页。

现在的问题是：MEGA² 是否会成为研究马克思的一道分水岭？我在此处给出的答案是：它会，但也不会。

本章接下来的结构安排如下：第二部分提供有利于前半部分答案的论证，也就是说，在某些重要的方面，即在研究马克思著作的核心原理时，特别是研究他对现代社会的"运动规律"的概念化时，MEGA² 将成为一道分水岭。同时，它也为马克思何以未能完成他的巨著《资本论》提供了某些线索。第三部分包含了对马克思著作的一个核心概念，即"价值规律"的一些考察，就此方面而言，MEGA² 将不会构成一道分水岭。这是因为"价值规律"包含了马克思所认为的他在社会理论方面所取得的主要成就的核心，以及他对尤其是亚里士多德抛开价值规律所造成的状况的超越。第四部分包含了对马克思就资本主义及其消亡所做的"活体解剖"的核心片段，即包含在恩格斯版《资本论》第 3 卷中的"利润率趋向下降的规律"所做的讨论。第五部分是结语。

二、MEGA²将成为分水岭：几个事例

在我看来，MEGA² 将会成为马克思研究的一道分水岭的主要理由如下：

第一，MEGA² 使我们首次能够评估马克思的著作全集、他的求知欲和广泛兴趣、他的思想的丰富性、他的各种天赋和能力，以及他受到的来自各个方面的影响。可以毫不夸张地说，马克思是最后的博学家之一，一位努力吸收时代所提供的人类基本知识并致力于进一步发展的学者，一位真正意义上的文艺复兴式的人物和通才。他的渊博学识以及跨越众多学科的丰富知识，他对多种语言的精通，他对历史和政治的关切，确实非同凡响，令人印象深刻且值得钦佩。与此同时，它们也表明了马克思为什么注定难以完成他想要揭示的支配人类历史的"运动规律"的伟大事业。他最终不得不承认，他无法完成这个艰巨的任务；他也不得不承认，他必须对诸多事情有更多的了解，而且，他对一个既定问题给出的答案还会导致无数新问题的出现，就像他所熟悉的希腊神话中的九头蛇故事一样。他晚年潜心于数学、自然科学以及其他诸多事物时的那种痴迷，并不像有人所说的那样是寻求消遣的表现。在我看来，这毋宁说是一种反叛精神最终有所表现的征兆，这种精神激励他试图建立人对自身和世界的控制，摆脱宗教

和迷信等隐藏在现代社会本质背后之力量的枷锁。尽管马克思是一位杰出的政治人物，但他首先是一位严谨的、完美主义的学者。他不得不承认，他的作品还没有而且可能永远也不会足够成熟。考虑到马克思肩负的任务过于庞大，他怎么可能完成《资本论》的写作呢？

第二，我们现在首次拥有了接触大量极具意义的手稿的一般途径。这些手稿不能不改变关于马克思的一些公认的观点，这些观点是由那些并不知道存在这些手稿的学者阐述的。因此，并非所有在二手文献中发现的误导性阐释都可以归咎于其作者，有些只是反映了接触马克思手稿的有限性。目前，首次展示给读者的材料涉及马克思大量的哲学作品，特别是他创作于 1844 年春末和夏季的经济学哲学手稿①、文章草稿、准备性的札记、评论和报刊文章、1857—1858 年的政治经济学手稿（即我们所熟知的《政治经济学批判大纲》）② 以及 1859 年出版的《政治经济学批判》草稿及其早期版本③。最后但并非不重要的是，还有大量材料记录了他创作其巨著《资本论》的工作，而这些材料本是他的遗稿执行人和思想伙伴恩格斯应该出版但却未出版的。

MEGA² 有助于揭开马克思的神秘面纱。它也证实并进一步树立了马克思作为专注的学者和科学家的形象，他试图无情地揭露真相，而不愿屈服于他在《资本论》第 1 卷序言中所说的 "代表私人利益的复仇女神"④。如果 MEGA² 中有某些令人信服的证据，那么把所谓 "现实存在的社会主义" 中发生的问题归咎于马克思的普遍看法将会少之又少。马克思的政治议程与其科学工作密切相关，而且从某种程度上说是合理的，因为它们反映了他的分析结果。例如，他与威廉·魏特林的激烈对峙见证了 "科学社会主义" 与政治唯意志主义之间的冲突。马克思在这个方面毫不妥协，并坚持工人阶级运动的科学基础。他认为自己发现了关于人类命运的历史趋势，这一趋势可以在某种程度上加速，但无法根本改变。因此，他的角色是新社会的助产士。通过揭示现代社会的运动规律，他认为自己扮演着启蒙者的角色，让所有人都有机会理解他所认为的一种不可抗拒的历史趋势。他确信，谁掌握了这一趋势，便无法再反抗它。他多次强调，即使是 "资产阶级"，也有机会谦卑地接受自己的命运而不做抵抗，接受一种非暴

①　MEGA² Ⅰ /2.

②　MEGA² Ⅱ /1.

③　MEGA² Ⅱ /2.

④　《马克思恩格斯文集》第 5 卷，人民出版社 2009 年版，第 10 页。

力的社会革命。这种愿望很好地反映了马克思的人道主义态度。

　　第三，MEGA² 使我们非常详细地看到马克思关于特定主题的思想是如何发展的——他的灵感来源，他研究的文献，他面临的障碍以及他是否设法克服了它们，他最终产生的愤怒和怀疑，他抛弃一些旧思想并尝试新思想的原因，他那可与其他政治经济学家（尤其是亚当·斯密和大卫·李嘉图）的建构比肩的分析建构。特别值得一提的是，这些材料包含了一些或明或暗的线索，说明了马克思为何未能设法完成《资本论》这一庞大工程中的大部分内容。他曾经反复地重新界定这项工程，并随着时间的推移而缩减其规模和内容。在这个方面，MEGA² 展示出来的材料本质上包含了历史性和分析性双重内容。

　　首先，马克思的一些论述表明，特定的历史事件对他产生了深刻的影响，并使他重新思考自己直至当时所倡导的主张。下面就是一个非常重要的例子，即在《资本论》第 1 卷德文第一版序言中，马克思指出："我要在本书研究的，是资本主义生产方式以及和它相适应的生产关系和交换关系。到现在为止，这种生产方式的典型地点是英国。因此，我在理论阐述上主要用英国作为例证。"① 马克思（和恩格斯）为《纽约每日论坛报》以及其他美国报纸撰写了许多社论，他们对美国的实时动向保持着密切关注。美国在 19 世纪中叶的几十年内迅速实现了工业化，并崛起为世界经济、政治和军事强国，这令他们印象深刻。美国是一个令人瞩目的范例，它说明了摆脱束缚的资本主义能在短时期内发生什么变化。显然，美国的资本主义形式与英国显著不同。最重要的是，它同延伸到越来越广大的社会阶层的政治自由并行发展，并表现出相对较高程度的社会流动性。与不列颠、普鲁士和俄罗斯不同，美国没有受到过去的封建主义残余的影响。因此，资本主义的独有特征能够更为清晰地显现出来，因为它们没有为封建因素所浸染。马克思感到，他把英国视为"典型地点"是错误的——他本应以美国为例。美国能够开创一个新的起点，而欧洲则饱受历史和传统的桎梏。此外，美国也没有表现出任何经济扩张放缓甚至衰退的迹象。永久的进步和增长是可能的吗？美国的发展及其有别于欧洲各国的道路很可能是马克思未能完成《资本论》的原因之一。

　　其次，另一个原因是分析性的，但也与历史性的原因相关。马克思感到，他先前的论述可能并不像他曾经以为的那样充分。例如，他关于资本

---

① 《马克思恩格斯文集》第 5 卷，第 8 页。

主义必然灭亡的信念，其成败在于其"利润率趋向下降的规律"的正确性，而这一规律主要取决于马克思所认为的符合资本主义生产方式的那种技术进步类型。这种技术进步的特征在于提高劳动生产率，提高"资本有机构成"——结合在生产资料中的"死"劳动（"不变资本"）和活劳动（"可变资本"和"剩余价值"）——的比率。① 马克思必须面对以下挑战：一是相对于不断提高的有机构成，他关于利润率趋势的推理是否正确？二是李嘉图在讨论我们所考虑的技术进步类型时，并没有得出利润率必然下降的结论。谁是正确的，是李嘉图还是马克思？三是资本有机构成无限提高的假定能否成立？令人关注的是，马克思讨论了其他几种他认为对利润率危害较小的技术进步类型，包括资本节约型。为什么这些类型应该由一种导致整个系统的资本有机构成无上限提高的技术进步形式所主导？有什么证据——如果有的话——能支持这一观点？在这个方面，美国的案例告诉了我们什么？它确证还是反驳了马克思的观点？四是稀缺的自然资源在所有这一切中发挥了什么作用？李嘉图认为，在既定的实际工资率下，当且仅当我们必须耕耘日益贫瘠的土地（或一般的自然资源），或者更大程度地利用其既有的特质而又缺乏技术进步时，利润率才会下降，这一观点有可能正确吗？尽管李嘉图认为技术进步可能抵消"自然的吝啬"这一利润率下降的最终原因，但是马克思却将李嘉图的学说颠倒过来，认为正是资本主义普遍采用的技术进步类型才导致了利润率的下降。谁是正确的呢？

第四，在整理《资本论》第 2 卷和第 3 卷时，恩格斯是如何解释自己的角色的？恩格斯基于马克思的手稿编辑这两卷是一项极为困难的挑战。他用生命中的十年时间致力于"编成一个尽可能真实的文本"②。这两卷书使他面对着截然不同且难度各异的任务。在第 2 卷序言中，恩格斯说："我只是把这些手稿尽可能逐字地抄录下来；在文体上，仅仅改动了马克思自己也会改动的地方，只是在绝对必要而且意思不会引起怀疑的地方，

---

① 有趣的是，这正是李嘉图在 1821 年出版的《政治经济学及赋税原理》(*On the Principles of Political Economy, and Taxation*) 第三版"论机器"一章（第 31 章）中所指出的对工人阶级有害的那种技术进步，因为它意味着工人被取代，而且不会被迅速地补偿额外的工作（后来被称为"技术失业"）。参见 Heinz D. Kurz, "Technical Progress, Capital Accumulation and Income Distribution in Classical Economics: Adam Smith, David Ricardo and Karl Marx," *European Journal of the History of Economic Thought* 17, no. 5 (2010): 1183-1222.

② 《马克思恩格斯文集》第 7 卷，人民出版社 2009 年版，第 1005 页。

才加进几句解释性的话和承上启下的字句。"① 恩格斯还补充说："只要列举一下马克思为第二册留下的亲笔材料，就可以证明，马克思在公布他的经济学方面的伟大发现以前，是以多么无比认真的态度，以多么严格的自我批评精神，力求使这些伟大发现达到最完善的程度。正是这种自我批评的精神，使他的论述很少能够做到在形式上和内容上都适应他的由于不断进行新的研究而日益扩大的眼界。"②

在第 3 卷序言中，我们又读到："读者从下面的叙述将会知道，本册的编辑工作根本不同于第二册。第三册只有一个初稿，而且极不完全。每一篇的开端通常都相当细心地撰写过，甚至文字多半也经过推敲。但是越往下，文稿就越是带有草稿性质，越不完全，越是离开本题谈论那些在研究过程中冒出来的、其最终位置尚待以后安排的枝节问题，句子也由于表达的思想是按照形成时的原样写下来的而越冗长，越复杂。在许多地方，笔迹和叙述非常清楚地显露出，作者由于工作过度而得的病发作了，并且逐渐加重……在 1863 年和 1867 年之间，马克思不仅已经为《资本论》后两册写成了初稿，把第一册整理好准备付印……但是……他的病体的严重症状……使他不能亲手完成第二册和第三册的工作。"③

MEGA²在很大程度上证实了这些论述。马克思的著作尚未达到确保出版的成熟阶段。更糟糕的是，有明显的迹象表明，它可能永远达不到这样一个阶段——他要努力克服的问题太多、太大。这一定令恩格斯大为惊讶，因为马克思有很长一段时间试图让恩格斯相信，他的工作或多或少地进展顺利，无论如何都即将完成。但是，事实并非如此！马克思去世后，作为其遗稿执行人，恩格斯面对着大量手稿、札记、摘录、评论、观察时评、离题阐述等，必须妥善处理。恩格斯向读者说明了他的编辑工作。他写道，他将其限定"在最必要的范围内。凡是意义明白的地方，我总是尽可能保存初稿的面貌。个别重复的地方，我也没有删去，因为在那些地方，像马克思通常所做的那样，问题总是从另一个角度来论述，或至少是用另一种说法来表达"④。他接着写道："在我所作的改动或增补已经超出单纯编辑的范围的地方，或在我必须利用马克思提供的实际材料，哪怕尽可能按照马克思的精神而自行得出结论的地方，我都用方括号括起来，并

---

① 《马克思恩格斯文集》第 6 卷，人民出版社 2009 年版，第 3 页。
② 同上书，第 4 页。
③ 《马克思恩格斯文集》第 7 卷，第 4、7 页。
④ 同上书，第 7 页。

附上我的姓名的缩写。我加的脚注有时没有用括号；但是，凡是注的末尾附有我的姓名的缩写的地方，这个注就全部由我负责。"①

从 MEGA² 来看，我认为，这在总体上是对恩格斯所承担的庞大任务的正确描述，它包含了一项不可能完成之任务的所有要素。它也公正地描述了恩格斯作为一名编者所做的事情，或者毋宁说他感到有义务去做的事情。我确信，恩格斯所做的一切都是诚心诚意的。

三、MEGA² 将不会成为分水岭："价值规律"

MEGA² 基本上再现了马克思文献遗产中的所有相关材料，其中只有部分曾经为人所知。关于马克思的新观点主要是由最近首次出版的那些材料引发的，正如前文所指出的，它们基本上涉及了马克思毕生所努力耕耘的一切领域——哲学、政治经济学、政治学、自然科学、农学、数学、民族学等。我们现在可以更清楚地了解到，他在不同领域的阅读与写作中投入了多少努力和精力。例如，我们了解到，哲学、物理学、化学、地质学和数学耗费了马克思远比我们认为的多得多的时间。得益于 MEGA² 的出版，马克思在每一领域的研究都将得到评估，人们也会针对马克思的那些公认的阐释是否能够成立以及在哪些方面必须予以纠正提出意见。② 这一任务远远超出了我在本章所能做的工作。毋宁说，我将只聚焦于一个重要的主题：马克思的"价值规律"概念及其在他的整个社会理论中的地位。

马克思确信，这条规律不仅适用于约翰·洛克所主张的"自然状态"，适用于斯密所确信的"初期野蛮"社会状态，而且适用于资本主义社会——它反映了到当时为止文明所达到的最高状态。通过在区分"劳动"与"劳动力"的背景下确立这一规律，马克思试图表明，资本主义生产方式同以往的生产方式一样，建立在一个阶级（工人）被另一个阶级（资本

---

① 《马克思恩格斯文集》第 7 卷，第 7 页。

② 现有共计约 250 本写满了关于各种主题的摘录、札记和评论的笔记本，时间始于 19 世纪 40 年代，直至马克思晚年的 19 世纪 80 年代初。截至目前，仅有一部分笔记本被编辑出版。例如，关于马克思在 1877 年至 1883 年初的自然科学研究，特别是化学研究，参见 MEGA² IV/31；关于他在 1878 年进行的地质学和矿物学研究，参见 MEGA² IV/26。关于农业化学的评论，特别是对尤斯图斯·冯·李比希（Justus von Liebig）著作的评论，可以在 MEGA² II/3 和 MEGA² IV/26 中找到。

家）剥削的基础之上。他将劳动视为一切价值的源泉、实体和尺度。劳动创造了价值，但并非剥削机制的一部分：资本与劳动的关系正是社会支配、控制和剥削的根源。

"价值规律"是马克思分析资本主义的基石。在我看来，他毫不动摇地坚持了这一规律，直至生命的尽头。马克思之所以这样做，并不是因为他将其视为自己全部科学工作中最为重要的成就。马克思实现了对"伟大的研究家"① 亚里士多德的超越，后者对于他而言是"古代最伟大的思想家"②。

这里没有必要重述马克思的相关论证。只要指出他对其分析的核心概念——"抽象劳动"和"价值"——的看法并没有真正改变就足够了。特别是，我无法看出马克思是否想要克服其不同的定义之间的互不相容性。这两个概念的这些多重意义和不相容性早在很久之前就已经为伊萨克·鲁宾（Isaak Rubin）等作者所指出。正如吉尔伯特·法卡雷罗（Gilbert Faccarello）所认为的，不同的概念界定反映了马克思工作的不同阶段以及他所受到的不同影响（黑格尔、古典经济学家、法国空想社会主义者等）。③ 法卡雷罗区分了抽象劳动在生理学（"人的脑、肌肉、神经、手"）、历史学（反映了工人被剥夺资格的趋势）、社会学（作为"社会象形文字"的价值）等领域以及纯粹概念上的定义。只要它们所属的领域泾渭分明，使用抽象劳动的不同定义或说明以及强调劳动的不同方面就并不一定会产生危害，而只不过是"各尽其能"的又一个例子。从某种程度上讲，在马克思这里亦是如此。然而，马克思同样致力于为资本主义经济的核心量度提供一种定量的规定，首先是一般利润率和相应的生产价格，这就意味着需要证明马克思的分析优于以前的经济学家尤其是李嘉图的分析。为此，我们必须明确要使用哪一种"劳动"概念，以及如何确定劳动的量。如果没有这种明确性，我们怎么可能对马克思的价值和分配理论进行认真的讨论呢？

---

① 《马克思恩格斯文集》第 5 卷，第 74 页。

② 同上书，第 469 页。

③ 参见 Gilbert Faccarello, "Some Reflections on Marx's Theory of Value," in *Marxian Economics：A Reappraisal. Essays on Volume III of Capital. Volume I：Method，Value and Money* ed. R. Bellofiroe (London：Macmillan, 1997), pp. 29 - 47; Gilbert Faccarello, C. Gehrke and Heinz D. Kurz, "Karl Heinrich Marx (1818 - 1883)," in *Handbook on the History of Economic Analysis*, Vol. II., eds. G. Faccarello and H. D. Kurz (Cheltenham and Northampton：Edward Elgar, 2016), pp. 211 - 233。

抽象劳动的量的概念预设了在不同种类的具体劳动之间存在某种转换比率。在马克思这里，我们主要遇到这样两个比率：（1）比率 $1:1$；（2）比率 $W_i:W_j$。根据第一个比率，所有种类的劳动，无论其技能水平、报酬、所涉及的风险等如何，都具有产生价值的相同能力，"形成价值实体的劳动是相同的人类劳动，是同一的人类劳动力的耗费"[①]，因此，"是人的脑、肌肉、神经、手等等的生产耗费"[②]。在这个概念化的过程中，一小时 i 类劳动生产出与一小时 j 类劳动相同的价值。根据第二个比率（马克思曾在古典经济学家斯密和李嘉图那里看到过），i 类劳动生产价值的能力与它所获得的工资率 W_i 成正比，W_i 同代表抽象劳动的那种劳动——我们例子中的 j 类劳动——的工资率 W_j 相对。马克思在《资本论》第 3 卷中强调："如果金匠的劳动报酬高于短工的劳动报酬，那么，金匠的剩余劳动所创造的剩余价值，也会按相同的比例大于短工的剩余劳动所创造的剩余价值。"[③] 这反映了马克思的假定，即剩余价值率在所有生产领域都是一致的，这意味着工资率的差异必然隐含着价值创造的差异。为了满足这一点，就需要不同种类的劳动通过工资结构进行经典的转换。[④]

显然，这两个转换比率在重要的经济量上产生了不同的结果，例如价值增值总量、剩余价值、可变资本，以及最为重要的一般利润率。尽管经济领域一年内所完成的总劳动的构成变化不会影响价值量（倘若所有种类的劳动都被同等对待），但是如果工资结构被用于将一种劳动"还原"为另一种劳动的代换，那么这种变化就会影响一些价值量。然而，当马克思试图澄清经济总量与影响一般利润率的各种力量之间的关系时[⑤]，在相当枯燥冗长的计算中，他通常令一个变量保持不变，以确定其他某个变量的变化对利润率的影响。马克思很清楚这样一个事实，即这种假定其他条件不变的推理是非常成问题的，被他作为常量处理的量应该被作为变量处

---

①　《马克思恩格斯文集》第 5 卷，第 52 页。

②　同上书，第 57 页。

③　《马克思恩格斯文集》第 7 卷，第 159－160 页。

④　有人坚持认为，这两个概念之间并不存在张力甚或矛盾，因为"马克思从未持有一种忽视劳动异质性的抽象劳动版本"。我对此并不否认，但是要注意这一事实，即马克思使用了不同的且互不相容的体系来把异质劳动还原为同质劳动。据我所知，在《资本论》第 1 卷中所涉及的相关段落中，无论如何都没有什么迹象表明，这一还原体系的运用有别于那种把所有劳动都简单地视为"人的脑、肌肉、神经、手等等的生产耗费"的体系。

⑤　参见 MEGA² Ⅱ/4.3, S. 57 及以下各页；MEGA² Ⅱ/6, S. 224－225；MEGA² Ⅱ/14, S. 491 及以下各页。

理。在当前的背景下，更重要的是，据我所知，他从未在任何地方说明或质疑过他的社会核算方案以及所假定的"抽象劳动"概念。他似乎确信某种质量（＝价值）守恒定律是适用的，但却没有告诉读者这个质量是依据什么单位来定义和测量的。

马克思虽然考虑到了任意两种商品的生产价格之比通常会偏离其相应的（劳动）价值之比这个事实，但却没有看到这一观点也适用于一般利润率，而一般利润率实质上对应于商品的两个向量之比：一方面是社会剩余产品，另一方面是资本。因此，它是一个相对价格。所以，并不能假定在劳动价值方面确定了的利润率一般就等于在价格方面确定了的利润率。马克思也大致看到了这一事实，即当收入分配发生变化时，生产的（相对）价格必定会发生变化，但鉴于所使用的生产体系，他未能就相对价格对收入分配的依赖性做出解释。

在进入下一部分之前，我们应当关注与当前背景相关的两个重要方面。第一个方面涉及古典经济学家的"劳动"概念与马克思的"劳动"概念之间的差异。迄今为止，除了彼罗·斯拉法（Piero Sraffa）在剑桥三一学院所写的论文之外，这一差异几乎从未被注意到，更不用说被强调了。第二个方面涉及抽象劳动与具体劳动之间的关系，以及简单劳动与复杂劳动或非熟练劳动与熟练劳动之间虽然不同但却相互关联的区别。

关于第一个方面，值得强调的是，古典经济学家并没有把"劳动"概念仅仅限于人类劳动，而是把马、牛或机器所完成的劳动也包含在内（斯密甚至把自然的某些活动也计算到经济领域所完成的劳动总量中）。在此，我们只须指出这一点就足够了：对于古典经济学家来说，重要的是不同种类的劳动——正如李嘉图所强调的——相互处于"恒常的竞争"中，而在自由竞争的条件下，成本最小化行为决定了它们的使用情况。[①] 追逐利润的生产者的技术选择决定了生产的实际物质成本——生活资料、马的饲料、机器的燃料以及所使用的补充投入。通过这种方式，它对经济体系生产性的新陈代谢产生影响，并必然影响财产，这反映在一般利润率水平和

---

① 只要指出李嘉图在《政治经济学及赋税原理》中提供证据支持这一主张的一个段落就足够了。在"论机器"一章中，李嘉图讨论了"马的劳动代替人类劳动"的情况。他解释说："如果我的农场上本来雇用一百个人，后来发现把原来给予五十人的食物用来养马，扣除买马资本的利息以后还可以得到更多的农产品，因而用马来代替人对于我是有利的，而我就这样做。但这对于劳动者将是不利的。"（彼罗·斯拉法主编：《李嘉图全集》第1卷，郭大力、王亚南译，商务印书馆2013年版，第335–336页）

有竞争力的正常价格水平上。对价值和分配的正确分析是以对技术选择问题的正确分析为前提的。

马克思并不认为，针对不同种类的劳动，因而针对价值和分配理论，存在一种实际成本法（a real cost-approach）。事实上，他严格反对它，并且只把人类劳动视为价值的源泉和实体。这表明了斯密和李嘉图的分析与马克思的分析之间的根本分歧。尽管这三位作者在某些观点上是一致的，但在这一重要方面，他们却分道扬镳了。"劳动"在不同的作者那里意味着不同的东西。读者在面对这一概念时应保持警惕。

关于第二个方面，正如有人所注意到的，抽象劳动实际上或可被视为一种"可在生产活动中转移"的劳动。"如果存在可转移性，即我们所谓的完美的可替代性，那么转换比率只能是 1∶1。"这种情况可能会被认为同前文提及的马克思的观点相符合，即技术进步导致了劳动资格的丧失。在极端情况下，所有工人从事的劳动都可以不加区别地应用于所有生产线。但是，马克思并没有走那么远，因此转换比率问题仍然存在。我认为，他所给出的抽象劳动的纯粹生理学定义（"人的脑的……耗费"）并没有反映出所有类型劳动的可转移性或可交换性，毋宁说反映出这样的事实，即如马克思所觉察到的，与希腊城邦相反，在现代社会，"一切劳动……具有……等同性和同等意义"。之所以这么说，是因为"人类平等概念已经成为国民的牢固的成见"[1]。一旦商品生产和交换很好地建立起来，并获得"社会生活的自然形式的固定性"，则"生产这些产品的社会必要劳动时间作为起调节作用的自然规律强制地为自己开辟道路"[2]。

那么简单劳动与复杂劳动或者非熟练劳动与熟练劳动之间的区别是什么呢？在前文讨论的那种完美的可替代性的情况下，只存在简单劳动。复杂劳动是在社会经济体系中产生的，它或者是特殊教育过程——简单劳动在其中逐渐转变为复杂劳动——的结果，或者是生产过程（在工作中学习，边干边学）的副产品。例如，斯密看到了耐久资本与熟练劳动力之间的相似性，并提出了一个著名观点：受过教育的人"可以说等于一台高价机器"。他补充说："学会这种职业的人，在从事工作的时候，必然期望，除获得普通劳动工资外，还收回全部学费，并至少取得与耐久资本同等的

---

① 《马克思恩格斯文集》第 5 卷，第 75 页。
② 同上书，第 92 页。

普通利润。"① 因此，在斯密看来，熟练劳动或复杂劳动的工资包括所涉及的人力资本的利息或利润（加上折旧份额）。这增加了基于劳动价值进行推理的困难，这种推理只能被视为解决价值和分配问题的权宜之计，而不是像马克思倾向于认为的那样，是一个彻底的、在逻辑上前后一贯的基础，从中能够阐发出一个确定的解决方案。

现在，我们转向马克思的"利润率趋向下降的规律"。它构成了马克思所坚持的资本主义必然是一种暂时的生产方式这一信念的最重要的部分。

四、一个隐蔽的分水岭："利润率趋向下降的规律"

MEGA²令人印象深刻地证明了这样一个事实：马克思在分析研究的过程中清醒地意识到自己知之太少。这似乎尤其适用于被视为他的全部经济学分析之王冠的"利润率趋向下降的规律"。MEGA²使我们更加清晰地看到，哪些问题尤其阻碍了马克思完成《资本论》这部巨著。

马克思的版本是这样的：资本家不想在竞争的斗争中成为他们"敌对的兄弟"② 的牺牲品。"竞争的强制规律"③ 使他们无休止地通过技术和组织变革追逐更低的成本与更高的利润。然而，他们并不知道，在"背后"④，对他们的惩罚正在形成：整个体系的关键变量——一般利润率——正在下降。历史的狡计被用来确保作为一个阶级的资本家的自我逐利行为给其招来灭顶之灾，并为社会主义开辟道路。

这是一种"看不见的手"的论证。斯密多次运用这一论证来强调，具有重大意义的社会经济变革常常是由推动了"一个并非他本意想要达到的目的"⑤ 的人所引发的。一个非常重要的相关案例是封建地主阶级的逐渐消亡和资本家阶级的崛起。斯密解释说："国外商业与制造业的兴起，渐使大领主得以其土地的全部剩余产物与他物交换。由此而得的物品，于是

---

① 亚当·斯密：《国富论》，郭大力、王亚南译，商务印书馆 2015 年版，第 95 页。

② 《马克思恩格斯文集》第 7 卷，第 282 页。

③ 《马克思恩格斯文集》第 5 卷，第 368 页。

④ 《马克思恩格斯文集》第 7 卷，第 188 页；《马克思恩格斯全集》第 30 卷，人民出版社 1995 年版，第 178 页。

⑤ 亚当·斯密：《国富论》，郭大力、王亚南译，第 428 页；亚当·斯密：《道德情操论》，蒋自强等译，商务印书馆 2015 年版，第 234 页。

无须与佃农和家奴共享，而完全由自己消费。完全为自己不为他人，这似乎是一切时代为主子者所遵守的可鄙格言……他们就宁愿把足以维持一千人一年生活的粮食……用来换取一对金刚石纽扣或其他同样无用而无意义的东西，随而也把这粮食所能给他们带来的权威一并舍弃了。"①

这一影响是"决定性的"，它在于地主贵族权力的急剧丧失："为了满足最幼稚最可鄙的虚荣心，他们终于完全舍弃了上述权威。"② 这个苏格兰人得出结论："对于公众幸福，这真是一种极重要的革命，但完成这种革命的，却是两个全然不顾公众幸福的阶级。满足最幼稚的虚荣心，是大领主的唯一动机。至于商人工匠，虽不像那样可笑，但他们也只为一己的利益行事。他们所求的，只是到一个可赚钱的地方去赚一个钱。大领主的痴愚，商人工匠的勤劳，终于把这次革命逐渐完成了，但他们对于这次革命，却既不了解，亦未预见。"③

马克思在 1844 年开始仔细阅读斯密的著作，并形成了这一基本思想的激进变体：随着资本主义的自我转型，最终将形成一个无阶级社会，结束人对人的剥削。在这最后一幕中，"看不见的手"本身将变得多余，因为人掌控了他自己的命运。作为无神论者，马克思预见到人类的救赎不是在来世，而是在人间。

马克思认为，利润率趋向下降的规律"从历史的观点来看"是"最重要的规律"④，因为它抓住了资本主义生产方式的暂时性和社会主义的必然性。马克思驳斥了李嘉图所谓的利润率下降是由于农业收益减少的解释，并嘲讽李嘉图"从经济学逃到有机化学中去了"⑤。他坚称，利润率下降，"不是因为劳动的生产效率降低了，而是因为劳动的生产效率提高了"⑥。他主张，尽管技术进步了，但利润率会下降；而对于李嘉图来说，技术进步会阻止利润率下降，或者在最坏的情况下对利润率没有影响。

---

① 亚当·斯密：《国富论》，郭大力、王亚南译，第 390-391 页。

② 同上书，第 391 页。

③ 同上书，第 393-394 页。

④ 《马克思恩格斯全集》第 31 卷，人民出版社 1998 年版，第 148 页。

⑤ 同上书，第 154 页。

⑥ 《马克思恩格斯文集》第 7 卷，第 267 页。李嘉图通过故意将技术进步抛到一边，也就是说，通过援用一个反事实的论证，解释了利润率的下降。他强调，有足够的技术进步，利润率就不必下降。参见 Heinz D. Kurz, "David Ricardo: On the Art of 'Elucidating Economic Principles' in the Face of a 'Labyrinth of Difficulties'," *European Journal of the History of Economic Thought* 22, no. 5 (2015): 818-851。

眼下的问题是：人们是否可以反过来假定，利润率会随着生产效率的下降而上升？这一提法表明了马克思所巧妙避开的困难。他设定了高得无法逾越的门槛。他的论证如下。为了在竞争的斗争中生存，每个资本家必须积累资本，引进新的生产方式，以便使自己能够供应新产品或降低已知产品的生产成本。由于劳动生产率的提高，各种商品的价值将下降，生产价格也随之下降：生产不同商品所需的劳动越来越少。马克思的相关论证基于他所认为的资本主义技术进步的主导形式，其特征是"资本有机构成"的提高：每个工人使用的物质性厂房和设备（工具、机器等）越来越多，生产过程变得日益机械化。随着工人为机器所取代，一支"由失业者组成的产业后备军"出现了。这支后备军使工人的需求受到抑制，它是工作日之所以长于仅仅再生产工人的生活资料所需时间的主要原因。相应地，实际工资率低于净劳动生产率。只是由于这一原因，才有了剩余价值和利润。但是，这种技术进步意味着，随着可变资本（"活"劳动）日益为不变资本（"死"劳动）所代替，创造出来的剩余价值相对地越来越少。由于有机构成——死劳动与活劳动的比率——与最大利润率成反比，而最大利润率是在假定可变资本消失的情况下达到的，所以有机构成的提高意味着最大利润率的下降。然而，马克思确信，最大利润率的下降日益缩小了实际利润率的回旋余地，直至它最终迫使实际利润率下降。

从 1865 年夏至 1866 年 2 月，他研究了有关农业提高生产率的革新方面的著作，而这些革新抵消了收益的减少，并破坏了李嘉图的学说。[①] 但是，它们同时亦对所谓的利润率下降趋势提出了质疑。由于化学的科学应用，农业规模收益的保持甚至增长很难与所讨论的这种趋势一致。然而，此后不久，马克思再次改变了观点。尤其在尤斯图斯·冯·李比希关于土地过度耕种的观点的影响下，马克思将土地视为一种实际上正接近枯竭的可耗竭资源（与矿产类似）。它不再是李嘉图在其地租和利润理论中所认为的具有"不可破坏的力量"的可再生资源。马克思甚至认为，资本主义生产不仅剥削了原初的生产要素和财富源泉——土地和劳动力，而且实际上"破坏"了它们。[②] 当然，人们可能会好奇，在资本主义生产摧毁了它自身成功的基础之后，继承了贫穷的人口和耗竭的土地的社会主义如何能够实现繁荣发展？据我所知，马克思并没有对他提出的难题给出明确的

---

① 参见 MEGA² II /4. 2。
② 参见《马克思恩格斯全集》第 42 卷，人民出版社 2016 年版，第 519 - 520 页。

答案。

斋藤幸平（K. Saito）也对 1868 年后马克思的相关研究和论述进行了较为详细的考察，但是并没有令人信服的迹象表明，马克思关于自然在社会经济发展中的作用的相关思想随着时间的推移而不再发生变化。① 李嘉图的遗产具有重要的意义，即使这位英国经济学家本人没有被提及，但他所考察的问题以及他分析性地解决这些问题的方式得到了探讨。

正如 MEGA² 所表明的，马克思非常清楚地看到，考虑到实际的工资率，有一些技术进步形式并不会导致利润率的下降。例如，他预见到了后来广为人知的哈罗德中性技术变革（Harrod-neutral technical change）以及其他几种技术进步形式，其中一些甚至意味着一般利润率的上升，而不是下降。这些技术进步形式不会导致资本有机构成的提高趋势，而这正是马克思论证的核心。那么，人们如何排除一切合理的怀疑而确定资本有机构成必定会一直提高，从而在反映资本主义生产方式内在必然性的同时，把这些其他形式的技术进步放逐到纯粹抽象可能性的领域中呢？

根据马克思的劳动价值推理，利润率等于"剩余价值"总量与资本（可变资本与不变资本）总量之比。剩余价值由活劳动（L）创造，因此与可变资本成正比。结合在不变资本（C）中的劳动在不变资本的使用与逐步损耗过程中被转移到所生产的商品中。资本有机构成的提高意味着 C/L 的增大，这继而又伴随着劳动生产率的提高。事实上，马克思坚持认为，在资本主义中，劳动生产率"迅速地发展起来"②，"按几何级数"增长。但是，如果劳动生产率无限提高，生产各种商品所需的劳动量就会不断下降。这就会使工人（可变资本）的生活物品和所使用的生产资料（不变资本）变得更便宜。前者意味着，对于既定的实际工资来说，可变资本将减少，而对于既定的工作日来说，每个工人每天创造的剩余劳动量将增加。后者意味着，随着不变资本的要素变得更便宜，其价值（C）的增长速度将慢于其"量"的增长速度。③ 因此，利润率表达式中的分

---

① 参见 K. Saito, *Natur Gegen Kapital. Marx' Ökologie in seiner Unvollendeten Kritik des Kapitalismus*（Frankfurt und New York：Campus Verlag, 2016）。

② 《马克思恩格斯全集》第 42 卷，第 645 页。

③ 马克思谈到了"资本的技术构成"，它旨在反映相对于活劳动的不变资本的物质尺度，而不是用劳动价值所表示的有机构成。

子——剩余价值率——将增加，而关于分母似乎不能得出任何确定的结论，它是一个包含有机构成作为唯一变量的表达式。无论如何，不能说马克思对利润率趋向下降的规律做了明确的证明。

有一段时间，他努力去克服这一论证的不足。他潜心钻研数学，尤其是微积分，以便考察经济动态。他深入研究自然科学，阅读关于地质学、生物学、生理学和化学的著作。李嘉图所提及的农业收益减少真的错了吗？马克思声称资本家对短期利润最大化的关注必然导致土地和自然的荒漠化，这难道不是一种与李嘉图的静态推理相等同的动态论证吗？因此，马克思会去研究德国农业和生物化学领域的杰出先驱李比希的著作，尤其是他的土地耗竭理论，也就不足为奇了。此外，他还深入研究了原子论和其他基本问题，这在已出版的马克思手稿中是显而易见的。他也返回到了李嘉图和其他经济学家的著作中。尽管他曾经将英国视为资本主义最重要的范例，认为它以一种代表性的方式反映了资本主义的运动规律，但他的注意力后来日益转向了美国。美国的统计资料更为丰富，它也没有表现出任何停滞或衰落的趋势。有限责任制的发展、所有权与控制权的分离以及证券交易所如何改变了整个资本主义图景？资本主义的经济发展是周期性的，它飞速地演进，但其趋势必然是下行的吗？趋势和周期可以被预测吗？MEGA² 令人印象深刻地表明，马克思是一丝不苟的，他是一位完美主义者。考虑到有那么多悬而未决的问题，他怎么可能完成他的著作呢？

五、结语

尽管马克思曾在很长一段时间内确信可以科学地证明社会主义的必然性，认为它能够一劳永逸地消灭剥削性的生产方式，建立一个公正、公平的社会，但他没能完成自己的宏伟事业，仍然存在许多未解决的问题。一方面要面对他所看到的种种问题，另一方面又要面对他日渐衰减的精力和体力，这一定使他遭受了巨大的痛苦。如果他对资本主义生产方式对于环境的破坏性影响的看法恰好是正确的，那么资本主义会遗留下一个什么样的地球？社会主义能否在一个遭到侵害和掠夺的星球上繁荣发展？马克思在他的地质学笔记中将地球和人类视为两个活的、相互影响的有机体。① 他向自己提出的问题是：它们会长期共存，还是地球将摆脱人类？马克思异乎寻常地富有远见，就他提出了正确问题并为我们提供了寻求正确答案之方向的线索来说，他是值得被称誉的。

① 参见 MEGA² Ⅳ/26。

第 10 章　关于唯物史观形成时期的考证[*]

大村泉/文　　　盛福刚/译

我们一般将马克思恩格斯共有的历史观称为"唯物主义历史观/唯物史观"（Materialistische Auffassung der Geschichte）或"历史唯物主义"（Historischer Materialismus）。本章旨在解决以下两个课题：首先是 MEGA² I/5 卷的编辑谈及的指代唯物史观的上述术语的出处；其次是究明这一称谓所指称的基本内容形成于何时。笔者称前者为第一课题，称后者为第二课题。

2017 年出版的 MEGA² I/5 卷收录了《德意志意识形态》的全部手稿，笔者与几位学者通力合作，基于对手稿的解读，并参照 MEGA² I/5 卷的解读文本，于 2019 年发布了《德意志意识形态》第一章"费尔巴哈"的 Online 版。本章为笔者基于 Online 版的第五篇研究论文。

一、对第一课题的回应

1. 马克思没有使用过"唯物主义历史观（唯物史观）"概念

MEGA² I/5 卷编辑认为，《德意志意识形态》中没有出现过"历史唯物主义"这一概念或称谓。MEGA² I/5 卷编辑的考查仅限于该卷收录的手稿，而且没有提及"唯物主义历史观"。为了补足他们没有考查的文本，笔者依照《马克思恩格斯全集》（*Marx Engels Werke*）德文电子版，

---

　　* 本章原载：《国外理论动态》2022 年第 6 期。本章系 2021 年 9 月 7 日武汉大学日本学者系列讲座第一讲的演讲稿，经作者授权发表。大村泉：日本东北大学经济学部。盛福刚：武汉大学哲学学院。

检索了其中收录的马克思恩格斯的全部文本，检索时设定的关键词有：
Materialistische Auffassung der Geschichte、Materialistische Geschicht-
sauffassug、Materialistische Anschauung der Geschichte，以及 Histo-
rischer Materialismus。前三个术语对应的译语为"唯物主义历史观"或
"唯物史观"，最后一个术语对应"历史唯物主义"。德文版《马克思恩格
斯全集》在编者序言或事项索引中使用过以上术语，恩格斯的著作中也出
现过，但在马克思的著作中一次也没有出现过，马克思有可能从未使用过
这些称谓来指称唯物史观。①

2. 唯物史观是恩格斯创造的术语

上述术语在恩格斯的著作中首次出现，是 1859 年 8 月 6 日发行的
《人民报》第 14 期。受马克思所托，恩格斯撰写了书评《卡尔·马克思
〈政治经济学批判。第一分册〉》，其中首次使用了"唯物主义历史观（唯
物史观）"一词："这种德国的经济学本质上是建立在**唯物主义历史观**的基
础上的，后者的要点，在本书的序言中已经作了扼要的阐述。"②

3. 历史唯物主义是德国年轻人的语言

与 "Materialistische Auffassung der Geschichte" 相同，"Materialis-
tische Geschichtsauffassug" 和 "Materialistische Anschauung der Ge-
schichte" 同样被译为 "唯物主义历史观"，它们在恩格斯的著作中首次出
现是他于 1878 年出版的《反杜林论》。被译作 "历史唯物主义" 的 "His-
torischer Materialismus" 首次登场是在马克思去世之后，恩格斯在 1890
年 8 月 5 日致康拉德·施米特（Conrad Schmidt）的信中称，许多德国年
轻人只是用 "历史唯物主义的套语"③ 来掩盖自己相当贫乏的历史知识。

4. 唯物史观与历史唯物主义同义

1890 年 9 月 21—22 日，恩格斯在致约瑟夫·布洛赫（Joseph Bloch）
的信中提到了自己的两部著作《反杜林论》与《路德维希·费尔巴哈和德

---

① 《马克思恩格斯全集》并没有收录马克思恩格斯的全部文献遗产，在未收录的手稿、书
信、摘录笔记或改稿异文中有可能出现过此类术语。笔者期待与本章的读者一起验证这一假说是
否成立。
② 《马克思恩格斯文集》第 2 卷，人民出版社 2009 年版，第 597 页。
③ 《马克思恩格斯文集》第 10 卷，第 587 页。

国古典哲学的终结》。他说："我在这两部书里对历史唯物主义作了就我所知是目前最为详尽的阐述"①。但是，恩格斯在这两部著作中并没有使用"历史唯物主义"这一术语，可见，对于创造唯物史观这一术语的恩格斯来说，两个术语虽然称谓不同，但内容上并无差异。

5. 两种称谓的传播

恩格斯对两种称谓的传播做出了巨大贡献。他在《社会主义从空想到科学的发展》英文版②的长篇序言中，将"Historischer Materialismus"译作"historical materialism"，从而使"历史唯物主义"这一术语得到传播和普及。这篇序言的节选内容于 1892 年 6 月以《关于历史唯物主义》为标题被译成德文，发表在《新时代》第 11 卷第 1—2 期上。此外，《马克思恩格斯全集》的编者同样为这两个术语在国际上的传播做出了巨大贡献。

二、对第二课题的回应

1. 称谓的出现不同于内容的形成

马克思可能从未使用过"历史唯物主义"和"唯物史观"这两种称谓。而当恩格斯将其历史观称为"唯物史观"时，马克思也没有表达过反对意见。恩格斯在《卡尔·马克思〈政治经济学批判。第一分册〉》中之所以使用"唯物史观"这一术语，想必是要用此概念来指称该著作序言中阐述的马克思的历史观。马克思在该序言中阐述的是 1844 年始于巴黎并通过在布鲁塞尔的继续研究而得到的"用于指导我的研究工作的总的结果"③。

恩格斯在马克思生前就反复强调，发现唯物史观的是马克思而不是恩格斯自己。恩格斯谈及的正是《卡尔·马克思〈政治经济学批判。第一

---

① 《马克思恩格斯文集》第 10 卷，第 593 页。

② 英文版以《空想社会主义与科学社会主义》为书名于 1892 年出版，在长篇序言中，恩格斯称"我们拥护历史唯物主义（historical materialism）"，该书首次使用了历史唯物主义的英文术语。

③ 《马克思恩格斯文集》第 2 卷，第 591 页。另外，马克思在《资本论》第 1 卷第二版的"跋"中将这部分内容称为"我的方法的唯物主义基础"（《马克思恩格斯文集》第 5 卷，第 20 页）。

分册〉》序言中论述的历史观。唯物史观的内容在恩格斯发明"唯物史观"这一特定称谓之前已经形成，那么这一历史观的核心观点形成于何时呢？

2. MEGA² I /5 卷编辑的新见解

MEGA² I /5 卷的编辑认为，以往人们在探究唯物史观的形成时重视的往往是《德意志意识形态》的"费尔巴哈"章，德文版《马克思恩格斯全集》第 3 卷的序言也认为唯物史观形成于此章，特别是对费尔巴哈的批判标志着唯物史观的正式确立。

MEGA² I /5 卷的编辑对此表达了不同的见解，《德意志意识形态》由第一章"费尔巴哈"、第二章"圣布鲁诺"、第三章"圣麦克斯"组成，"费尔巴哈"章手稿的主体内容是 H^5，但 H^5 在最初写作时并不是一份连贯的手稿，它由三份不同的手稿片段 H^{5a}、H^{5b} 和 H^{5c} 构成。① H^{5a} 是马克思恩格斯为了回应布鲁诺·鲍威尔对费尔巴哈的批判所做的反批判，被马克思编入了"费尔巴哈"章和"圣布鲁诺"章。H^{5b} 是马克思从"圣麦克斯"章的"旧约圣书 教阶制"部分抽取出来的手稿，后被编入"费尔巴哈"章和"圣麦克斯"章。H^{5c} 抽取自"圣麦克斯"章的"新约圣书 资产阶级社会"部分，后经完善补入"费尔巴哈"章。

在再编排的过程中，马克思起主导作用，为第一章手稿编上 M1—M72 的页码编号（第 72 页的背面第 73 页没有页码编号）。如果用马克思的编号标记手稿页码，H^{5a} 对应 M1—M29，H^{5b} 对应 M30—M35，H^{5c} 对应 M40—M73（为方便起见，将 M72 背后的页码标注为 M73），其中 M3—M7、M36—M39 已佚失。②

如上所示，H^5 中收录的手稿原本并不是为直接批判费尔巴哈而写的，MEGA² I /5 卷编辑格拉尔德·胡布曼（Gerald Hubmann）称："以前的各版本将这部分手稿编排为'费尔巴哈'章，但其中的绝大多数内容原本是为了批判施蒂纳而写的手稿。"《德意志意识形态》是一部未完结的作

---

① MEGA² I /5 卷收录的关于《德意志意识形态》的手稿共 11 份，分别标有 H^1—H^{11} 的序号。其中 7 份手稿（H^2—H^8）与"费尔巴哈"章有关，H^2—H^4 是"费尔巴哈"章的序言和改稿，H^6 是笔记，H^7—H^8 是誊清稿的片段。上述手稿的写作时间晚于《德意志意识形态》第三章。

② 手稿 H^{5a} 的页码虽然是连续的，但也有部分段落被编入 H^5 或 H^{10}（"圣布鲁诺"章），H^{5b} 同样有部分段落被编入 H^5 或 H^{11}（"圣麦克斯"章），手稿 H^{5c} 中有些段落在被编入 H^5 后，又被编入 H^{11}。详见《德意志意识形态》Online 版。

品，批判的对象是当时德国哲学界的青年黑格尔派，在研究唯物史观的形成时不容忽视的是："统治阶级的思想在每一时代都是占统治地位的思想。"① 这是在研究意识形态的阶级性时经常被引用的一句话，这句话正是从批判施蒂纳的脉络中衍生出来的。

3. MEGA² Ⅰ/5 卷编辑的新见解中被忽视的事实

如上所述，MEGA² Ⅰ/5 卷的编辑试图将唯物史观形成史研究的焦点从费尔巴哈批判切换为施蒂纳批判，但是这一新见解中蕴含着重大的理论问题。首先，"费尔巴哈"章手稿的主体部分 H⁵（M1—M73）中原本为批判施蒂纳而写的手稿是 M30—M73，约占 H⁵ 的 59%，并非如 MEGA² Ⅰ/5 卷编辑所言的"绝大多数"。其次，即便是在为批判施蒂纳而写的手稿 H⁵ᵇ 和 H⁵ᶜ 中，点名批判施蒂纳的内容也不多见。

手稿 H⁵ᵃ 分为两部分：一部分被收录于手稿 H⁵，即"费尔巴哈"章；另一部分被编入"圣布鲁诺"章，用于批判鲍威尔。H⁵ᵃ 中被编入"费尔巴哈"章的部分，被马克思编上 M1—M29 的页码，共计 29 页。其中，M3—M7 共 5 页手稿，现已遗失。在遗失的手稿中，有很多是点名批判费尔巴哈的内容，而这些正是 MEGA² Ⅰ/5 卷编辑在阐述自己的见解时忽视的内容。问题的关键在于，M1—M29 中是否存在可以被视作唯物史观萌芽的相关内容。②

4. 唯物史观的理论框架

这里有必要首先阐明何种历史观能被称为唯物史观。③ 笔者结合恩格斯为介绍唯物史观而撰写的各种文本④，并参考马克思在《〈政治经济学

---

① 《马克思恩格斯文集》第 1 卷，人民出版社 2009 年版，第 550 页。

② M28 页左栏上半部分留有以马克思的笔迹写下的"Bauer"（鲍威尔）的字样，之后的左栏记述直至 M29 页的背面左栏（马克思没有在 M29 页的背面标注页码，手稿 H⁵ 的页码范围为 M1—M73）为止，被编入手稿 H¹⁰（第二章"圣布鲁诺"）。值得注意的是，被编入 H¹⁰ 的开头部分，有"不得已的偏离之后"这一标志着重返鲍威尔批判的删除字句，这可能是指在此之前批判费尔巴哈的手稿 H⁵ᵃ。

③ MEGA² Ⅰ/5 卷的编辑认为，该卷"为唯物主义历史观的形成开拓了全新的地平线"，但没有界定唯物史观到底是怎样的历史观。2018 年，胡布曼曾呼吁学界重视同为 MEGA² Ⅰ/5 卷编辑的乌尔里希·帕格尔（Ulrich Pagel）提出的施蒂纳批判过程中"意识形态"概念形成史的研究。

④ 除上述书评外，恩格斯阐述唯物史观的论著还包括：1867 年为《资本论》第 1 卷首版撰写的书评，1870 年为《德国农民战争》第二版撰写的序言，1874 年出版的《论住宅问题》，1878 年出版的《反杜林论》，1888 年出版的《路德维希·费尔巴哈和德国古典哲学的终结》，等等。

批判〉序言》中关于用于指导他的研究工作的"总的结果"的论述，将表征唯物史观的历史观概括为以下三点：（1）经济基础-上层建筑论。社会的现实基础是与生产力相对应的物质的生产关系的总和，竖立于其上的是政治的或精神的上层建筑。上层建筑的意义无法从其自身得到说明，而应从基础层面来说明。"不是人们的意识决定人们的存在，相反，是人们的社会存在决定人们的意识。"[1]（2）阶级-阶级斗争论。除原始社会外，人类的全部历史都是阶级斗争的历史，阶级或身份等社会属性从属于商品的生产与交换等经济关系。社会各阶级的斗争同样从属于经济关系，各个时代中生产力与生产关系的矛盾从根本上规定着各阶级的对立关系。（3）社会革命论。资本主义社会中劳资双方的阶级对立不会因统治阶级更迭的政治革命而消解，反而会导致社会革命，建立起扬弃剥削与被剥削关系的社会主义社会，国家将随之消亡。笔者将上述三点概括为"唯物史观的理论框架"。

5. H⁵ᵃ中关于唯物史观理论框架的论述

那么，在批判施蒂纳之前写下的手稿 H⁵ᵃ中，马克思恩格斯是否论述过唯物史观的理论框架？要想依据 MEGA² Ⅰ/5 卷通读手稿 H⁵ᵃ的正文和异文有些困难，而 Online 版克服了这一难题。根据 Online 版，手稿 H⁵中的 M22—M24 的基底稿中有如下记述："我们从上面所阐述的历史观中还可以得出以下的结论：（1）生产力在其发展的过程中达到这样的阶段，在这个阶段上产生出来的生产力和交往手段在现存关系下只能造成灾难，这种生产力已经不是生产的力量，而是破坏的力量（机器和货币）。与此同时还产生了一个阶级，它必须承担社会的一切重负……这个阶级构成了全体社会成员中的大多数，从这个阶级中产生出必须实行彻底革命的意识，即共产主义的意识……（2）那些使一定的生产力能够得到利用的条件，是社会的一定阶级实行统治的条件，这个阶级的由其财产状况产生的社会权力，每一次都在相应的国家形式中获得**实践的**观念的表现……（3）……共产主义革命……消灭任何阶级的统治以及这些阶级本身，因为完成这个革命的是这样一个阶级，它在社会上已经不算是一个阶级，它已经不被承认是一个阶级……（4）无论为了使这种共产主义意识普遍地产生还是为了实现事业本身，使人们普遍地发生变化是必需的，这种变化只

---

① 《马克思恩格斯文集》第 2 卷，第 542-543 页。

有在实际运动中，在**革命**中才有可能实现"①。

　　而手稿 H^{5a} 中的 M24 的基底稿中则有如下论述："这种历史观就在于：从直接生活的物质生产出发阐述现实的生产过程，把同这种生产方式相联系的、它所产生的交往形式即各个不同阶段上的市民社会理解为整个历史的基础……同时从市民社会出发阐明意识的所有各种不同的理论产物和形式，如宗教、哲学、道德等等，而且追溯它们产生的过程。……这种历史观和唯心主义历史观不同，它不是在每个时代中寻找某种范畴，而是始终站在现实历史的**基础**上，不是从观念出发来解释实践，而是从物质实践出发来解释各种观念形态"②。

　　对比前文总结的唯物史观的理论框架与此处手稿 H^{5a} 的论述，就会发现两者之间确实有不容忽视的差异。（1）唯物史观认为，生产关系的总和构成了人类社会的基础；而 H^{5a} 在此处的论述中使用的概念是"交往形式"，认为构成人类社会基础的是"把同这种生产方式相联系的、它所产生的交往形式即各个不同阶段上的市民社会理解为整个历史的基础"③。换言之，作为唯物史观理论框架的"生产关系的总和"（可以理解为生产资料的所有制关系与交往关系的总和）在 H^{5a} 中尚未出现。（2）在 H^{5a} 中，没有明确阐明生产力与生产关系的矛盾必然引发阶级斗争。（3）在 H^{5a} 中，关于阶级斗争的论述也仅局限于现代社会，而没有论述中世纪及其以前的时期。（4）在 H^{5a} 中，没有阐明关于国家消亡的理论。

　　然而，在手稿 H^{5a} 的论述中，（1）虽然没有出现"生产关系的总和"这种唯物史观成熟时期的表述，但仍将"社会关系的总和"作为基础，树立其上的是国家或法的关系等意识形态，后者存在的意义应从前者中得到阐明，而不是相反；（2）阶级斗争或革命是历史发展的动力，资产阶级社会中阶级对立的根源在于社会层面的经济关系；（3）要扬弃双方的对立，不能靠单纯的政治革命，只有通过社会革命，方能消灭构成阶级对立之基础的剥削关系，迈入共产主义社会。

---

　　① 《马克思恩格斯文集》第 1 卷，第 542－543 页。
　　② 同上书，第 544 页。
　　③ 马克思在《〈政治经济学批判〉序言》中将"生产关系的总和"表述为"物质的生活关系的总和"。同时，黑格尔按照 18 世纪英国人和法国人的先例，将"物质的生活关系的总和"称为"市民社会"。

三、结语和展望

首先，关于第一课题，代表马克思恩格斯共有的历史观的"唯物主义历史观（唯物史观）"是恩格斯创造的术语，而"历史唯物主义"则起源于 19 世纪 90 年代德国年轻人的套语，恩格斯为这两个术语的传播做出了巨大贡献。或许马克思终其一生都没有用这两个术语来指称自己的历史观，但也没有对恩格斯使用它们提出反对意见。问题的关键在于两人对唯物史观的理解是否一致。如前文所述，恩格斯将两人共有的历史观称为"唯物主义历史观"，马克思称这种历史观为"我的方法的唯物主义基础"，"用于指导我的研究工作的总的结果"。马克思去世后，恩格斯称赞唯物史观阐述了"人类历史的发展规律"。那么两人对唯物史观基本品格的理解是否一致？笔者将另做探讨。

其次，关于第二课题，MEGA^2 I/5 卷的编辑认为，唯物史观的形成过程中值得关注的是施蒂纳批判，而非学界以往认为的费尔巴哈批判。但是，在批判施蒂纳之前，在马克思恩格斯已经写就的手稿 H^{5a} 中，唯物史观的理论框架已基本完成。因此，MEGA^2 I/5 卷编辑的见解值得商榷。另外，在手稿 H^{5a} 中，马克思恩格斯将这一历史观称为"上面所阐述的历史观"，或与唯心主义不同的"这种历史观"。手稿 H^{5a} 中论述的"历史观"在《德意志意识形态》之后的手稿中得到了怎样的扩展？它与"费尔巴哈"章的其他手稿 H^{5b}、H^{5c} 之间在内容上有怎样的关联？笔者也将另做探讨。

第 11 章　马克思批判费尔巴哈的意图是如何产生的 *

——围绕《关于费尔巴哈的提纲》写作时间的考证

涩谷正/文　　纪方雄/译　　盛福刚/校

一、《关于费尔巴哈的提纲》写作时间的论争史

在出版连载于《新时代》杂志上的论文《路德维希·费尔巴哈和德国古典哲学的终结》单行本的过程中，恩格斯在"马克思的一册记事本（Heft）"中发现了《关于费尔巴哈的提纲》。在将这份提纲作为单行本的附录公开发表时，恩格斯就其写作时间和地点写道："1845 年春写于布鲁塞尔。"MEGA¹Ⅰ/5 卷则将写作时间推定为"1845 年 3 月前后"。但是，根据恩格斯关于 1845 年 4 月中旬与马克思一起移居布鲁塞尔的记述①来看，《关于费尔巴哈的提纲》的完成时间应是"1845 年春"。

1. 格奥尔基·巴加图利亚对《关于费尔巴哈的提纲》写作时间的推测

在发表于 1965 年的论文《〈关于费尔巴哈的提纲〉与〈德意志意识形态〉》（"'Тезисы о Фейербахе' и 'Немецкая идеология'"）中，格奥尔基·巴加图利亚（Georgij Bagaturia）将《关于费尔巴哈的提纲》的写作时间推定为 1845 年 4 月。他以马克思的《1844—1847 年记事本》中记载的排列顺序几乎无一例外地与写作顺序一致为由，对这一推定的依据进行

　＊　本章原载：《国外理论动态》2022 年第 5 期。本章系 2021 年 10 月 22 日武汉大学日本学者系列讲座第五讲的演讲稿，经作者授权发表。涩谷正：日本鹿儿岛大学经济学部。纪方雄：云南大学马克思主义学院。盛福刚：武汉大学哲学学院。

　①　恩格斯于 1845 年 4 月 17 日申请了布鲁塞尔的居留许可，因此应该早在数日前就已到达布鲁塞尔。

了如下说明。首先，记事本第 44 页记载的文献目录中包含以恩格斯的笔迹写下的书名，因此可推测该文献目录是恩格斯到达布鲁塞尔之后写下的。其次，在《关于费尔巴哈的提纲》之后附有标注了布鲁塞尔皇家图书馆图书分类编号的文献目录，该目录完成于马克思恩格斯前往英国旅行（1845 年 7 月 12 日）之前，由此可推断出《关于费尔巴哈的提纲》写于 1845 年 4 月 5 日至 1845 年 7 月 12 日之间。① 巴加图利亚认为应从这三个月的时间中去除 6 月和 7 月，他列举了以下三个理由：

第一，恩格斯记述的《关于费尔巴哈的提纲》写作时间并不单纯根据记忆，在记载写作时间时，他参考了放在手边的马克思的《1844—1847 年记事本》。记事本记载的内容包括：（1）封面和扉页；（2）巴黎时期的文献目录一；（3）巴黎时期的文献目录二；（4）关于黑格尔现象学和近代国家的备忘录；（5）巴黎时期的文献目录三；（6）"社会的诸问题"；（7）翻译社会主义者丛书的计划；（8）布鲁塞尔时期的文献目录一；（9）曼彻斯特旅行期间的文献目录一；（10）《关于费尔巴哈的提纲》；（11）布鲁塞尔时期的文献目录二；（12）曼彻斯特旅行期间的文献目录二；（13）与《哲学的贫困》第一章相关的备忘录。

第二，从记事本中《关于费尔巴哈的提纲》的位置来看，与其说《关于费尔巴哈的提纲》创作于马克思恩格斯赴英国旅行前不久，不如说创作于恩格斯到达布鲁塞尔后不久。也就是说，与 7 月初相比，《关于费尔巴哈的提纲》的写作时间更可能接近 4 月初的某个日期。在记事本中，马克思在《关于费尔巴哈的提纲》之后抄录了根据布鲁塞尔皇家图书馆图书目录编制的文献目录。该目录在记事本的第 58 - 73 页，多达 16 页。巴加图利亚认为，完成如此数量的文献目录需要很长时间，因此如果以《关于费尔巴哈的提纲》写于 1845 年 4 月 5 日至 7 月 12 日这一推断为前提，其写作日期应该更接近 4 月初。

第三，在巴加图利亚看来，《关于费尔巴哈的提纲》对于恩格斯而言意味着唯物史观的形成，它以批判黑格尔之后的德国观念论哲学的形式揭示了新的世界观。关于这一点，他引用了恩格斯的几处论述。首先是《路德维希·费尔巴哈和德国古典哲学的终结》序言开头部分的一段话："马克

---

① 《马克思恩格斯全集》德文版第 2 卷卷末年表将恩格斯到达布鲁塞尔的时间定为 1845 年 4 月 5 日以后，将马克思恩格斯去英国旅行的时间定为 1845 年 7 月 12 日左右。1934 年的这份年表将恩格斯移居布鲁塞尔的时间确定为 1845 年 4 月初左右，将马克思恩格斯前往英国旅行的时间确定为 1845 年 7 月 12 日左右至 8 月 21 日左右。

思在《政治经济学批判》（1859 年柏林版）的序言中说，1845 年我们两人在布鲁塞尔着手'共同阐明我们的见解'——主要由马克思制定的唯物主义历史观——'与德国哲学的意识形态的见解的对立，实际上是把我们从前的哲学信仰清算一下。'"① 除此之外，他还引用了恩格斯在《关于共产主义者同盟的历史》（1885 年）中的论述："1845 年春天当我们在布鲁塞尔再次会见时，马克思已经从上述基本原理出发大致完成了阐发他的唯物主义历史理论的工作，于是我们就着手在各个极为不同的方面详细制定这种新形成的世界观了。"② 巴加图利亚以恩格斯的这些论述为依据得出以下结论：1845 年春，恩格斯到达布鲁塞尔时，马克思向他阐述了唯物史观，而包含这一崭新世界观的天才萌芽的最初文本正是《关于费尔巴哈的提纲》。

综上所述，巴加图利亚推测《关于费尔巴哈的提纲》写于恩格斯到达布鲁塞尔后不久，即 1845 年 4 月。③

2. 英格·陶伯特对《关于费尔巴哈的提纲》写作时间的推测

针对巴加图利亚的推测，在发表于 1991 年的论文《卡尔·马克思和弗里德里希·恩格斯的〈德意志意识形态〉是如何形成的？》（"Wie entstand die Deutsche Ideologie von Karl Marx und Friedrich Engels?"）中，英格·陶伯特（Inge Taubert）对《关于费尔巴哈的提纲》的写作时间做出了不同的推测，其依据如下④：

第一，莫泽斯·赫斯对费尔巴哈的批判。首先，陶伯特提到了 1845 年 5 月出版的《新轶文集》（Neue Anekdota），其中刊载了赫斯的论文《论德国的社会主义运动》（"Über die sozialistische Bewegung in Deutschland"）。同年 5 月 14 日，马克思从卡尔·列斯凯（Carl Leske）处获得了这本论文集。在《关于德国的社会主义运动》中，赫斯首次较为全面地阐释了费尔巴哈哲学的意义，但也对费尔巴哈进行了细致入微的批判。在赫斯看来，费尔巴哈将宗教的客观本质规定为外化了的人的本质，进而将矛盾化约为个体与人的类本质之间的矛盾，并认为人的本质复归于个体自身的同一性。费

① 《马克思恩格斯文集》第 4 卷，第 265 页。

② 同上书，第 232 页。

③ 参见 Г. А. Багатурия，"'Тезисы о Фейербахе' и 'Немецкая идеология'，"*Научно-информационный бюллетень Сектора произведений К. Маркса и Ф. Энгельса*，No. 12，Москва，1965。

④ 参见 Inge Taubert，"Wie entstand die Deutsche Ideologie von Karl Marx und Friedrich Engels? Neue Einsichten, Pro-bleme und Streitpunkte，"*Schriften aus dem Karl-Marx-Haus*，Nr. 43，Trier，1991，S. 9 - 87。

尔巴哈的局限性在于，他并没有认识到货币的力量、货币所有权以及资产阶级社会中人的本质的外化问题，因此其哲学无法导向实践，亦即无法剖析社会生活中存在的缺陷。其次，陶伯特还提到了 1845 年 6 月出版的赫斯的小册子《最后的哲学家》（*Die letzten Philosophen*）。在这本小册子中，赫斯阐述了他关于黑格尔以后的哲学家的基本立场，认为布鲁诺·鲍威尔、麦克斯·施蒂纳和费尔巴哈的理论处于同等水平，因为他们都只是在理论上扬弃了个体与类的区别。在赫斯看来，理论层面的扬弃无法消解资产阶级社会中人在现实中的孤立。陶伯特指出，赫斯虽然批判了费尔巴哈哲学中有着致命缺陷的类概念，但是这种批判尚不充分。之所以这样说，是因为赫斯仍然从观念论层面来理解人的本质和社会主义，缺乏历史的维度。通过对赫斯的理论成果进行上述两个方面的探讨，陶伯特得出如下结论："赫斯的费尔巴哈批判，尤其是他的论著《最后的哲学家》，为马克思恩格斯系统审视包括费尔巴哈哲学在内的后黑格尔哲学奠定了基础。"[①]

第二，刊载于《维干德季刊》（*Wigands Vierteljahrsschritt*）第 2 卷（1845 年 6 月 25 日至 28 日出版）的费尔巴哈论文《因〈唯一者及其所有物〉而论〈基督教的本质〉》（" 'Ueber das Wesen des Christenthums' in Beziehung auf den 'Einzigen und sein Eigenthum' "）。陶伯特认为，马克思恩格斯十分关注费尔巴哈对施蒂纳的回复，然而费尔巴哈并没有提出具有说服力的反驳，他所述及的感性、类、人的本质不过是与社会现实相分离的、属于非历史的人本学范畴的概念。在陶伯特看来，费尔巴哈的论文显示："他完全没有做好准备吸收《神圣家族》中超越了他的唯物论的多种历史唯物主义线索。他拒绝了'物质'概念，直接证明了与此相反的存在。这也成为推动马克思恩格斯彻底批判后黑格尔哲学的契机。"[②]

第三，同时期哲学家对《神圣家族》的批判。首先，记事本第 53 页开头写有四行笔记，关于这四行笔记与《神圣家族》第六章第三节中的"（c）对法国革命的批判的战斗"及"（d）对法国唯物主义的批判的战斗"的关系，陶伯特在引用《神圣家族》中的叙述并详细溯源的基础上认为："《关于费尔巴哈的提纲》第一条之前的笔记直接指向从根本上评价法国、英国的唯物主义以及费尔巴哈的唯物主义、人本主义的《神圣家族》中的

---

①　Inge Taubert，"Wie entstand die Deutsche Ideologie von Karl Marx und Friedrich Engels? Neue Einsichten，Pro-bleme und Streitpunkte，" *Schriften aus dem Karl-Marx-Haus*，Nr. 43，Trier，1991，S. 25.

②　同上书，第 27 页。

诸项论述。"他进而指出："我确信，笔记完成于《神圣家族》出版之后，契机并不是这一著作本身的完成，而是同时期哲学家对这一出版物的回应。"① 陶伯特认为，同时期哲学家对《神圣家族》的回应是笔记写作的契机。所谓对《神圣家族》的回应，就是这些哲学家发表于 1845 年 3 月至 6 月的关于《神圣家族》的褒贬不一的评论意见。在陶伯特看来，《神圣家族》的批判者们明确否定了马克思恩格斯的"现实的人本主义"立场，他们认为马克思完全依赖费尔巴哈，所谓的"和人本主义相吻合的唯物主义"就是将费尔巴哈唯物主义中对"基于自然的现实的人"的承认拔高为新的信条；他们还判定马克思将从费尔巴哈那里继承而来的感性视为第一性的存在，并且信奉粗野的唯物主义，拒斥个人自由，否定历史中的精神活动和各种精神过程。陶伯特指出："在一定程度上，对《神圣家族》作者的这些批驳可被替换为这些批判者与费尔巴哈《未来哲学原理》的对立，他们认为两部著作的哲学观是完全相同的。"② 陶伯特认为，在批判《神圣家族》的意见中，"值得特别关注"的是古斯塔夫·尤利乌斯 (Gustav Julius) 在《维干德季刊》第 2 卷上发表的论文《可见的人间宗教与不可见的人间宗教的斗争，对批判的批判的批判所作的批判》。尤利乌斯拥护鲍威尔，称马克思为"费尔巴哈立场的继承者"，并揶揄马克思意欲将物质的人本主义及其预言者费尔巴哈推上神坛。尤利乌斯在论文中着力强调了马克思与费尔巴哈在理论上的同一性。对于《关于费尔巴哈的提纲》的写作契机，陶伯特指出："这篇论文和费尔巴哈对施蒂纳的批判性评论一起发表于《维干德季刊》第 2 卷，它将应当解决的问题尖锐化了。换句话说，有必要系统地阐明日益形成的科学社会主义与费尔巴哈的唯物主义及其人本主义的关系。因此，这直接成为马克思撰写《关于费尔巴哈的提纲》的最重要的契机。"③

　　基于以上三点论据，陶伯特对《关于费尔巴哈的提纲》的写作时间做出了如下推定："因此，总的来说，应当确立《关于费尔巴哈的提纲》的新日期。即要把 1845 年 3 月至 6 月同时期哲学家们对《神圣家族》的批判与古斯塔夫·尤利乌斯对《神圣家族》的批判联系起来。《维干德季刊》

---

① Inge Taubert, "Wie entstand die Deutsche Ideologie von Karl Marx und Friedrich Engels? Neue Einsichten, Pro-bleme und Streitpunkte," *Schriften aus dem Karl-Marx-Haus*, Nr. 43, Trier, 1991, S. 34.

② 同上书，第 35 页。

③ 同上书，第 36 页。

第 2 卷上发表的费尔巴哈的论文和 1845 年 5 月至 6 月发表的赫斯对费尔巴哈的批判，恐怕也是促使马克思写下《关于费尔巴哈的提纲》的具体的历史性动因。由此看来，《关于费尔巴哈的提纲》写于 1845 年 5 月中旬与 7 月初之间，很有可能是在 7 月初才得以完成的。"①

在陶伯特对《关于费尔巴哈的提纲》写作时间的推定中，所谓的 5 月中旬与马克思获得了刊有赫斯论文《关于德国的社会主义运动》的《新轶文集》（1845 年 5 月 14 日）有关②，而 7 月初则与刊载尤利乌斯和费尔巴哈论文的《维干德季刊》第 2 卷的出版时间（1845 年 6 月 25 日至 6 月 28 日）相吻合。

陶伯特表示，赫斯对费尔巴哈的批判构成了"马克思反思包括费尔巴哈在内的后黑格尔哲学的出发点"。另外，刊载于《维干德季刊》第 2 卷的费尔巴哈和尤利乌斯的论文，使马克思认识到有必要系统地阐述科学社会主义与费尔巴哈的唯物论及人本主义的关系，这是"写作《关于费尔巴哈的提纲》的最为重要的直接契机"。若果真如此，那么《关于费尔巴哈的提纲》的写作时间就一定是《维干德季刊》第 2 卷出版之后，即 1845 年 6 月末之后。而且，要是考虑到获得及批判性阅读《维干德季刊》的时间，写作很有可能会推迟到 1845 年 7 月初。③

———————————

①　Inge Taubert，"Wie entstand die Deutsche Ideologie von Karl Marx und Friedrich Engels? Neue Einsichten，Pro-bleme und Streitpunkte，" *Schriften aus dem Karl-Marx-Haus*，Nr. 43，Trier，1991，S. 37.

②　关于马克思获得《新轶文集》的时间，陶伯特参考的是 1845 年 5 月 14 日列斯凯写给马克思的信。信后附有如下论述："我把《新轶文集》随本信一同附送给您，恳请您为本书做广告。"（MEGA² Ⅲ/1，S. 465）陶伯特认为，《新轶文集》是"马克思于 5 月 14 日从列斯凯处获得的"，然而居住在达姆施塔特的列斯凯写给马克思的信的落款时间为 1845 年 5 月 14 日，因此身处布鲁塞尔的马克思是在 5 月 14 日之后收到该信以及随信附送之《新轶文集》的。

③　在日本，对于《关于费尔巴哈的提纲》的写作时间，广松涉的推测与恩格斯所说的"1845 年春"不同。广松涉认为："必须通过文献学层面的分析，考证……写有《关于费尔巴哈的提纲》的记事本的写作时间点。"为了推定写作时间，他提供了若干文本"线索"。"在不影响装订的前提下，恩格斯在《关于费尔巴哈的提纲》之前的空白处留下了自己的笔迹（顺便说一句，他于 1845 年 4 月在布鲁塞尔与马克思会合），其中有赫斯的名字，列表中的英文书籍（顺便说一句，马克思刚搬到布鲁塞尔时还看不懂英文，靠的是法文翻译）以及记事本的最后一部分是为《哲学的贫困》（1847 年出版）做准备等字样。"在上述举证之后，广松涉总结说："我认为，《关于费尔巴哈的提纲》并非写于 1845 年前半年，后半年的可能性更大。"（廣松涉：『マルクスの思想圏』，朝日出版社 1980 年版，第 219－220 页）此外，在增补版《马克思主义的形成过程》的"选编版后记"中，广松涉认为《关于费尔巴哈的提纲》写于"1945 年秋天的可能性很大"（廣松涉：『增補マルクス主義の成立過程』，至誠堂 1984 年版，第 339 页），这就进一步缩小了之前的推测范围，但却没能说明支撑这一新推测的根据。只能说，他虽然列举了其推定写作时间的"线索"，但对于这些"线索"为何是 1845 年"后半年"乃至"1845 年秋"，他的依据依然含糊不清。并且，虽然广松涉提到了"在不影响装订的前提下"，但是《1844—1847 年记事本》并非手工制作，而是工业制成品，"装订"是不可能被"影响"的。

3. MEGA² Ⅳ/3 卷对《关于费尔巴哈的提纲》写作时间的推测

在 MEGA² Ⅳ/3 卷出版前的 1995 年，编者柳德米拉·瓦西娜（Lud-mile Vasina）在《对涩谷/大村的回答：马克思的〈1844—1847 年记事本〉和 MEGA² Ⅳ/3 卷对记事本的编辑》（"Replik auf Shibuya/Omura：Marx' Notizbuch von 1844/47 und seine Edition im MEGA2-Band Ⅳ/3"）一文中对陶伯特的推定提出了质疑。瓦西娜一方面肯定了陶伯特的工作，认为"她对杂志刊载的关于《神圣家族》的评论进行了细致的分析，为解析后黑格尔哲学提供了详尽的背景材料"；另一方面又"对陶伯特所说的《关于费尔巴哈的提纲》完成于 1845 年 5 月中旬至 7 月初甚至完成于 7 月初的推断不敢苟同"①。

瓦西娜认为，马克思在《关于费尔巴哈的提纲》之前撰写的《布鲁塞尔笔记》（曼彻斯特旅行期间的手稿第 44 页和第 52 页除外）完成于 1845 年 2 月至 4 月初。该推定的根据如下：（1）记事本第 32 页记录着卡尔·古斯达夫·迈因茨（Karl Gustav Maynz）的名字和事务所，说明马克思于 1845 年 2 月 7 日在迈因茨的事务所填写了比利时居留申请书。（2）记事本第 33 页记录有与《外国杰出的社会主义者文丛》（*Library of the Best Foreign Socialist Writers*）相关的计划草案，根据马克思恩格斯的往返信件，这一草案完成于 1845 年 3 月 8 日至 15 日。（3）记事本第 36 - 43 页的文献目录记下了能够确定出版日期的书籍，瓦西娜列举了以下几本：记录在第 36 页的 1845 年 3 月出版的雅克-勒内·阿贝尔（Jacques-René Hébert）的《富人的奴役状态》，记录在第 37 页的 1845 年 4 月下旬出版的沙尔·杜诺瓦耶（Charles Dunoyer）的《论劳动自由》（*De la liberté du travail*）；第 43 页虽然只记有"托雷"这一人名，但这应该是指泰奥菲尔·托雷（Théophile Thoré）于 1845 年 5 月出版的著作《关于自由的研究》（*La Recherche de la Liberté*）。如果根据杜诺瓦耶和托雷著作的出版时间，写于《关于费尔巴哈的提纲》之前的笔记的最终完成时间并非瓦西娜所说的 1845 年 4 月初，而只能是 5 月。事实上，MEGA² Ⅳ/3 卷根据上述三部著作的出版时间推测，记事本第 36 - 43 页

---

① Ludmila Vasina，"Replik auf Shibuya/Omura：Marx' Notizbuch von 1844/47 und seine E-dition im MEGA2-Band Ⅳ/3," *Beiträge zur Marx-Engels-Forschung. Neue Folge*，Hamburg，1995，S. 198.

的文献目录写于 1845 年 3 月中旬至 5 月初。（4）瓦西娜认为，记事本第
47 页记有赫斯、菲力浦·邦纳罗蒂（Philippe Buonarotti）和泰奥多尔·
德萨米（Théoddre Dézamy）等人的名字，这些人名与翻译社会主义者的
丛书有关。瓦西娜据此推测，这些笔记是恩格斯到达布鲁塞尔后与马克思
探讨这一问题后写下的。

《关于费尔巴哈的提纲》之后的第 58-73 页同样记有文献目录，瓦西
娜认为这份目录无疑也是马克思前往曼彻斯特旅行之前在布鲁塞尔完成
的，因为它是根据布鲁塞尔皇家图书馆的图书目录编制而成的。瓦西娜据
此推测，这份目录附于《关于费尔巴哈的提纲》之后，因而实际上写于
《关于费尔巴哈的提纲》之后。

在列举了上述证据后，瓦西娜对《关于费尔巴哈的提纲》的写作时间
做出了如下推断："我们认为，布鲁塞尔的文献目录并非完成于他即将启
程前往英国旅行之际，因为这次旅行是马克思此前进行的约两个月的学术
研究的结果。在得知布鲁塞尔没有可以引起他关注的英国经济学最新著作
之后，马克思才在恩格斯逗留布鲁塞尔期间（1845 年 4 月后半期至 5 月
初）与恩格斯一起计划去曼彻斯特旅行。这进一步让人怀疑《关于费尔巴
哈的提纲》是在英国旅行前——7 月的最初几天——写成的这一说法。正
因为如此，MEGA² IV/3 卷接受了恩格斯所说的 '写于 1845 年春' 这一
时间点，我们认为具体应该在 1845 年 4 月后半期至 5 月初。"①

MEGA² IV/3 卷出版于 1998 年，瓦西娜也参与了编辑工作。在《附
属材料》（Apparat）卷收录的 "形成与来历" 的考证中，瓦西娜对《关
于费尔巴哈的提纲》的写作时间和写作契机进行了简洁而令人印象深刻的
阐述："恐怕这些提纲是马克思在恩格斯到达布鲁塞尔之后写的，也许是
在 1845 年 4 月，甚至可能更晚，但不太可能写于 1845 年 6 月之后……提
纲的形成可能与马克思计划对黑格尔以后整个德国哲学进行批判有关……
其直接契机是恩格斯到达并逗留布鲁塞尔期间他们与海尔曼·克利盖
（Hermann Kriege）的论争。"②

瓦西娜在论文中推定《关于费尔巴哈的提纲》的写作时间为 "1845
年 4 月后半期至 5 月初"。MEGA² IV/3 卷认为，《关于费尔巴哈的提纲》

---

① Ludmila Vasina, "Replik auf Shibuya/Omura: Marx' Notizbuch von 1844/47 und seine E-
dition im MEGA2-Band IV/3," Beiträge zur Marx-Engels-Forschung. Neue Folge, S. 199-200.
② MEGA² IV/3, S. 490-491.

写于"1845 年 4 月"或"更晚",但"不太可能写于 1845 年 6 月之后"。然而,无论是瓦西娜还是 MEGA² Ⅳ/3 卷,都明确否认了陶伯特关于《关于费尔巴哈的提纲》写作于 1845 年 7 月初的推断。此外,MEGA² Ⅳ/3 卷还指出,《关于费尔巴哈的提纲》写作的直接契机是马克思与克利盖的论争,这一点值得学界关注。

MEGA² Ⅳ/3 卷"形成与来历"中的引文标有参见《附属材料》卷中的"序言"(Einführung)的说明。因此,我们有必要考察一下这个"序言"。"序言"认为马克思恩格斯与克利盖的对立是因为马克思认识到了批判费尔巴哈的必要性,并将此视作马克思撰写《关于费尔巴哈的提纲》的契机,因此可以在他们与克利盖论争的脉络中推断《关于费尔巴哈的提纲》的写作时间。

"序言"指出,1845 年 2 月 20 日前后,克利盖来到布鲁塞尔;而在这之前的 1 月初,克利盖去过费尔巴哈那里,费尔巴哈明确向克利盖表明自己信奉共产主义。MEGA² Ⅳ/3 卷认为,在克利盖从巴门(恩格斯的住所)启程前往布鲁塞尔的一天后,恩格斯收到了费尔巴哈寄来的信,这封信多多少少降低了恩格斯对费尔巴哈的期待。恩格斯在 1845 年 2 月 22 日至 3 月 7 日写给马克思的信中介绍了费尔巴哈来信的内容:"费尔巴哈说,他首先要彻底清除宗教垃圾,然后才能好好研究共产主义,以写文章来捍卫共产主义;他还说,他在巴伐利亚与全部生活完全隔绝,以致无法做到这一点。另外他又说,他是共产主义者,因此对他来说,问题只在于如何实行共产主义而已。"① MEGA² Ⅳ/3 卷对这段文字的解释是:"马克思后来将数月前自己与费尔巴哈的关系描述为'费尔巴哈崇拜',而这说明他已从关于费尔巴哈的迷梦中觉醒。"②

MEGA² Ⅳ/3 卷在阐明马克思恩格斯对费尔巴哈的失望后,又论述了马克思恩格斯与克利盖的对立以及其中涉及的对费尔巴哈的批判。毫无疑问,克利盖前往布鲁塞尔之前(4 月中旬)收到了费尔巴哈的来信,并写了回信。MEGA² Ⅳ/3 卷认为,从 1845 年 4 月 18—19 日的回信中可以清楚地看到,费尔巴哈批驳了"社会主义者为实现他们的理念而采取的方法"。

此外,这封回信还记载了马克思与克利盖的对立:"马克思把一切宗

---

① 《马克思恩格斯全集》第 47 卷,人民出版社 2004 年版,第 343 页。

② MEGA² Ⅳ/3, S. 475 – 476.

教关系扬弃为现实关系……他主张用物质上的自我异化取代精神上的自我异化，因此，他首先要同私有制作斗争……他的口号如下。向人们启蒙他们物质上的贫困及其原因吧。这样一来，宗教的污物就会自行清除。我完全反对那篇文章。从人们那里剥离宗教吧。那样的话……他们就能用清澈的眼睛看世界。"①

同时，克利盖还对被他称为"真正的神学家"和"真正的策士"的"社会主义者"进行了批判："他们完全不了解当地和人们的具体情况，因而不仅制定了别具一格的理论体系，甚至拟定了现实的斗争计划。他们希望自己是人道主义者，极力反对把无产者变成机器，尽管如此，他们对人持有一种无聊的物质主义的见解，以至于他们所承认的人本身不存在于任何地方。"②

MEGA² Ⅳ/3 卷指出："克利盖在信中虽然没有明确提到恩格斯，但毫无疑问的是，1845 年 4 月中旬恩格斯来到布鲁塞尔时肯定加入了那场异常激烈的论争。" MEGA² Ⅳ/3 卷依据这场论争与费尔巴哈的关系以及《关于费尔巴哈的提纲》的写作契机，推断出《关于费尔巴哈的提纲》的写作时间："在这些论争中，费尔巴哈的信没有成为学界研究的课题，几乎没有人对此进行过研究。马克思恩格斯也像对待克利盖一样，清楚地认识到他们与费尔巴哈的对立。与费尔巴哈划清界限的意图似乎很快就以对黑格尔之后的整个德国哲学进行批判的形式得到实施。关于这一计划，马克思于 1859 年在《〈政治经济学批判〉序言》中写道：'当 1845 年春他也住在布鲁塞尔时，我们决定共同阐明我们的见解与德国哲学的意识形态的见解的对立，实际上是把我们从前的哲学信仰清算一下。'③ 或许正是因为这个计划，马克思写下了著名的《关于费尔巴哈的提纲》，最终的理论成果则体现为《德意志意识形态》。MEGA² Ⅳ/3 卷首次翔实地再现了马克思在《1844—1847 年记事本》中写下《关于费尔巴哈的提纲》时的思想脉络。所有线索都表明，马克思是在恩格斯于 1845 年 4 月中旬到达布鲁塞尔之后（也许是在 4 月中旬，或许更晚，但无疑是在他于皇家图书馆开展研究工作前）写下的那份提纲。就像他在那里写下书目清单一样，与清单并列记下的《布鲁塞尔笔记》第三和第四笔记本的摘要肯定也是在英国旅行前完成的，因此《关于费尔巴哈的提纲》并非写于 6 月之后。"④

---

① MEGA² Ⅳ/3, S. 476 - 477.
② 同上书，第 477 页。
③ 《马克思恩格斯文集》第 2 卷，第 593 页。
④ MEGA² Ⅳ/3, S. 477 - 478.

　　换句话说，MEGA² Ⅳ/3 卷认为，费尔巴哈 1845 年 3 月写给恩格斯的信导致马克思对费尔巴哈感到失望，进而意识到在他与 1845 年 2 月至 4 月中旬滞留在布鲁塞尔的克利盖的对立背后，是与费尔巴哈的对立。

　　恩格斯写给马克思的信促使"马克思从关于费尔巴哈的迷梦中觉醒"；"费尔巴哈的信没有成为学界研究的课题"简直是无法想象的；在马克思与"克利盖的对立背后，是与费尔巴哈的对立"。不得不说，MEGA² Ⅳ/3 卷的上述论述仅仅停留于推测，没有切实的论据，因为在 1845 年 4 月这一时间节点，尚未发现马克思批判费尔巴哈的明确言论。此外，从克利盖回复费尔巴哈的信来看，马克思与克利盖之间无疑存在着明显的分歧。而且，恩格斯在 1845 年 2 月 22 日至 3 月 7 日写给马克思的信中说："你收到这封信时，克利盖恐怕已经到你那里了。这家伙是一个出色的鼓动家，他会告诉你许多关于费尔巴哈的事。"① 无论如何，费尔巴哈的信应该成为学界关注的课题。问题的关键在于：与克利盖的对立是否构成了马克思恩格斯批判费尔巴哈的直接契机？

　　另外，此前引自 MEGA² Ⅳ/3 卷的"或许正是因为这个计划，马克思写下了著名的《关于费尔巴哈的提纲》，最终的理论成果体现为《德意志意识形态》"一段话所附的脚注尤为重要，该脚注强调："特别值得注意的是，马克思不仅将单个提纲编号，而且将《关于费尔巴哈的提纲》的各项内容作为一个整体编号为'（1）'，这表明，他有为其他哲学家撰写此类提纲的意图。"②

二、重新审视《关于费尔巴哈的提纲》的写作时间

　　《关于费尔巴哈的提纲》写作时间的问题，换句话说就是马克思批判费尔巴哈的意图是如何产生的问题。如前文所示，陶伯特认为赫斯对费尔巴哈的批判，特别是他的著作《最后的哲学家》，构成了马克思反思包括费尔巴哈在内的后黑格尔哲学的出发点。尤利乌斯和费尔巴哈的论文一起刊载于《维干德季刊》第 2 卷，将"应当解决的问题尖锐化了"，成为促使马克思撰写《关于费尔巴哈的提纲》的"最为重要的直接契机"。在陶

---

　　① 《马克思恩格斯全集》第 47 卷，第 343 页。

　　② MEGA² Ⅳ/3, S. 478，Anm. 107.

伯特看来，《关于费尔巴哈的提纲》写作于赫斯论文公开发表的 1845 年 5 月至刊载尤利乌斯和费尔巴哈论文的《维干德季刊》第 2 卷出版的 1845 年 7 月之间。另外，基于尤利乌斯的论文是马克思写作《关于费尔巴哈的提纲》的直接契机这一判断，陶伯特将《关于费尔巴哈的提纲》的写作时间限定于 1845 年 7 月初。

与陶伯特不同，MEGA^2 Ⅳ/3 卷认为，马克思与克利盖的对立构成了批判费尔巴哈的契机，使马克思恩格斯认识到他们"与克利盖的对立背后，是与费尔巴哈的对立"，《关于费尔巴哈的提纲》的写作时间可以追溯到恩格斯到达布鲁塞尔后的 1845 年 4 月。基于上述推测，笔者将重新考察马克思走向批判费尔巴哈的思想历程。

在《神圣家族》中，马克思恩格斯高度评价了费尔巴哈，认为他揭示了"和人本主义相吻合的唯物主义"。在《神圣家族》第六章第三节的"(d) 对法国唯物主义的批判的战斗"中有如下表述："**费尔巴哈在理论**领域体现了和**人道主义**相吻合的**唯物主义**，而法国和英国的**社会主义**和**共产主义**则在**实践**领域体现了这种和人道主义相吻合的唯物主义。"① 在这里，费尔巴哈被马克思恩格斯评价为像法国和英国的社会主义、共产主义一样揭示了"和人本主义相吻合的唯物主义"，然而，与法国和英国的社会主义、共产主义在实践领域揭示这种理论不同的是，《神圣家族》将费尔巴哈的贡献限定于仅在"理论领域"阐释了"和人本主义相吻合的唯物主义"。

马克思恩格斯在"(d) 对法国唯物主义的批判的战斗"中有如下表述："**法国唯物主义有两个派别**：一派起源于**笛卡儿**，一派起源于**洛克**。"② 此节详细论述了这两个唯物主义派别的发展，并在节末处指出："成熟的共产主义也是**直接起源于法国唯物主义**的"③。也就是说，马克思恩格斯断定英国和法国的共产主义起源于法国唯物主义。

在《神圣家族》第六章第三节的"(f) 绝对批判的思辨循环和自我意识的哲学"中，马克思恩格斯认为大卫·施特劳斯与鲍威尔"之中无论哪一个都只是代表了黑格尔体系的**一个方面**"④。其后，关于费尔巴哈，他们有如下表述："只有**费尔巴哈**才立足于**黑格尔的观点**之上而结束和批判

---

① 《马克思恩格斯文集》第 1 卷，第 327 页。
② 同上。
③ 同上书，第 335 页。
④ 同上书，第 342 页。

了**黑格尔**的体系，因为费尔巴哈消解了形而上学的**绝对精神**，使之变为**'以自然为基础的现实的人'**；费尔巴哈完成了**对宗教的批判**，因为他同时也为**批判黑格尔的思辨以及全部形而上学**拟定了博大恢宏、堪称典范的**纲要。**"①

此时，马克思恩格斯认为费尔巴哈终结了德国哲学和宗教批判。费尔巴哈虽然揭示了"和人本主义相吻合的唯物主义"，但其哲学至多不过是作为德国哲学和宗教批判的终结而仅仅停留于"理论领域"，它起源于法国唯物主义，但却区别于在"实践领域"揭示了"和人本主义相吻合的唯物主义"的英国和法国的社会主义、共产主义。

1844 年 8 月 11 日，马克思在写给费尔巴哈的信中称赞说："您的《未来哲学》和《信仰的本质》尽管篇幅不大，但它们的意义，却无论如何要超过目前德国的全部著作。在这两部著作中，您（我不知道是否有意地）给社会主义提供了哲学基础"②。就此，马克思恩格斯将费尔巴哈的著作与社会主义联系了起来。但是，在《神圣家族》中，马克思恩格斯通过考察法国唯物主义，明确将在"实践领域"揭示了"和人本主义相吻合的唯物主义"的英国和法国的社会主义、共产主义同仅在"理论领域"揭示了唯物论的费尔巴哈对峙起来。因此，笔者认为，《关于费尔巴哈的提纲》中对费尔巴哈的批判，即"不了解'革命的'、'实践批判的'活动的意义"③（第一条），早在写作《神圣家族》阶段就开始孕育和萌芽了。

在 1845 年马克思与恩格斯的往来书信中，我们可以通过 2 月 22 日至 3 月 7 日恩格斯写给马克思的信获悉关于费尔巴哈的信息。如前文所述，恩格斯向身居布鲁塞尔的马克思告知了克利盖即将来访的消息，另外还介绍了费尔巴哈写给恩格斯的信件的内容。④ 而且，恩格斯期待着费尔巴哈的来访："今年夏天他可能到莱茵省来，然后他也应该去布鲁塞尔，届时我们要设法劝他去。"⑤

1845 年 2 月 20 日左右至 4 月中旬，克利盖在布鲁塞尔逗留，在此期间，他与马克思发生了争执。1845 年 2 月 18—19 日，克利盖写信给费尔巴哈，对"我们这些乐天派的朋友"做出了如下批判："关于这一点，

---

① 《马克思恩格斯文集》第 1 卷，第 342 页。
② 《马克思恩格斯全集》第 47 卷，第 73 页。
③ 《马克思恩格斯文集》第 1 卷，第 499 页。
④ 1844 年 2 月 22 日之前恩格斯写给费尔巴哈的信以及费尔巴哈的回信都没有留存下来。
⑤ 《马克思恩格斯全集》第 47 卷，第 343 页。

我本来没有与你不和的意思，不仅如此，我还可以告诉你，我几乎每天都把同样的想法传递给我们这些乐天派的朋友。我对他们补充说，与产业的迅猛发展相对应的国民经济学的态势必然会逐渐导向私有制的解体。另外，我还对他们补充说，理论上的启蒙会显著带来并加速其崩溃。我最后对他们讲，畸形、疾病、严重的死亡等都会成为我们的助力。但是，所有这一切并没能阻止他们关于即将到来的社会革命的政治判断。"①

虽然没有在马克思这一时期的论著中发现他与克利盖论争的记录，但从上述文本中可以窥知，克利盖与被他称为"乐天派的朋友"的"社会主义者"之间的论争异常激烈。克利盖向费尔巴哈说明了他在与"社会主义者"论争过程中的态度，认为"没能阻止他们关于即将到来的社会革命的政治判断"。恩格斯曾在《关于共产主义者同盟的历史》中指出："1845 年春天当我们在布鲁塞尔再次会见时，马克思已经从上述基本原理出发大致完成了阐发他的唯物主义历史理论的工作"②。若恩格斯的论述为真，那么马克思就在与试图"阻止他们关于即将到来的社会革命的政治判断"的克利盖的论争中，凭借大致完成了的唯物主义历史理论批判了克利盖。笔者认为，通过与克利盖的论争，马克思迫切需要通过新获得的唯物主义历史理论来批判旧有的理论。作为批判对象的理论中就包括"不了解'革命的'、'实践批判的'活动的意义"的费尔巴哈的唯物论。

此外，这一时期已经陆续出现了针对费尔巴哈的批判。赫斯在《最后的哲学家》中谈及了费尔巴哈，而马克思在这本书出版之前就已知晓。1845 年 1 月 17 日，赫斯在写给马克思的信中说："我在书中还论及了费尔巴哈的《未来哲学原理》，我认为它是一种现代（但在德国，现代尚且是一种未来）的哲学，以它为标志，我明确指出宗教和哲学的进程已经终结，整部书将以《最后的哲学家》命名。"③

早在《最后的哲学家》出版之前，赫斯就曾在《新轶文集》中收录的《关于德国的社会主义运动》④ 一文中谈到过费尔巴哈，并对其进行过如下批判："人的本质……是社会存在，是不同的个人为了同一个目的、为

---

① Ludwig Feuerbach, *Gesammelte Werke*, *Bd. 19*, hrsg. von Werner Schuffenhauer, Berlin, 1996, S. 19.

② 《马克思恩格斯文集》第 4 卷，第 232 页。

③ MEGA² Ⅲ/1, S. 450.

④ 论文末尾写有"科隆，1844 年 5 月"，这篇文章写于公开发表前的一年。

了完全相同的利害关系共同协作，它是关于人的真正学说，真正的人本主义是关于人的社会性的学说。换言之，人本学就是社会主义。因此，可以用规定神的本质相同的方式规定货币的本质，也就是说，货币的本质同样是人类所具有的超越性的、在实践中外化了的本质，这是不言自明的。然而，费尔巴哈并未得出这一实践结论。这是为什么呢？因为，费尔巴哈虽然发现人的最高本质不是作为个人的人，而是不同个人之间的协作，但是，这样一来人们就只能在思维中本质性地反思自身的类行为。"①

在这里，赫斯批评费尔巴哈只是在思维中揭示了作为不同的个人进行协作的"类行为"，从而将费尔巴哈的功绩限定在"理论领域"，就此来看，他批判费尔巴哈的视角与《神圣家族》相同。

赫斯在《最后的哲学家》中使用了与此前写给马克思的信中相近的语言对费尔巴哈展开批判："费尔巴哈的《未来哲学原理》不过是现代的哲学。但是，这个所谓的现代，对于德国人来说依然是一种未来、一种理性。……例如，费尔巴哈说，必须克服、否定、实现哲学本身。然而，如何做到呢？关于这一点，与现代国家一样，费尔巴哈陷入了与自身的矛盾。有的时候，他将'现实的'人理解为市民社会中个别的个人，又将'现实'理解为市民社会的法、市民社会的婚姻、市民社会的所有制形式中'恶的现实'；有的时候，他向片面狭隘的个人主义、实践的利己主义表达敬意；还有的时候，他预设了社会的人、'类的人'、'人的本质'，并且设定了这种本质潜在于认识到这一本质的个人身上。这是何等的哲学妄想、现代国家的智慧呀。这是因为，只有在人人都能相互协作、相互发挥能力、相互承认的社会中，人的类本质才能得到实现，只有社会主义才能解决这个矛盾。"②

赫斯认为，费尔巴哈的哲学陷入了市民社会中个别的个人与人的类本质之间的矛盾。虽然赫斯在这些论文中开始对费尔巴哈进行批判，但他并没有立足于《德意志意识形态》中的"费尔巴哈"章所阐述的唯物史观来批判费尔巴哈。相较于赫斯对费尔巴哈的批判，对于马克思而言最重要的课题是，立足于恩格斯所说的1845年春"大致完成了"的唯物史观来批判费尔巴哈。

---

① Moses Hess, *Philosophische und sozialistische Schriften 1837 – 1850*, Eine Auswahl, Herausgegeben und eingeleitet von Wolfgang Mönke, Zweite, bearbeitete Auflage, 1980, S. 293 – 294.

② 同上书，第384页。

三、结语

　　为了准确推定《关于费尔巴哈的提纲》的写作时间，有必要重新回顾它在马克思的《1844—1847 年记事本》中的记载状态。附在《关于费尔巴哈的提纲》后面的记事本第 58 - 73 页，记有根据布鲁塞尔皇家图书馆图书目录编制而成的文献目录。关于这份文献目录，瓦西娜指出："布鲁塞尔的文献目录并非完成于他即将启程前往英国旅行之时，因为这次旅行是马克思在此之前进行的约两个月的学术研究的结果。"文献目录最初是用铅笔写的，其中一部分用墨水重新描写了一遍，即在已经用铅笔写好的文字上再用墨水描写，这是记事本的特点。记载文献目录的笔迹很潦草，马克思似乎急于记录文献信息。根据笔者推测，可能是马克思意识到写完《关于费尔巴哈的提纲》后有必要研究国民经济学，所以加快了记载的速度。补充一下，1845 年 2 月 1 日，马克思与列斯凯签订了两卷本著作《政治和国民经济学批判》的出版合同。

　　虽然字迹潦草，但这份文献目录所占篇幅多达 16 页。每条文献后都附有皇家图书馆图书目录的分类编号，但这些分类编号并非全都按照顺序排列。例如，从分类号 4828 跳跃到 3866，返回到了之前的编号，这说明马克思在选择文献上花费了大量精力。根据笔者推测，记载多达 16 页的文献目录耗费了马克思相当长的时间。

　　陶伯特推断《关于费尔巴哈的提纲》的写作时间"最早也要到 1845 年 7 月初"，显然她没有将撰写文献目录的时间考虑在内。这份文献目录排列在完成于曼彻斯特的那份文献目录之前，即完成于马克思恩格斯在 1845 年 7 月上旬出发前往英国之前。因此，若是考虑到在布鲁塞尔编制文献目录的时间，陶伯特将排列在这份文献目录之前的《关于费尔巴哈的提纲》的写作时间推断为 1845 年 7 月初是有失妥当的。虽然无法确定这份长达 16 页的文献目录的具体写作时间，但是如果说《关于费尔巴哈的提纲》写于 1845 年 4 月中旬恩格斯到达布鲁塞尔之后，再将编制文献目录的时间纳入其中综合考虑的话，笔者认为，《关于费尔巴哈的提纲》的写作时间应该在恩格斯到达布鲁塞尔不久后的某一天，即 1845 年 4 月中旬，最迟不会超过 5 月末。

　　总而言之，在与克利盖发生论争以及赫斯对费尔巴哈进行批判的背景下，对于正在形成新的历史理论的马克思来说，批判费尔巴哈的必要性愈发凸显。马克思本人曾在《〈政治经济学批判〉序言》中指出："当 1845 年春他（恩格斯。——引者注）也住在布鲁塞尔时，我们决定共同阐明我们的见解与德国哲学的意识形态的见解的对立，实际上是把我们从前的哲学信仰清算一下。这个心愿是以批判黑格尔以后的哲学的形式来实现的。"① 换句话说，1845 年春以后，马克思恩格斯共同创立了唯物史观。《关于费尔巴哈的提纲》便是在这一过程中写就的，通过批判费尔巴哈以及对国民经济学研究的不断深入，马克思的思想实现了飞跃。

---

① 《马克思恩格斯文集》第 2 卷，第 593 页。

第 12 章 《资本论》法文版：一部具有独立科学价值的著作 *

阿利克斯·布法尔 亚历山大·费龙 纪饶姆·丰迪/文 赵超/译

　　《资本论》法文版的翻译工作从 1871 年持续至 1876 年，一共用了五年时间。在这个时期，法国重新成为欧洲革命运动的主要阵地。1871 年 5月，巴黎公社遭到凡尔赛军队的镇压：在经历了悲壮的"流血周"之后，幸免于难的公社社员流落到欧洲各地，而当时整个欧洲的共和制也都沦落在君主主义者手中。在这场人民革命中成为主力军的工人、记者、知识分子、社会主义者、共产主义者和无政府主义者，不得不将英国、西班牙和瑞士视为他们的临时避难所。同样是在这个时期，马克思成为新闻政治的重要参与者，并在阐释巴黎公社的意义、领导第一国际、出版《资本论》、开创共产主义事业等方面发挥了积极作用。这也使他声名远扬，广受敬仰。

　　虽然在 1980 年至 2008 年的近 30 年间，马克思的名字及著作在西方一度黯然失色，但他总是能够在资本主义暴露出其制度局限与固有矛盾的时候重现于政治舞台和学术领域。2008 年以来，在全球范围内，特别是在发达国家中，次贷危机的爆发和不平等问题的加剧再次使马克思这位《资本论》的作者备受关注。在 2018 年马克思诞辰 200 周年之际，法国外贸银行分析师帕特里克·阿蒂斯（Patrick Artus）在一篇报告中写道：

---

　　* 本章原载：《国外理论动态》2021 年第 2 期。原文来源：Alix Bouffard, Alexandre Feron et Guillaume Fondu, *Le Capital 1*, *présentation*, *commentaires et documents*（Paris：Les Éditions sociales, 2018）。阿利克斯·布法尔（Alix Bouffard）：法国斯特拉斯堡大学哲学系。亚历山大·费龙（Alexandre Feron）：法国巴黎第一大学哲学系。纪饶姆·丰迪（Guillaume Fondu）：法国雷恩第一大学哲学系。赵超：中共中央党史和文献研究院信息资料馆。

"当今资本主义的发展动力早已为马克思所预言。"① 在《资本论》中，我们可以读到关于这一动力的阐释。

一、关于资本主义的哲学叙事

自青年时代开始，马克思就一直关注对资本主义社会的批判，而《资本论》是他将这一关注落实到笔头的最为成功的文本。1818 年，马克思出生于德国小城特里尔。19 世纪 40 年代，在完成了柏林大学哲学专业的学业之后，他开始了将政治学和哲学激进化的历程。在巴黎，他着手研究法国的工人革命运动和英国的政治经济学，这两部分内容同德国哲学一道，在后来被统称为"马克思主义的三大来源"。从他在这一时期撰写的著作《1844 年经济学哲学手稿》中，我们可以发现马克思开展"政治经济学批判"研究计划的雏形。马克思原本希望在几个月内完成这一计划，但这最终成为他为之奋斗终身的事业。1867 年，马克思出版了政治经济学批判的第 1 卷，并将其命名为《资本论》。之后，马克思又花了 17 年时间撰写第 2 卷和第 3 卷，这两卷在他去世后由恩格斯整理出版。不过，《资本论》第 1 卷的撰写工作并非一帆风顺的、单纯的哲学活动：马克思终日浸泡在图书馆里潜心阅读那个年代的科学著作，同时还不得不应对艰难的生存条件和慢性疾病的困扰；他还深度参与到当时的政治斗争中，特别是 1864 年国际工人协会的创建。

马克思认为，必须到政治经济学中去探寻批判资本主义社会的要义。作为研究人类社会在日常生活中的生产和再生产进而改善人类生存条件的一种方式，政治经济学为考察人类本身及其历史提供了非常重要的视角。马克思的研究并非任何类型的理想主义杜撰，而是将人类置于人与人的关系以及人与为其提供生存方式的物质世界的关系之中进行思考。在马克思看来，这就是古典政治经济学的伟大之处。然而，经济学家们并没有在这一研究领域花费太多时间，他们要么为了找寻所谓社会生产的一般规律而否认自身目的的历史性（古典经济学就是这样做的），要么拒绝承认社会生产的固有属性，只是将其视为自由而满足的个体之间简单交易的和谐产物（马克思称之为庸俗经济学）。

---

① *Flash Économie*，n° 130，2 février 2018.

　　马克思的目的并非简单地了解资本主义生产方式的运行机制，而是力求发挥哲学的作用，创造出一种层层递进的批判方式，以便对引导世界有组织地走向共产主义的历史运动进行深入的阐释。马克思认为，我们对社会领域的所谓"客观"认识事实上是一种异化的征兆：社会领域的活动产生于人类活动，但却摆脱了人类，由于缺乏控制，它开始根据人类无法掌控的机制和规律运转。于是，社会领域的活动逐渐呈现为一种近似自然的、具有不可抗规律的形态，人们只能遵从这种"市场规律"。在《资本论》中，马克思对这种异化进行了描述。商品、货币、资本等社会活动所具备的形式正是经济学的研究范畴。随着劳动具化为无意识的现实，它也就变成了看不见的、不被资本承认的劳动，并为严格控制着整个人类生存的无意识的拜物教趋势所取代，正如马克思恩格斯在《德意志意识形态》中所说的"古典古代的命运之神"①一样。因为资本主义的动力在其所到之处会摧毁所有能够构成社会活动的可替代的组织模式，包括农村社群、家庭共同体等。所有这些组织模式最终都会以解体的方式被全球市场吞噬。因此，我们今天所谓的"市场"，其充满风险的活动决定了全人类的命运。

　　然而，这种异化并非命中注定，它取决于两大对立阶级或明或暗的对抗：一方是这种渐进性异化的推动者——资产阶级，另一方是彻底否定这种异化的无产阶级。资产阶级剥削无产阶级的劳动，以商品、货币和资本的形式不断进行积累，从而生产并再生产出异化劳动。但是，无论资产阶级的生产方式是否具备独自运转的意愿，都不能完全不考虑生存条件问题，即人类以多种形式展现出来的日常和具体活动（社会矛盾、经济危机等）。资本主义本身创造的话语体系是要模糊甚至否认斗争和对抗，而马克思在《资本论》中的任务就是阐明这种斗争和对抗。

二、经济思想史视角中的《资本论》

　　《资本论》与经济学之间的关系说明了其在经济思想史上的独特地位。《资本论》对经济学家的立场进行了批判，就此来说，《资本论》从未停止过对经济学家提出挑战。现代经济学之所以能够诞生并发展起来，可以说

---

　　①　《马克思恩格斯文集》第 1 卷，第 539 页。

在一定程度上就是由对《资本论》的分析进行回应的欲望所驱动的，因为经济学家们经常受到《资本论》的挑战。我们可以简要地将这些经济学家的立场划分为三类。第一类经济学家是今天居主流地位的新古典主义传统的代表，他们试图将整个经济和社会现象简化为基于每个人的欲望与理性的个体之间局部的博弈。第二类经济学家的研究对象更接近其他社会科学，他们对构成了经济学一大支柱的"交换"概念进行了批判，被称为制度主义经济学家。他们认为，交换不过是经济体的行为模式之一，且只能存在于根据各种规则（比如劳动法）、制度（比如国家再分配制度）和组织来运转的社会中。这些"正统的"经济学家试图揭示由参与交换的个体组成的社会的荒谬之处——通过将交换视为一种秩序，这类经济学家发现制度能够对社会中的不同利益进行调节。马克思的观点代表了第三类立场，马克思也属于第三类经济学家。在《资本论》中，马克思强调资本主义在本质上具有矛盾的特点，而且这些矛盾是无法通过修补资本主义制度而得到改变或调和的。尽管马克思对那些想要将交换关系作为一切社会现象之基础的经济学家进行了批判，但他并不只是批判商品交换，而是在《资本论》中强调指出，资本主义生产方式逐渐取得了主导地位，会不可避免地摧毁其他制度。因此，马克思认为，工人运动必须以加速推动资本主义灭亡、争取建立另一种社会形态为目标。

　　毋庸置疑，要想将马克思的分析融入当代经济学，可能确实存在一定的困难。正因如此，继续发展经济学这门科学，了解资本主义在 20 世纪的转型，对于推动马克思主义经济学的发展，并运用该理论解决历史上不曾出现的新的现实问题——比如国家角色的转型、资本主义为解决资本主义制度与其内在的固有逻辑之间的潜在矛盾而进行的发展等——是非常必要的。然而，即便考虑到这些现实问题，且即便有必要使制度经济学参与到相关问题的探讨中，也丝毫不会推翻《资本论》的核心论断。一切制度都是为了约束劳动者，而劳动者只能依靠阶级斗争来争取自己的生存空间。资本主义的固有逻辑始终会对劳动者构成威胁，正如资本主义世界在 20 世纪 70—80 年代发生"新自由主义"转向后所面临的问题一样。因此，我们可以认为，从揭示资本主义生产方式的内在动力的角度来看，尽管历史上曾经历过各种曲折，但《资本论》在今天仍然可以为我们分析当代资本主义提供基础性工具。

　　《资本论》并未被视为一部纯粹的经济学著作，它一直被解读为对作为整体的资产阶级的能动理性和作为个体的消费者的被动接受的更广泛的批判。于是，《资本论》成为对在资本主义社会中大行其道的个人主义进行批判的哲学和社会学基础，由此也衍生出诸多文化作品。例如，1917年十月革命之后，俄国建构主义在艺术实践中曾借用《资本论》来思考艺术活动的生产维度。随后，德国戏剧家贝尔托·布莱希特（Bertolt Brecht）也声称从马克思那里获得启发，创造出"间离方法"，并以此作为其戏剧理论的基础。第二次世界大战后，西奥多·阿多诺（Theodor Adorno）、赫伯特·马尔库塞（Herbert Marcuse）、居伊·德波（Guy Debord）等哲学家也在《资本论》中找到了可以扩展到文化现象并证明这些文化现象已经受到资本主义侵蚀的理论：这仍然是一种被动接受，即消费者的被动接受，这一点在《资本论》进一步延伸的分析中得到了阐释和批判。这一时期对《资本论》的多元化解读和运用，使这部著作真正成为全球文化的经典，并充分证明了重新阅读这部著作的价值所在。

三、为法国人推出的版本？

《资本论》法文第一版由约瑟夫·鲁瓦（Joseph Roy）翻译，马克思本人亲自审读和校订，于 1872 年至 1875 年以分册的形式出版。马克思强调，法国对于他所处那个时代的工人运动具有决定性的重要意义。德文版《资本论》出版后，马克思一直致力于推出法文版，希望法文版能够比德文原版更容易理解，也更能在法国的革命运动中发挥政治作用。

于是，《资本论》法文第一版成为一个相对独立的版本，与 1867 年至 1890 年出版的四个德文版本都不完全一致。法文版相对于德文版的修改包括：在第二篇中，法文版将德文原版的一章分列为三章，内容则相同；德文原版中的第二十四章"所谓原始积累"，在法文版中被单列为独立的一篇，不过文本的内部关联性并未因此而改变。此外，马克思还对他的措辞进行了一些改动，力求以更直接地面向法国工人群众讲述的方式呈现出来，因为他将法国工人群众视为该书的主要交流对象。[①] 因此，在审读了鲁瓦提供的法文译本后，他继续推进对《资本论》德文第一版和第二版的

---

① 马克思在 1872 年 3 月 18 日写给《资本论》法文版出版人莫里斯·拉沙特尔（Maurice Lachatre）的信中指出："法国人总是急于追求结论，渴望知道一般原则同他们直接关心的问题的联系，因此我很担心，他们会因为一开始就不能继续读下去而气馁。"（《马克思恩格斯全集》第43 卷，人民出版社 2016 年版，第 13 页）

精炼工作，这一工作原本已经完成。他删除了部分逻辑性词汇，或者用更加通俗的表述来替代这些词汇，这些词汇往往会同黑格尔的术语体系产生混淆。① 这项工作在第一章中体现得尤为明显，因为第一章汇集了《资本论》的大部分逻辑难点。一些著名的马克思主义者，比如路易·阿尔都塞 (Louis Althusser)，也曾建议读者至少在第一次阅读《资本论》时先跳过第一章。② 应当承认，法文版《资本论》更为流畅，并且显然浓缩了马克思语录的精华。

《资本论》法文第一版可以被视为一个独特的版本，它开启了用法文编辑和翻译《资本论》乃至马克思的所有经济学文本的复杂而多元的历程，也见证了马克思主义者之间关于这一主题的多场论战。正如马克思所言，《资本论》法文版拥有并将永远拥有特殊的地位，"不管这个法文版本有怎样的文字上的缺点，它仍然在原本之外有独立的科学价值"③。它是《马克思恩格斯全集》历史考证版第二版中非常独特的一卷（第二部分第7卷）。今天我们之所以能够用法文流畅地阅读和研究马克思的著作，《资本论》法文版功不可没，它对于推动 20 世纪马克思主义在法国的广泛传播发挥了至关重要的作用。这部独特作品的历史意义和理论意义不应当被磨灭，它是在法国工人运动和法国马克思主义的历史发展中建立起来的。

① 参见 Alex Bouffard, Alexandre Feron et Guillaume Fondu, "Les éditions françaises du *Capital*," in *Le Capital 1*, *présentation*, *commentaires et documents*, (Paris: Les Éditions sociales, 2018), p. 43。

② 参见 Louis Althusser, "Préface," in Karl Marx, *Le Capital*, livre I, sections I à IV, "Champs classiques", (Paris: Flammarion, 1972), S. 162。

③ 《马克思恩格斯全集》第 43 卷，第 841 页。

第 13 章　如何评价恩格斯对《资本论》的编辑工作*

米夏埃尔·克莱特科/文　　侯振武/译

一、"马克思-恩格斯问题"

在西方马克思主义学者中，有一部分人对"马恩神话"进而对恩格斯持批评态度。这导致作为历史学家、政治理论家及军事专家的恩格斯被遗忘了，他的整个思想成就被认为是无关紧要的或与马克思不相符甚至无益的而被搁置一旁。有人认为，恩格斯对马克思著作的编辑引发了人们对马克思思想的庸俗化理解，也有人指责他完全未能理解马克思理论的精妙之处。特雷尔·卡弗（Terrell Carver）在研究马克思思想和恩格斯思想的关系时认同这种指责，而且还指出了恩格斯犯下"原罪"的时间——1859年夏天。当时，恩格斯在马克思的要求下撰写了一篇关于《政治经济学批判》的书评。在卡弗看来，恩格斯1859年8月提出的"辩证法"概念将马克思的方法简单归结为一种"具有应用性的黑格尔辩证法"，他对恩格斯在书评第二部分中将马克思方法"历史化"的做法尤为愤慨，认为这一观点走得太远了。[①] 其实，恩格斯强调过他与马克思之间的差异，并认为自己在与马克思的搭档中起次要作用。但恩格斯的思想有时也会领先于马克思的思想，马克思也毫不犹豫地承认这一点。马克思写作《政治经济学

*　本章原载：《国外理论动态》2020 年第 5 期。原文来源：Michael R. Krätke, "Das Marx-Engels-Problem：Warum Engels das Marxsche 'Kapital' nicht verfälscht hat," in *Marx-Engels Jahrbuch 2006*, Internationale Marx-Engels-Stiftung (Berlin：Akademie Verlag GmbH, 2007), pp. 142－170。翻译有删减。米夏埃尔·克莱特科（Michael Krätke）：英国兰卡斯特大学社会学系。侯振武：南开大学哲学院，南开大学政治哲学与和谐社会建构研究中心。

[①]　参见 Terrell Carver, *Marx and Engels：The Intellectual Relationship* (Bloomington：Indiana University Press, 1983), p. 96ff。

批判》的动力来自恩格斯，他在《资本论》第一册中不少于五次称赞或引用了恩格斯的《国民经济学批判大纲》，对恩格斯的《英国工人阶级状况》也大加赞赏。

在与马克思认识并合作之前，恩格斯就已经是一位独立的思想家和科学家了。他尽管没有高中文凭和博士学位，但却是唯一一直认真对待马克思的判断的人，也是唯一被马克思视为思想相通的人。他们在 19 世纪 40 年代一起进行了长期的深入研究，还共同撰写了一系列内容广泛的手稿，如《神圣家族》《德意志意识形态》《共产党宣言》等。此外，他们还有许多尚未实现或者从进度上说仅处于准备阶段的共同规划，如对弗里德里希·李斯特的国民经济学的批判、批判皮埃尔-约瑟夫·蒲鲁东 1851 年的《19 世纪革命的总观念》（*Ide'e ge'ne'rale de la Re'volution au XIXe*）小册子等。

1850—1883 年，恩格斯一直是马克思最重要的对话者。马克思与他详细讨论了所有研究规划，并就许多细节问题征求了他的意见，其中也包括马克思政治经济学批判的阐述形式和结构。可以说，恩格斯是唯一了解马克思工作进展情况的人。1857—1870 年，马克思留下了各种关于政治经济学批判的手稿，他与恩格斯在此期间的书信往来表明了恩格斯作为其讨论伙伴的重要性。1870 年，恩格斯移居伦敦，二人之间的书信往来逐渐停止，但从第三方的证言中可知，自那时起直到 1883 年 3 月马克思去世，他们几乎每天都会见面并进行讨论。

马克思将恩格斯描述为与自己精神相投的伙伴。他在《福格特先生》中写道：“至于我本人和**弗里德里希·恩格斯**（我提到恩格斯是因为我们两人根据共同计划和事先取得的一致意见进行工作）”①。19 世纪 70 年代，马克思还直接参与了恩格斯反对卡尔·欧根·杜林（Karl Eugen Dühring）理论的系列文章的写作过程，他始终了解最新情况，并写了一篇更长的文章来批判杜林的《国民经济学批判史》（*Kritischer Geschichte der Nationalökonomie und des Socialismus*）。没有证据表明，马克思不同意恩格斯在关键部分的阐述。

恩格斯的《家庭、私有制和国家的起源》在很大程度上也是基于马克思的研究，尤其是马克思自 1877 年以后的民族学和人类学研究。在该书

①　《马克思恩格斯全集》第 14 卷，人民出版社 1964 年版，第 505 页。

1884 年第一版序言中，恩格斯明确说过，该书只是为了实现马克思的遗愿。[①] 恩格斯告诉卡尔·考茨基、弗里德里希·阿道夫·左尔格等朋友，他在研究中使用了马克思的笔记和摘录。恩格斯关于哲学与自然科学史的初步研究[②] 大部分是在马克思生前写下的，所以马克思是了解恩格斯的计划的，且没有对之表示否定。在马克思看来，现代资本主义的发展与 18 世纪以来自然科学的空前发展之间存在着必然的、历史的和系统的联系，故而他应该是将恩格斯的这项研究视为对自己的政治经济学批判的重要补充了。

二、问题的尖锐化

　　一些西方马克思主义者认为，恩格斯从根本上误解了马克思的政治经济学批判。自马克思《资本论》第三册的原始手稿（MEGA²-Band Ⅱ/4.2）出版以来，就有人质疑恩格斯没有忠实、准确地编辑马克思的文本，而是对其做了重大修改，甚至称之为"篡改"。这类怀疑早已有之。考茨基为《资本论》第二册普及本所写的"序言"中指出：如果有人怀疑恩格斯"并不总是完全掌握马克思的思路，也不总是按照这种思路来编排手稿"[③]，那么人们就必须将恩格斯编辑的文本与马克思的原始手稿做比较，并在必要的地方加以修订。但是，如果考茨基做到了这一点，并且在某些方面得出了与恩格斯不同的结论，那么读者何以能够保证，恰恰是考茨基的观点比恩格斯的更接近马克思的思路？因此，人们必须"按原样"完整地出版马克思的原始手稿。如果确实可以证明恩格斯删减、颠倒、歪曲了这些手稿，那么无论证据多么庞杂，都要完全摆出来。今天我们差不多能够出版马克思的全部原始手稿了。但是考茨基的疑虑仍然存在：我们如何保证今天的解释者能比恩格斯更好地理解马克思的原始思路？

　　还有一种指责认为，恩格斯引发了围绕马克思价值理论与价格理论的持续争辩，而且没有对解决争辩做出应有的贡献。恩格斯在《资本

---

　　① 参见《马克思恩格斯全集》第 28 卷，人民出版社 2018 年版，第 31 页。

　　② 1925 年首次以《自然辩证法》为题出版。

　　③ Karl Kautsky, "Vorwort zur Volksausgabe," in *Karl Marx*, *Das Kapital. Zweiter Band. Volksausgabe*, besorgt von Karl Kautsky unter Mitwirkung von Benedikt Kautsky (Berlin: J. H. W. Dietz Nachfolger, G. m. b. H, 1926), S. Ⅺ.

论》第二册的序言中提出了这个问题："如果他们能够证明，相等的平均利润率怎样能够并且必须不仅不违反价值规律，而且反而要以价值规律为基础来形成，那么，我们就愿意同他们继续谈下去。"① 在接下来的几年中，一些学者尝试解决"平均利润率难题"，如乔治·克里斯蒂安·施蒂贝林（George Christian Stiebeling）、康拉德·施米特、彼得·法尔曼（Peter Fireman）、威廉·莱克西斯（Wilhelm Lexis）、尤利乌斯·沃尔弗（Julius Wolf）、尤利乌斯·勒尔（Julius Lehr）和阿基尔·洛里亚（Achille Loria）。对于这些激烈争论，恩格斯只在 1894 年的《资本论》第三册的"序言"中发表了一些看法。从他的信中可以看出，施米特 1889 年的《在马克思的价值规律基础上的平均利润率》（*Die Durch-schnittsprofitrate auf Grundlage des Marx'schen Werthgesetzes*）给他留下了深刻印象。他在写给倍倍尔的信中说："柏林小施米特的那本关于平均利润率的著作表明，这个青年已经钻研得过于细了；不过这会使他获得极高的荣誉"②。

马克思也曾面对类似的问题，当康拉德·施拉姆（Conrad Schramm）等社会民主主义知识分子大胆地在社会主义报刊上解释他的价值理论时，马克思虽然愤怒，但却在公开场合一直保持沉默，只是在信中发泄了对那些胡言乱语的不满。激怒马克思的是他们"用经院式的一般词句"来预设价值与生产价格之间的联系，也就是以典型的德国哲学的方式来谈问题，而不是理解问题，更不用说解决问题了。③ 施米特、法尔曼与马克思的提问方式和解决问题的方法非常接近，但施米特的解决方法与马克思的价值理论并不相符，法尔曼的重大贡献还不足以完全解决问题。洛里亚认为，对于其他人，如莱克西斯、沃尔弗和施蒂贝林，恩格斯只是报之以嘲笑和讽刺。因此，恩格斯认为马克思关于价值与价格的关系问题的解决方法是正确的。

不过，恩格斯认为，马克思关于政治经济学的阐述肯定是需要补充的。他试图研究并厘清从商品交换的历史起点上的价值直到"资本主义生产形式下的价值"这一漫长过程。"对这个过程作出真正历史的解释，当然要求认真地进行研究，而为此花费的全部心血将换来丰硕的成果；这样

---

① 《马克思恩格斯文集》第 6 卷，第 25 页。这里的"他们"指的是经济学家，特别是约翰·卡尔·洛贝尔图斯（Johann Karl Rodbertus）的追随者。

② 《马克思恩格斯全集》第 37 卷，人民出版社 1971 年版，第 295 页。

③ 参见《马克思恩格斯文集》第 10 卷，第 449 页。

的解释将是对《资本论》的十分宝贵的补充。"① 恩格斯向韦尔纳·桑巴特（Werner Sombart）寻求帮助，但他可能没有想到，桑巴特 1902 年撰写的《现代资本主义》（*Der moderne Kapitalismus*）不是对价值发展历史的解释，只概述了欧洲现代资本主义产生过程中的一些要素。在《资本论》第三册之后的版本中，恩格斯对这一册所做的增补被置于"价值规律和利润率"这一标题之下。这种编排并非恩格斯所为，而是苏联的马克思主义研究者们做出的。他们受马克思恩格斯列宁研究院之托，为了与考茨基编辑的普及本竞争，出版了《资本论》第三册的德文版。在这一版本中，"价值规律和利润率"连同恩格斯对"交易所"的研究成果被置于"增补"标题之下、正文之前。自此，在正统马克思主义理论中，恩格斯所做的增补就一直被视为《资本论》第三册不可或缺的组成部分。

三、恩格斯如何看待与理解其任务

1866 年初，马克思在完成《资本论》全三册第一版时同恩格斯讲："手稿虽已完成，但它现在的篇幅十分庞大，除我以外，任何人甚至连你在内都不能编纂出版。"② 19 世纪 70 年代完成第一册的德文第二版和法文版时，马克思认为，相较于德文版，"法文版中增加了一些新东西，而且有许多问题的阐述要好得多"③，"不管这个法文版本有怎样的文字上的缺点，它仍然在原本之外有独立的科学价值，甚至对懂德语的读者也有参考价值"④。也就是说，法文版应当作为第一册未来修订版本的参考。由此可见，马克思也认为其研究工作远未完成。

为了使第二册和第三册尽快完成，马克思打算对第一册的德文第三版只做"尽量少的修改和补充"⑤。但他也强调，从《资本论》的整体逻辑来看，第一册仍需要做相当重大的改写。恩格斯当时对这一情况应该是有所了解的，但他并不清楚《资本论》的整体写作情况。马克思去世后，恩格斯看到其遗作时既振奋又吃惊。他初次通读马克思手稿时写道："第二

---

① 《马克思恩格斯选集》第 4 卷，人民出版社 2012 年版，第 664 页。
② 《马克思恩格斯文集》第 10 卷，第 235 页。
③ 《马克思恩格斯全集》第 34 卷，人民出版社 1972 年版，第 273 页。
④ 《马克思恩格斯全集》第 43 卷，第 841 页。
⑤ 《马克思恩格斯全集》第 35 卷，人民出版社 1971 年版，第 238 页。

册会使庸俗的社会主义者大失所望。这一册的内容，几乎只是对资本家阶级内部发生的过程作了极其科学、非常精确的研究，没有任何东西可供编造空泛的字眼和响亮的词句。"① "《资本论》第二册比第一册更伤脑筋……但是，这是异常出色的研究著作，人们从中将会第一次懂得什么是货币，什么是资本，以及其他许多东西。"② 它 "会使人大失所望，因为它在很大程度上是纯学术性的，没有多少鼓动性的材料"③。恩格斯在第二册的序言中写道："这个第二册的卓越的研究，以及这种研究在至今几乎还没有人进入的领域内所取得的崭新成果，仅仅是第三册的内容的引言，而第三册，将阐明马克思对资本主义基础上的社会再生产过程的研究的最终结论。"④ 恩格斯对第三册的评价更高："这是一部光彩夺目的著作，在学术上甚至超过第一卷。"⑤

恩格斯说，《资本论》第三册是一部未完成的初稿。例如，关于生息资本、信用和银行的第五章，显然仍停留在材料收集阶段。然而，他仍然十分激动，对第三册做出了极高的评价。在初读 1864—1865 年手稿时，他写道："我钻研得越深，就越觉得《资本论》第三册伟大……一个人有了这么巨大的发现，实行了这么完全和彻底的科学革命，竟会把它们在自己身边搁置 20 年之久，这几乎是不可想象的。"⑥ "这个包含着最后的并且是极其出色的研究成果的第三卷，一定会使整个经济学发生彻底的变革，并将引起巨大的反响。"⑦ 第三册 "是卓越的，出色的。这对整个旧经济学确实是一场闻所未闻的变革。只是由于这一点，我们的理论才具有不可摧毁的基础，我们才能在各条战线上胜利地发动起来"⑧。他在给丹尼尔逊的信中写道："这是圆满完成全著的结束部分，甚至使第一卷相形见绌。……这个第三卷是我所读过的著作中最惊人的著作，极为遗憾的是作者未能在生前把这项工作做完，亲自出版并看到此书必定会产生的影响。在这样清楚地叙述了以后，就不可能再有任何直接的异议了。最困难的问题这样容易地得到阐明和解决，简直像是做儿童游戏似的，并且整个

---

① 《马克思恩格斯全集》第 36 卷，人民出版社 1975 年版，第 63 页。
② 同上书，第 168 页。
③ 《马克思恩格斯文集》第 10 卷，第 535 页。
④ 《马克思恩格斯文集》第 6 卷，第 25 页。
⑤ 《马克思恩格斯全集》第 36 卷，第 325 页。
⑥ 《马克思恩格斯文集》第 10 卷，第 530 - 531 页。
⑦ 《马克思恩格斯全集》第 36 卷，第 288 页。
⑧ 同上书，第 293 页。

体系具有一种新的简明的形式。"①

不过，恩格斯很快就意识到，未完成的第三册可能会因形式上的不完整而达不到预期效果。因此，在研究了四年马克思手稿后，恩格斯重新制定了自己的任务：正是由于"这最后一卷是一部如此出色而绝对不容置辩的学术著作，我认为我有责任在出版这一卷时，要使全部论据都十分清楚而明确"②。恩格斯很清楚，只有凭借第三册，马克思的"整个体系才会为人们彻底了解，而现在对它提出的那许多愚蠢的反对意见也就会完全站不住脚了"③。

恩格斯将马克思的手稿编为两册，即我们今天看到的《资本论》第二册和第三册。与其说这两册是对马克思原始手稿的历史考证，不如说是恩格斯力求接近马克思意图的一种改编。在《资本论》第二册和第三册的"序言"中，恩格斯清楚地介绍了他的编辑情况。吹毛求疵者认为：恩格斯不应附加任何内容，不应进行任何额外的改编，因为按照"科学"的编辑标准，附加内容和改编都属于参考资料或注释，不属于文本本身。但恩格斯认为，对马克思文本进行补充或改编是合理的。1894 年《资本论》第三册出版后的社会反响也表明，恩格斯改编后的版本依然具有马克思手稿的"初稿"特征。当时，同样有人批评恩格斯没有对马克思手稿做更为彻底的改编。例如，桑巴特评价说恩格斯的改编太过保守，认为恩格斯可以做出更好的东西，出版这样一份未完成的文本可以说是不负责任的。④恩格斯明确反对桑巴特的这种恭维，"虽然这可能要逼着读者更多地进行独立思考"⑤，但他更愿意呈现"马克思的原文"，呈现那些未完成草稿的手稿，呈现其中的重复、断裂和跳跃以及不完整的段落和空白。

MEGA 第二部分即将完成，我们将看到马克思《资本论》第二册和第三册的全部原始手稿，这些手稿是马克思在 1863—1865 年和 1868—1881 年写成的。此外，其中还包括恩格斯的编辑手稿。根据这些文本，我们将可以清楚地看到恩格斯在编辑工作中进行了哪些改动、重排、重述或补充与扩展，也可以评判这些改变是否尊重了马克思的原意。由此，对

---

① 《马克思恩格斯全集》第 36 卷，第 299 页。

② 《马克思恩格斯全集》第 37 卷，第 236 页。

③ 《马克思恩格斯全集》第 36 卷，第 556 页。

④ 参见 Werner Sombart, "Zur Kritik des ökonomischen Systems von Karl Marx," *Archiv für Soziale Gesetzgebung und Statistik*, Bd. 7, 1894, S. 557 – 558。

⑤ 《马克思恩格斯选集》第 4 卷，第 665 页。

恩格斯的过度指责可以休矣。

四、恩格斯的工作方式

幸运的是，1885 年出版的《资本论》第二册的编辑手稿被完整保存下来了，其中详尽记录了恩格斯的改编内容。同时，我们还拥有马克思1864—1881 年的手稿。因此，我们将恩格斯的编辑手稿、工作文件与马克思的原始手稿进行比较，一定程度上可以重现恩格斯的改编过程。而就第三册来说，我们有恩格斯的部分编辑手稿，涉及整体结构或个别篇章，尤其是第 5 章；有恩格斯 1894 年编辑出版的《资本论》第三册；还有马克思 1863—1865 年的原始手稿。利用这些文本，我们可以将马克思的原始手稿与恩格斯的编辑成果进行比较，由此不难发现，恩格斯在这两册的编辑过程中都对马克思的手稿进行了选编。

恩格斯在选编过程中遵循如下原则：在确保手稿来自马克思的前提下，尽可能以最后修订版为准。这说明恩格斯对文本的选用遵循了马克思的研究过程。这是因为，恩格斯了解马克思经历的那条艰难且漫长、充满曲折的认识之路，了解马克思的工作方式，并且亲历了马克思对《资本论》第一册的润色与完善。

但是，在编辑《资本论》第三册时，恩格斯却将马克思早在 1864—1865 年写下的最初草稿当作主要手稿。这是因为，马克思在此之后的手稿大都集中在第三册第一篇的内容，即利润、成本价格及利润率等。原因似乎是剩余价值率与利润率之间的数学关系给马克思造成了相当大的困难。可以说，马克思之后的研究就是为了阐明 1864—1865 年手稿中那些当时尚不清楚的问题，包括绝对地租问题、农业工业化问题、银行信用货币流通和货币创造与信用创造的问题。马克思在 19 世纪 70 年代尚未完成对这些问题的研究，熟读马克思手稿的恩格斯必然清楚这一点。

马克思也明确说，第二册和第三册"仍然处于一切研究工作最初阶段所具有的那种初稿形式"[①]。面对这种情况，恩格斯要么公开承认马克思没有完成《资本论》后两册，要么"佯装"不知，将手稿以原本未完成的形态呈现。显然，恩格斯承认有些论证不够清晰，整体行文思路并非完全

---

① 《马克思恩格斯文集》第 10 卷，第 422 页。

通畅，但他不愿让研究停留于"初稿形式"，至少他努力"使全部论据都十分清楚而明确"①。

　　其实，马克思更早的手稿也涉及了第三册的主题，如 1861—1863 年手稿中关于地租的研究。恩格斯非常了解这些手稿，但他并未将它们作为参考，因为他清楚地知道，这些手稿记录了马克思尚未完成的研究过程的各个阶段，在这些手稿中，马克思还在寻找或试验解决问题的方法。恩格斯不希望马克思的这些成果粗糙面世，所以他继续深入研究，在对手稿做进一步修改完善后才予以呈现。在编辑过程中，他既要展现马克思精妙的、杰出的观点，又要完善马克思未完成的、不流畅的、烦冗的、不成熟的论证。所以说，恩格斯的编辑力求忠于马克思的原意，而并非如批评者所认为的那样要"取代"马克思。

五、马克思手稿与恩格斯编辑之间的差异

　　对于恩格斯在《资本论》的编辑工作中所做的添加和补充是否必要，人们可以进行讨论。按照如今的编辑规范，编者不会对原文进行如此修改，顶多在关于原文的文本解释中进行补充说明，但文本解释与原文是分开的。相较于《资本论》第三册，恩格斯对第二册的编辑修改相对克制。在修订第二册时，恩格斯可以参考两份虽未完成但修改整理过的长手稿：1868—1870 年的中期手稿Ⅱ和 1876—1881 年的最后一份手稿Ⅷ。其中，第二册第三篇几乎完全是根据这两份手稿编纂的。不过，恩格斯的编辑并非对相关手稿的简单组合，他既看到了其伟大之处，也了解其弱点和缺憾。他在 1895 年致维克多·阿德勒（Victor Adler）的信中写道，第二册第三篇"是重农学派以后第一次在这里对资本主义社会商品和货币的总循环所作的最出色的阐述。内容很好，形式却难得可怕，一是因为这里把按照两种不同方法进行的两次研究合并在一起，二是因为第二次研究是马克思在头脑受到长期失眠的折磨的情况下勉强完成的"②。

　　恩格斯对第三册所做的改编较大，特别是对其中的第一篇和第三篇，他认为这两篇是"最困难的"，多年以来为此竭尽心力。对于这两篇，马

---

① 《马克思恩格斯全集》第 37 卷，第 236 页。
② 《马克思恩格斯文集》第 10 卷，第 697－698 页。

克思留下的只是分段拟定的论证思路、大量评注和注释，而且很大程度上还停留在初步的材料搜集阶段。所以，恩格斯必须对此进行深入研究，重新排列文本，甚至重写。

第三册原始手稿发表后不久，就出现了质疑恩格斯的声音，批评他对马克思原文做了重大且扭曲原意的修改、忽略了马克思的意图等。这些质疑基于两个预设：一是马克思的意图是完全清晰和明确的；二是批评者们对马克思的理解要比恩格斯更透彻。但毫无疑问，这两个预设都是可疑的。首先，手稿中马克思的思路并非总是清晰的，很多时候只是在他的头脑中形成了尚待思考的基本方向。恩格斯很清楚，马克思的研究远未完成，所以他必须特别注意穿插在手稿中的编辑性评注。他本可以删除这些评注，但他没有这样做，依然保留了手稿这种"尚在进行中"的特征。其次，只有当马克思的全部手稿都出版之后，人们才能像恩格斯那样占有较全面的资料。但即使如此，人们依然追不上恩格斯，因为恩格斯与马克思有着长期的共同工作经历，他非常了解马克思的工作方式及解题风格。

米夏埃尔·海因里希（Michael Heinrich）从三个方面批评恩格斯对《资本论》第三册的编辑工作：一是过度充实了马克思所规划的研究对象，以至于使人们误认为《资本论》研究了现代信用事业，包括信用货币，实际上这与马克思关于《资本论》阐述范围的计划是不相符的；二是对第三篇"利润率趋向下降的规律"的编辑使人们误认为马克思就现代资本主义周期性危机做了一般性的理论陈述；三是将马克思的阐述历史化了。实际上，这三个方面的批评都是站不住脚的。

第一，1872 年的《资本论》第一册第三章中最精彩的部分就是关于世界货币、世界市场的论述。在这一章中，马克思一开始就明确地提到了"货币危机"的关键要素，并初步论及信用货币的现代形式。1873 年马克思就指出，第一册只是关于这一问题的概述，具体阐释将在第三册中展开。而第二册是联系前后两册必不可少的中间环节，如果没有它，读者将无法理解生息资本、信用货币等理论。对于马克思的阐述将详尽到何种程度、哪些说明和材料最终将被纳入定稿，恩格斯与今天的我们一样，都知之不多。但是，恩格斯从马克思 1868 年的来信中明确知道，马克思确实计划大幅扩展关于信用的阐述。[①] 而且，马克思 19 世纪 70 年代的摘录和笔记也表明，马克思已经着手对现代信用事业、发达的银行制度等进行详

---

　　① 参见《马克思恩格斯全集》第 32 卷，人民出版社 1974 年版，第 75、190 页。

细研究了。

　　第二，恩格斯从不认为马克思在《资本论》第三册中对利润率下降趋势的解释是一种危机理论。在第三册中，马克思需要证明古典政治经济学的"不可能性定理"① 建立在形而上学的沙丘上，其理论在面对周期性经济危机时是无能为力的。由此可见，马克思的政治经济学批判面临着双重考验：一是拒斥"萨伊定律"，二是证明周期性危机普遍发生的必然性。这是马克思自 19 世纪 50 年代以来一直研究的课题，从未中断。他在 1879 年还强调，对于大萧条这种特殊现象，不能仅仅做历史解释，而要从理论上进行阐释，这"对资本主义生产的研究者和职业理论家来说当然是极其重要的"②。恩格斯显然了解这一课题的难度，但他绝没有试图掩盖，而是一直对其加以认真研究。

　　对于第三个方面的批评，笔者将在下一节进行重点论述。总而言之，在编辑马克思手稿时，恩格斯做了一定的归类、补充、润色，加了过渡和脚注，以厘清手稿的论证思路。他偶尔会根据马克思在 19 世纪 70 年代的摘录，对 1864—1865 年的手稿进行补充。对于恩格斯的编辑工作，人们至多可以指责他出于对马克思的过度尊重，没有修正或删除许多歧义性表述和模糊词句。但他之所以没有修正或删除，是因为他不想失去原始马克思文本的特征。

六、恩格斯的所谓"原罪"

　　如今所谓的"新马克思阅读"运动使马克思主义者中普遍存在这样一种成见，即恩格斯破坏了《资本论》。他们认为，由于恩格斯不理解或至少不完全理解马克思的方法和理论，所以他的编辑加深了人们对马克思的错误理解，使一代代马克思主义者误入歧途。这种成见之所以产生，是因为这些批评者对马克思不甚了解，或者按他们自己的喜好歪曲了马克思。他们认为，恩格斯将马克思的阐述"历史化"的做法是一种篡改，但是这种"历史化"在马克思那里是清楚存在的，如价值规律的历史化，货币发展的历史化，资本、雇佣劳动、竞争等概念的历史化，等等。遗憾的是，

---

　　①　该定理认为，普遍危机、普遍的生产过剩是不可能存在的。
　　②　《马克思恩格斯选集》第 4 卷，第 531 页。

这些批评者对"历史"的理解是相当幼稚的，只是将历史设定为叙述性的事件史。马克思不是将资本主义生产方式视为黑格尔式的总体系统，而是将其视为开放的系统，且认定该系统绝不会一直自我产生，仍然依赖一定的外部条件，也就是所谓的"历史环境"。此外，资本主义生产方式拥有一定的历史，它了解自身在发展进程中所能达到的极限，因而也会超越自身，创造不同的未来。马克思并没有写经济史，而是发展出了一种现代资本主义理论，以此追溯并分析历史发展的逻辑。在《资本论》第一册第四篇中，马克思以赞扬的口吻阐述了资本主义具体生产方法的发展，从简单协作到工场手工业，再到工厂和工厂制度，这一过程所遵循的逻辑恰恰就是在历史时间中起作用的逻辑。马克思并没有写工业史，而是阐述了一段"合理的历史"（histoire raisonnée），即时空中的历史发展逻辑，它在各个方面都深刻地改变了社会。

恩格斯在马克思 1864—1865 年手稿文本中添加的大量内容确实具有现实性和历史性的特征。这是错误的吗？我不这样认为。例如，就股份公司的发展而言，如果马克思在将之视为历史事实的同时，还将之理解为一种内在于资本增殖逻辑的发展的必要环节，也就是说，如果他将股份资本或一般所说的"联合资本"当作理论范畴，而不是当作无关紧要的法律细节，那么恩格斯所添加的如下内容就是非常到位的：当时已经出现"股份公司的二次方和三次方"① 了。如果按照批评者所说的，删除那些在《资本论》中找不到的、恩格斯添加的"历史化"内容，那么《资本论》的相当一部分内容将被舍弃。

恩格斯提出的"简单商品生产"是否令人满意，我们可以进行讨论，但认为第一册第一篇仅谈及"流通"而未谈及"生产"的主张却是站不住脚的。在《资本论》第一册中，马克思无疑试图解释"商品"和"货币"本身，这是"资本"概念发展的第一步，也是必不可少的一步。在第一册第一版中他完成了相关论证，不过之后在研究其他主题时又回到了"商品"上，将其称为"资本主义生产的结果"，是"浸满剩余价值的商品"。恩格斯对此是相当清楚的，他在给马克思的信中称："尽管货币问题对于英国来说是重要的和有意思的，我还是认为这次把这个问题放在次要地位是合适的，否则，仅仅为了使英国人弄明白**单纯的货币本身**是指什么，我就得撇开主题而去做一大篇解释，何况英国人只习惯于把货币跟信用货币

---

① 《马克思恩格斯选集》第 2 卷，第 568 页。

等等老搅在一起。"① 恩格斯也认识到，马克思所说的商品、货币绝不是一般意义上的，而是资本主义制度下的商品，具有特殊性。资本主义生产方式下的货币遵循着资本主义生产的内在逻辑，被纳入信用制度，并被信用货币排挤和取代。因此，作为现代资本主义历史前提的货币，不同于作为发达资本主义生产方式与现代信用制度结果和内在要素的货币。

如果查阅马克思 1857—1858 年手稿和 1861—1863 年手稿，就可以找到关于"价值"概念的历史性和价值规定的历史发展的充分提示。马克思在 1857—1858 年手稿、在 1867 年及之后各版本的《资本论》第一册第一章中都曾说到，价值规定即价值本身的范畴意味着一种历史关系，并且是被历史地规定的。在 1857—1858 年手稿中，马克思明确地说，即使在现代资本主义时代之前，价值规定的各要素也能够发展，**"在历史上则先有其他的制度**形成尚不充分的价值发展的物质基础"②。马克思所做的"把商品价值看作不仅在理论上，而且在历史上先于生产价格"③ 的边注使恩格斯在 1895 年尝试解释价值与生产价格之间的关系。

但是，恩格斯应当清楚，"简单商品生产"这一抽象并不适合历史化，因为它跨越了多种社会生产形式，交换、市场、货币和商品生产在社会生产中起着完全不同的作用。他反对 1895 年已经流行的观点——资本和资本主义将会一直存在，是普遍的、超历史的范畴。恩格斯在《资本论》第三册"增补"中所尝试做的，绝不是对第一册第一篇的解释，而是试图补充马克思原始手稿中关于价值与生产价格之间的历史关系的评注。恩格斯正确地认识到，只要商品生产没有成为占统治地位的生产形式，只要大部分商品不是由资本主义私人企业生产的，我们就不可能谈及普遍竞争、一般利润率和生产价格。对于恩格斯来说，真正重要的是对逐步兴起的普遍竞争以及由此而来的一般平均利润率做历史性勾画。有人可能会反对恩格斯说，这种勾画必然伴随着价值形成的变革，也就是说，资本主义的"价值"概念必然不同于前资本主义时期的物物交换经济的"价值"概念。从历史上看，恩格斯关于简单商品生产理论的建构依然是值得讨论的。但即便如此，也不能将其视为恩格斯对马克思《资本论》的可能的错误理解的根源。

---

① 《马克思恩格斯全集》第 32 卷，第 28 页。
② 《马克思恩格斯全集》第 30 卷，第 207 页。
③ Karl Marx, *Das Kapital（Ökonomisches Manuskript 1863 - 1865）*, in MEGA² II/4.2 (Berlin: Akademie Verlag, 1993), S. 252.

第 14 章　"人类世"时代重读恩格斯的《自然辩证法》*

恩格斯在《自然辩证法》的"劳动在从猿到人的转变过程中的作用"一章中指出："每个事物都作用于别的事物，反之亦然"①。综观恩格斯的理论贡献，他应被视作近代最重要的生态思想家之一。如同马克思的"新陈代谢断裂"理论是当今历史唯物主义生态学的核心，恩格斯的理论对于我们从整体上理解生态问题也是不可或缺的。这些贡献源于他对自然界新陈代谢规律的深入研究，这些研究进一步补充和扩展了马克思的分析。正如保罗·布莱克里奇（Paul Blackledge）在对恩格斯思想的最新研究中所指出的，"恩格斯的'自然辩证法'概念为我们理解生态危机开辟了新天地"，它指出生态危机实际上根植于"资本主义社会关系的异化本质"②。恩格斯对自然与社会辩证法的全面理解有助于阐明"人类世"（Anthropocene）时代和当前地球生态危机阶段人类所面临的重大挑战。

一、走向毁灭

关于恩格斯的生态批判的当代意义，从瓦尔特·本雅明（Walter

---

　* 本章原载：《国外理论动态》2021 年第 2 期。原文来源：John Bellamy Foster，"Engels's *Dialectics of Nature* in the Anthropocene," *Monthly Review* 72, no. 6 (2020)：1-19。翻译有删减。约翰·贝拉米·福斯特（John Bellamy Foster）：美国俄勒冈大学社会学系。袁艺：上海社会科学院信息研究所。

　① 《马克思恩格斯选集》第 3 卷，人民出版社 2012 年版，第 996 页。
　② Paul Blackledge, *Friedrich Engels and Modern Social and Political Theory* (Albany：State University of New York Press, 2019)，p. 16.

Benjamin) 1940 年的知名文稿《论历史的概念》("On the Concept of History") 所做的论述中即可见一斑, 之后也经常为生态社会主义者所引用。本雅明在这篇文稿中写道: "在马克思看来, 革命是世界历史的火车头。但情况或许恰好相反, 革命也许是火车上的乘客 (即人类) 拉动紧急刹车的尝试。"① 迈克尔·勒维 (Michael Löwy) 对本雅明的这一看法解释道: "这句话暗示, 如果任由火车沿着既定路线一往无前, 且没有任何东西遏制它前行, 那么我们将直奔灾难而去, 面临灭顶之灾, 或者直接坠入深渊。"②

本雅明对 "失控的火车" 的生动描述, 以及由此而将革命设想为 "拉动紧急刹车" 的必要操作, 使人联想到 19 世纪 70 年代末恩格斯《反杜林论》中的类似表述。恩格斯在《反杜林论》中指出, 在资产阶级 "这个阶级的领导下, 社会就像司机无力拉开紧闭的安全阀的一辆机车一样, 迅速奔向毁灭"③。资本由于无力支配 "越出了它的控制力量的生产力"④, 包括它对自然和社会 "环境" 所造成的破坏性影响, 故而会 "把整个资产阶级社会推向毁灭, 或者推向变革"⑤。"如果要避免整个现代社会毁灭, 就必须使生产方式和分配方式发生一个会消除一切阶级差别的变革"⑥。

恩格斯的比喻与本雅明后来的比喻略有不同。恩格斯的目的在于打开安全阀, 防止锅炉爆炸和栓塞——在 19 世纪中后期, 这是造成火车失事的常见原因。如果我们认为资本主义制度正在 "加速奔向毁灭", 那么这里的 "革命" 与其说是简单地阻遏其前进的势头, 不如说是对失控的生产力施加控制。事实上, 恩格斯当时有关生态和经济的论点并非像现在这样, 是建立在相对于地球整体承载力而言的 "生产过剩" 概念基础上的, 类似的观点在其写作的那个年代几乎还未出现。他最关心的生态问题是资本主义在日益全球化的基础上对地方和区域环境的肆意破坏。工业污染、乱砍滥伐、土壤退化和工人阶级生存条件的普遍恶化 (包括周期性流行病), 都是显而易见的例证。恩格斯还强调了整体环境 (及其气候) 所遭

① Walter Benjamin, *Selected Writings*, *Vol. 4*, *1938 – 1940* (Cambridge, MA: Harvard University Press, 2003), p. 402.
② Michael Löwy, *Fire Alarm*: *Reading Walter Benjamin's* "On the Concept of History" (London: Verso, 2001), pp. 66 – 67.
③ 《马克思恩格斯选集》第 3 卷, 第 537 页。
④ 同上。
⑤ 同上书, 第 545 页。
⑥ 同上书, 第 537 页。

受的破坏，例如生态退化（主要是指沙漠化）在古代文明衰落过程中所起到的巨大作用，以及殖民主义对传统文化和传统生产方式所施加的环境破坏。与马克思一样，恩格斯也十分关注英国殖民主义的"维多利亚式大屠杀"，比如，对印度生态和水文基础设施的破坏所造成的饥荒，对爱尔兰生态资源和爱尔兰人民的毁灭性掠夺与灭绝，等等。

诚然，在提出"革命还是毁灭"问题的同时，我们也能发现马克思和恩格斯的作品中最具"生产主义"（或曰"普罗米修斯式"）性质的段落。比如，恩格斯在《反杜林论》中宣称，社会主义的出现将使"生产力不断地加速发展……也是生产本身实际上无限增长"① 成为可能。然而，在恩格斯写作的那个年代，这既不稀奇也不突兀。以 19 世纪的标准来看，在当时的激进思想家中普遍存在一种看法，即从资本主义非理性的生产中解放出来的未来社会将不再对生产发展加以限制。这也反映出，与地球本身当时仍不可估量的庞大容量相比，工业革命时期世界上大多数地区的物质发展水平仍十分低下。从 19 世纪初的工业革命时代、恩格斯出生时的 1820 年，到 1970 年第一个"世界地球日"宣告现代生态运动的诞生，在这 150 年间，世界制造业的生产增长了"约 1 730 倍"。② 此外，在恩格斯的分析中（马克思也是如此），生产本身从未被视为一种目的，而仅仅被视为人类在可持续的发展进程中为了创造一个更自由、更平等的社会而使用的一种手段。

恩格斯对资本主义破坏自然和社会环境的本质的深刻理解，以及他对辩证的自然主义观的发展，使他与马克思一起成为当前革命性的生态社会主义批判的出发点。正如马克思主义人类学家埃莉诺·利科克（Eleanor Leacock）所指出的，在《自然辩证法》一书中，恩格斯试图为理解"'人的社会关系'与'人对自然的关系'的相互依存"③ 奠定理论基础。

二、大自然的报复

生态问题是制度（system）与限度（scale）相互作用的结果。恩格斯

---

　　① 《马克思恩格斯选集》第 3 卷，第 670 页。

　　② 参见 Walt Rostow, *The World Economy*（Austin：University of Texas Press, 1978），pp. 47 - 48, 659 - 662。

　　③ Eleanor Leacock, *Introduction to the Origin of the Family*, *Private Property and the State*, *by Frederich Engels*（New York：International Publishers, 1972）, p. 245.

的分析首先强调的是制度因素。恩格斯在 20 岁出头时就撰写了《英国工人阶级状况》这部伟大的著作。在此书中，他着重研究了工业革命对制造业重镇（以曼彻斯特为例）的环境破坏及其流行病学状况。他特别指出了新型工厂制度给工人阶级生存带来的糟糕的生态条件，例如环境污染、毒剂扩散、身体退化、周期性流行病、营养不良和工人阶级的高死亡率，等等。所有这些状况实际上都与极端的经济剥削密切相关。《英国工人阶级状况》一书至今仍是对工业革命时期资本主义对底层人民进行"社会谋杀"的有力控诉。这部著作后来成为马克思在《资本论》中进行流行病学研究的起点。正是在此基础上，马克思将"周期性流行病"与土壤破坏一起作为资本主义新陈代谢断裂的显著例证。恩格斯在《英国工人阶级状况》中对流行病成因的研究所产生的影响力，在德国已经远远超出了社会主义者的范围。例如，《细胞病理学》（*Cellular Pathology*）一书的作者、德国著名医生兼病理学家鲁道夫·菲尔肖（Rudolf Virchow）在其社会流行病学方面的开创性研究中也对恩格斯的这部著作赞赏有加。[①]

这种对资本主义社会的物质条件（既包括环境条件，也包括经济条件）的考察，在恩格斯的所有著作中都是显而易见的。此外，在唯物主义的、辩证的自然观和社会观不断融合的过程中，恩格斯最终得出这样的论断："自然界是检验辩证法的试金石"[②]。今天更容易理解的说法是：生态学是检验辩证法的试金石。

恩格斯的《自然辩证法》和《反杜林论》等著作中蕴含着深刻的进化生态学观点，这种观点认为，将人类与非人类的动物区别开来的是劳动在改造和控制环境中所起的作用："人们第一次成为自然界的自觉的和真正的主人，因为他们已经成为自身的社会结合的主人了"[③]。然而，随着资本主义制度控制自然的程度日益加深，其背后也潜藏着系统性生态危机不断扩大的趋势，因为所有违背自然法则而妄图征服自然的尝试都将招致生态灾难。这首先可以见诸 19 世纪中叶殖民主义造成的生态破坏。对此，恩格斯惊呼道：

> 西班牙的种植场主曾在古巴焚烧山坡上的森林，以为木灰作为肥

---

① 参见 Howard Waitzkin，*The Second Sickness*（New York：Free Press，1983），pp. 71 - 72。

② 《马克思恩格斯选集》第 3 卷，第 397 页。

③ 同上书，第 671 页。

料足够最能赢利的咖啡树利用**一个**世代之久，至于后来热带的倾盆大雨竟冲毁毫无保护的沃土而只留下赤裸裸的岩石，这同他们又有什么相干呢？在今天的生产方式中，面对自然界和社会，人们注意的主要只是最初的最明显的成果，可是后来人们又感到惊讶的是：取得上述成果的行为所产生的较远的后果，竟完全是另外一回事，在大多数情况下甚至是完全相反的。①

对于恩格斯而言，对生态环境采取理性态度的观点源自弗朗西斯·培根的一句名言："只有顺从自然，才能战胜自然。"② 也就是说，要发现并遵循自然规律。然而，在马克思恩格斯看来，将培根提出的原则运用于资本主义社会，在某种程度上不过是一种征服自然的"诡计"，目的是使其服从资本积累和竞争的法则。科学成为利润的纯粹附属物，生态红线也仅仅被视作可以克服的障碍。与这种情况相反，要想使科学在社会中得到合理应用，就必须建立这样一种制度，在那里，联合起来的生产者将在非异化的基础上，在符合人类真实需要、潜在需求以及长期再生产要求的前提下，调节人类与自然之间的代谢关系。但是，这也表明了一种矛盾：一方面，科学自身的辩证法日益认识到人类"和自然界的一体性"③，以及对社会进行调节的相应需要；另一方面，资本主义却短视地追求无限积累，其与生俱来的不可控性使之忽视了对环境所造成的严重后果。

正是基于这种深刻而又充满批判性的唯物主义观点，恩格斯强调，"征服自然"的流行观念毫无根据，因为在这种观念看来，人类仿佛游离于地球的新陈代谢过程之外，而大自然则像是可以被随意支配的海外殖民地。这种征服地球的企图，这种突破各种生态红线（或曰自然临界点）的尝试，只会招致恩格斯所说的大自然的"报复"：

但是我们不要过分陶醉于我们人类对自然界的胜利。对于每一次这样的胜利，自然界都对我们进行报复。每一次胜利，起初确实取得了我们预期的结果，但是往后和再往后却发生完全不同的、出乎预料的影响，常常把最初的结果又消除了。美索不达米亚、希腊、小亚细亚以及其他各地的居民，为了得到耕地，毁灭了森林，但是他们做梦也想不到，这些地方今天竟因此而成为不毛之地，因为他们使这些地

---

① 《马克思恩格斯选集》第 3 卷，第 1001 页。
② Francis Bacon，*Novum Organum*（Chicago：Open Court，1994），p. 29.
③ 《马克思恩格斯选集》第 3 卷，第 999 页。

方失去了森林，也就失去了水分的积聚中心和贮藏库。阿尔卑斯山的意大利人，当他们在山南坡把那些在山北坡得到精心保护的枞树林砍光用尽时，没有预料到，这样一来，他们就把本地区的高山畜牧业的根基毁掉了；他们更没有预料到，他们这样做，竟使山泉在一年中的大部分时间内枯竭了，同时在雨季又使更加凶猛的洪水倾泻到平原上。在欧洲推广马铃薯的人，并不知道他们在推广这种含粉块茎的同时也使瘰疬症传播开来了。因此我们每走一步都要记住：我们决不像征服者统治异族人那样支配自然界，决不像站在自然界之外的人似的去支配自然界——相反，我们连同我们的肉、血和头脑都是属于自然界和存在于自然界之中的；我们对自然界的整个支配作用，就在于我们比其他一切生物强，能够认识和正确运用自然规律。①

通过符合理性科学（rational science）的自觉行动，人类可以在相当大的程度上超越"未能预见的作用、未能控制的力量"②，认识到"我们对自然界习常过程的干预所造成的较近或较远的后果"③。然而，即使是"现代最发达的民族"，也可以看到"预定的目的和达到的结果之间还总是存在着极大的出入"④，"未能预见的作用占据优势，未能控制的力量比有计划运用的力量强大得多"⑤。基于阶级的商品经济"只是作为例外"才能实现"人所期望的目的"，更多的时候往往"适得其反"⑥。因此，在资本主义条件下，用理性的、科学的、可持续的方式去看待人与自然及人与社会之间的关系是绝无可能的。

值得注意的是，雷·兰克斯特（Ray Lankester）在几十年之后呼应了恩格斯对资本主义和生态学的阐述，他是查尔斯·达尔文和托马斯·赫胥黎的门徒、马克思的密友以及恩格斯的熟人，也是继达尔文之后英国著名的生物学家。兰克斯特是费边社会主义者，阅读过马克思的《资本论》，并深受其影响。他于 1911 年出版了《人类王国》（*The King-dom of Man*）一书，书中收录了他于 1905 年在牛津大学举办的题为《大自然的叛乱之子》（"Nature's Insurgent Son"）的讲座文稿、于 1906 年在

---

① 《马克思恩格斯选集》第 3 卷，第 998 页。
② 同上书，第 859 页。
③ 同上书，第 998 页。
④ 同上书，第 859 页。
⑤ 同上书，第 859 - 860 页。
⑥ 同上书，第 860 页。

英国科学促进会的演讲，以及关注非洲昏睡病的文章《大自然的报复》（"Nature's Revenges"）。他指出，人类对地球日益加剧的统治正以一种矛盾的方式增加着地球大规模生态灾难发生的可能性。鉴于人类活动所造成的周期性流行病对人类本身及其他物种的威胁，兰克斯特在《大自然的报复》中将人类称为"大自然的干扰者"。兰克斯特写道："这是一个合乎逻辑的观点，每一种动物（包括人类，也许还有植物）可能感染的疾病，除了某些短暂或极特殊的情况之外，都是由人类的干涉引起的。"[1] 此外，也可将这一现象归因于一个由"市场"和"国际金融交易"主导的体系，正是这一体系破坏了任何试图调和自然与人类生产之间关系的理性科学方法。与马克思恩格斯的观点一致，兰克斯特认为，"人类王国"给人类带来了一种由资本主义制度所导致的长期且严峻的生态现状。如果贪婪的资本积累继续肆意践踏自然，那么人类环境终将走向毁灭性的恶化。因此，如果不能摧毁资本主义存在的根基，那么除了控制资本主义的生产，以一种符合协同进化式发展（coevolutionary development）的理性科学来取代资本积累的狭隘需求外，人类别无选择。

三、历史与自然的辩证法

恩格斯的生态思想与其对自然辩证法的探究密不可分。然而，后来的西方马克思主义哲学传统的第一条原则却是："辩证法不适用于外部自然。"也就是说，西方马克思主义者认为，不存在恩格斯所说的超越人类主体活动领域之外的"所谓的**客观**辩证法"[2]。因此，辩证关系，甚至辩证推理的对象，都仅局限于人类历史领域，在这一领域，主体与客体可以说是同一的，因为人类意识和人类行为之外的所有非自反的（超验的）现实都被排除在分析之外了。[3] 并且，西方马克思主义传统对自然辩证法的全面排斥，导致恩格斯对该领域进行探索所创造的非凡成就，及其对自然科学中的进化论思想、生态学思想以及马克思主义的巨大影响力遗失殆尽，目前只在少数左翼科学家和辩证唯物主义者中还存在一定的影响力。

---

① Ray Lankester，*The Kingdom of Man*（New York：Henry Holt and Co. , 1911），p. 26.

② 《马克思恩格斯选集》第 3 卷，第 908 页。

③ 参见 Roy Bhaskar，*Dialectic：The Pulse of Freedom*（London：Verso，1993），pp. 397，405，399 - 400。

西方马克思主义哲学传统由于不能将辩证法与物质的自然界联系起来，故而往往把自然科学和外在的自然界本身都归入机械论与实证主义的范畴。这就导致第二次世界大战后在西方占主导地位的马克思主义哲学观与自然科学观之间（即西方马克思主义与唯物主义自然观之间）产生了巨大分歧。颇具讽刺意味的是，生态运动恰在此时成为一股重要的政治力量。

因此，要恢复经典唯物史观在这一领域的深刻洞见，在某种程度上就要首先恢复恩格斯的"自然辩证法"概念。这就要求我们必须拒绝对恩格斯的自然辩证法思想的肤浅的有时甚至是拙劣的草率否定，即反对源自黑格尔并被恩格斯重新赋予了唯物主义意涵的辩证法三大"规律"。这三大"规律"是：（1）质量互变规律；（2）对立统一规律；（3）否定之否定规律。例如，彼得·T. 摩尼亚斯（Peter T. Manicas）曾在《恩格斯的科学哲学》（"Engels's Philosophy of Science"）中抱怨说，这些规律的本质"近乎空洞"[1]。然而，在恩格斯的分析中，这些规律并非实证主义意义上狭隘的、一成不变的规律；在今天的术语中，它是广义的、具有辩证思维的"本体论原则"，类似于自然统一性原则、物质永恒性原则、因果关系原则等一系列基本命题。事实上，由于恩格斯所处时代的科学的发展，他的辩证法理论在各个方面对这些原则都提出了挑战。[2]

著名马克思主义科学家、伦敦大学伯克贝克学院物理学和晶体学教授 J. D. 贝尔纳（J. D. Bernal）在 1936 年出版的题为《作为科学家的恩格斯》（*Engels as a Scientist*）的小册子中，就恩格斯对自然辩证法的贡献进行了简洁而透彻的评价。贝尔纳称恩格斯为"哲学家和科学史学家"。考虑到恩格斯在曼彻斯特时期涉猎的科学范围非常广泛，贝尔纳认为恩格斯"绝不仅仅是一名业余爱好者"，其分析水准甚至远远超越了同时代的专业科学哲学家，比如英国的赫伯特·斯宾塞（Herbert Spencer）、威廉·惠威尔（William Whewell）和德国的弗里德里希·兰格（Friedrich Lange）等人。[3] 贝尔纳认为，在恩格斯对其所处时代科学的历史发展的深刻理解背后，蕴含着一种辩证的观念，在这种观念中，"'自然'这一概

---

[1]　Peter T. Manicas, "Engels's Philosophy of Science," in *Engels After Marx*, eds. Manfred B. Steger and Terrell Carverin（University Park: Pennsylvania University Press, 1999）, p. 77.

[2]　参见 Craig Dilworth, "Principles, Laws, Theories, and the Metaphysics of Science," *Synthese* 101, no. 2（1994）。

[3]　参见 J. D. Bernal, *Engels and Science*（London: Labour Monthly Pamphlets, 1936）, pp. 1 - 2。

念始终是作为一个整体和一种过程而被理解的"①。在这一问题上，恩格斯批判地借鉴了黑格尔的观点，他认识到，在黑格尔《逻辑学》一书中以唯心主义形式呈现的辩证变化的背后，是被人类的认知捕捉到的、客观存在于自然界之中的"过程"。

在论述恩格斯借鉴黑格尔的三大辩证"规律"或本体论原则中的第一条——质量互变规律——时，贝尔纳特别强调这一规律对自然科学思想的基础性影响。他写道："凭借敏锐的洞察力，恩格斯指出：'物理学的所谓常数，大多不外是这样一些关节点的标志，在这些关节点上，运动的量的增加或减少会引起相应物体的状态的质变'② ……我们现在才开始领会到这一看法的绝对正确性以及这些'关节点'的极端重要性。"③ 在这个方面，贝尔纳强调了恩格斯引用门捷列夫元素周期表作为由连续量变引发质变的经典范例，以及恩格斯的基本看法与量子理论的兴起所带来的发现之间的联系。正如英国马克思主义数学家海曼·列维（Hyman Levy）所指出的那样，恩格斯的方法指向了现代物理学所使用的"相变"（phase change）概念。④

今天，我们知道这一辩证原则同样适用于生物学。例如，微生物种群密度的增长（量变）会造成基因的改变，进而引致新事物的生成（质变）。具体来说，随着细菌数量的增长，一旦每个有机体发出的信号（化学物质）积累到激活基因的水平，就会导致黏液生物膜的生成，进而使有机体从中萌发。生物膜可能由许多有机体组成，生物通过它几乎可以附着于任何物体表面，无论是水管、溪中岩石、牙齿还是土壤根部。

恩格斯提出的第二条规律，即对立统一规律，虽然在操作层面较难界定，但对于科学探究依然至关重要。根据贝尔纳的解释，这代表了密切相关的两个原则：（1）"万物皆有其对立面"；（2）自然界中并无**僵硬和固定的界线**"⑤。恩格斯通过兰克斯特的著名发现来说明第二个原则：马蹄蟹是蛛形纲动物，属于蜘蛛和蝎子科的一种，这一发现推翻了以往的生物学分类，从而震惊了科学界。贝尔纳在将这一辩证法原理应用于物理学以

---

① J. D. Bernal, *Engels and Science* (London: Labour Monthly Pamphlets, 1936), p. 5.

② 《马克思恩格斯选集》第 3 卷，第 905 页。

③ J. D. Bernal, *Engels and Science*, pp. 5 - 7.

④ 参见 Hyman Levy, *A Philosophy for a Modern Man* (New York: Alfred A. Knopf, 1938), pp. 117, 130 - 132, 227 - 228。

⑤ 《马克思恩格斯选集》第 3 卷，第 909 页。

及物质和运动（或能量）等问题时指出："恩格斯非常接近现代相对论的思想。"① 今日的马克思主义辩证法经常用恩格斯的"对立统一"概念来说明内部关系的作用——在这种关系中，至少有一方依赖其他各方。正如恩格斯所观察到的，认识到机械性的关系以及"它们那些想象的固定性和绝对意义，只不过是由我们的反思带进自然界的"这一点"构成辩证自然观的核心"②。

正如贝尔纳所指出的，恩格斯提出的第三条辩证规律——否定之否定规律，在文字上似乎是自相矛盾的，但其实际意义是在表明，在客观世界的历史发展或演变过程中，任何事物都必然产生一些不同的东西、一个崭新的现实，这些新事物往往是通过曾经被克服但目前依旧存在的隐性因素或残余因素的作用而产生的，代表着新的物质关系和发展层次。物质存在作为一个整体可以被视为一种通向组织层次的结构，而变革通常意味着从一种组织层次向另一种组织层次的转变，就像种子变为植物那样。

所谓"涌现性"（emergent properties）发展，现在被视为一个基本的生物学和生态学概念。在生态环境中，当物种群落以某种催生新特征的方式相互作用时，就会发生这一现象，这种新特征往往是由群落中单个物种的行为引发的，并且大多都是不可预测的。例如，一块农田混合种植多种作物（多元栽培），可能比单独种植同种作物产量高。导致这一情况的原因有很多，如混种田地对水热条件的更合理利用，以及更少的病虫害，等等。

生物的共同进化也导致新特性的产生。例如，昆虫以植物叶片为食，因此植物在进化过程中就发展出诸多防御机制。随着有机体之间的相互作用，生物在进化过程中不断地创造出一些不同的特征，有时甚至是戏剧性的改变。在某些情况下，这会导致整个生态系统发生根本性的变化，并在特定的环境中产生新的优势物种。正如恩格斯所说，从"否定之否定"的意义上说，涌现性**真实地发生**于有机界的两大界（植物界和动物界。——引者注）中"③。

贝尔纳认为，作为科学史学家，恩格斯对 19 世纪三大科学革命的见

---

① J. D. Bernal, *Engels and Science*, pp. 7 - 8.
② 《马克思恩格斯选集》第 3 卷，第 389 页。
③ 同上书，第 515 页。

非期望。恩格斯则不然，他在观察到工人阶级悲惨、堕落状况的同时，透彻地指出了造成这一状况的根由，并指明了解决方案：工人若要得救就必须自救，这不仅是可取的，而且是必然的。狄更斯则从未有过这种想法。"①

对恩格斯的自然辩证法所具有的重要性的认识一直延续至今。哈佛大学生物学家理查德·莱文斯（Richard Levins）和理查德·列万廷（Richard Lewontin）在他们的经典著作《辩证的生物学家》（*The Dialectical Biologist*）一书中表达了对恩格斯的敬意。他们对恩格斯的分析进行了大量引用（尽管也有少量批评）。② 莱文斯和列万廷的哈佛大学同事、古生物学家和进化理论学家斯蒂芬·杰·古尔德（Stephen Jay Gould）认为，恩格斯为"基因-文化共同进化"（gene-culture coevolution）提供了 19 世纪最好的例证——达尔文一生中对人类进化的最佳解释，因为"基因-文化共同进化"是一切自洽的人类进化理论都应采取的形式。③

恩格斯对辩证法的发展最终被证明是最具革命性的。李约瑟在他的《时间，清新之河》（*Time, the Refreshing River*）一书中对"整合层次"（或曰"涌现性"）的开创性分析，从本体论、认识论和方法论上肯定了这一发展的意义：

> 马克思恩格斯大胆断言，辩证过程实际上发生在自然本身的进化过程中，而且毋庸置疑，它发生在我们对自然的思考中，因为我们的思想和我们本身都是自然的一部分。我们应将自然看作一系列层次的组织，一系列辩证的综合体。从基本粒子到原子，从原子到分子，从分子到凝胶体，从凝胶体到活细胞，从细胞到器官，从器官到身体，从动物身体到社会交往，这一系列组织层次是完整的。我们仅需要能量（现在称之为物质和运动）和不同的组织层次（或稳定的辩证综合体），就足以构建我们的世界。④

---

① J. B. S. Haldane, *The Marxist Philosophy and the Sciences* (New York: Random House, 1939), pp. 199 - 200.

② 参见 Richard Levins and Richard Lewontin, *The Dialectical Biologist* (Cambridge, MA: Harvard University Press, 1985)。

③ 参见 Stephen Jay Gould, *An Urchin in the Storm* (New York: W. W. Norton, 1987), pp. 111 - 112。

④ Joseph Needham, *Time, the Refreshing River*, pp. 14 - 15.

四、"人类世"时代的恩格斯

当代科学界普遍认为（虽未经官方认定），延续了近 1.2 万年的"全新世"（Holocen）地质时代已经结束，自 20 世纪 50 年代以来的"人类世"时代已经开启。人类活动对环境影响的"大加速"（Great Acceleration）标志着"人类世"的开端，此时人类的经济规模已经与地球本身的生物地球化学循环（biogeochemical cycles）相冲突，从而导致确保人类生存安全的生态红线被僭越。因此，"人类世"这一说法也与兰克斯特早先所说的"人类王国"相吻合。从批判的意义上讲，这意味着：人类在全球范围内日益成为地球自然环境的"干扰者"。对此，社会别无选择，只能寻求对科学的合理应用，从而推翻将科学沦为"向资本家提供财富和奢侈品"的一种手段的社会秩序。① 用恩格斯（和马克思）更具说服力的话来说就是：只有实现生产方式和分配方式的转变，进而合理地调节人类与自然之间的"新陈代谢"，才能为合理地运用科学创造条件，任何其他过程都只会招致灭顶之灾。

在"人类世"时代，恩格斯的生态学辩证法的价值最终彰显出来。正是在这里，他所强调的万事万物的相互依存、对立统一、内在联系、非连续变化、突发演进、生态系统和气候破坏的现实性，以及对线性发展观的批判等，均对人类和地球的未来发展至关重要。恩格斯敏锐地意识到，在现代科学观念中，"现在整个自然界也融解在历史中了，而历史和自然史所以不同，仅仅在于前者是**有自我意识的**机体的发展过程"②。人类与自身劳动和生产过程的异化，以及与"自然新陈代谢"的异化，实际上预示着人类社会和自然环境的毁灭。资本数量的增长导致人类与地球之间的关系发生了质变，而只有生产者的联合体才能理性地解决这一问题。这与一个事实有关，即特定性质的生产方式（比如转变为资本主义）是与特定数量的需求模式相联系的；而生产方式（比如社会主义）性质的转变就会导致完全不同的数量需求模式。

---

① 参见 Joseph Lester，*Ray Lankester and the Making of Modern British Biology*（Oxford：British Society for the History of Science，1995），p. 164。

② 《马克思恩格斯选集》第 3 卷，第 940 页。

　　恩格斯认为，资本主义正在"挥霍"世界上的自然资源，包括化石燃料。他指出，城市污染、土地荒漠化、森林砍伐、土壤退化和（区域性）气候变化都是无计划、无控制、破坏性生产方式的结果，这在资本主义商品经济中表现得最为鲜明。恩格斯与马克思和李比希一样认为，伦敦严重的污水问题就是新陈代谢断裂的表现。① 恩格斯还着重说明了天花、霍乱、斑疹、伤寒、肺结核、猩红热、百日咳和其他危及工人阶级生存环境的周期性流行病，以及营养不良、过度劳累、工作中接触有毒物质和各种工伤等问题不断蔓延的阶级基础。他强调指出，基于热力学的新发现，历史性的生态改变不可逆转，人类自身的生存终将受到威胁。就目前生产与环境的关系而言，人们所面临的处境是：要么革命，要么毁灭。城市环境对工人的"社会谋杀"，以及殖民时期爱尔兰和印度的饥荒，都是资本主义社会中极度剥削、生态退化甚至大规模人口灭绝的表现。

　　在所有这些分析的基础上，恩格斯与马克思一样认为，联合起来的生产者应该在既满足个人和集体的需要又符合（或顺应）科学所揭示的自然规律的前提下来调节人类与自然之间的"新陈代谢"。然而，这种对科学的理性应用在资本主义制度下是不可能实现的。在资本主义制度下，发展本身是不可控的，因为它建立在短期个人利益的基础之上。为了实施符合人类需要和环境可持续发展要求的全面、合理的科学方法，就需要建立一种基于人类后代利益考量而进行长远规划的社会制度。

　　恩格斯的分析从一开始就隐含着一个可被称为"环境无产阶级"（environmental proletariat）的概念。也就是说，在资本主义关注"资本的政治经济学"的同时，受压迫最深同时也最激进的工人阶级应该从基本需求出发，以此来关注生存的整体性（the entirety of existence）。像马克思那样把工人阶级的目标称为"工人阶级的政治经济学"并没有错，但在今天的语境下，更确切的说法应该是：工人的革命斗争主要是为了创造一种崭新的"政治生态学"，以此来关注他们自身的整体生存环境和基本生活条件，而这些目标只有在共享的基础上才能实现。恩格斯在《英国工人阶级状况》中充分地阐释了这一点。在这部著作中，他系统地揭露了空气和水的污染、食品的掺假、营养的缺乏、工作中接触的毒物、频繁的工伤以及工人阶级的高发病率和高死亡率，并把为社会主义而奋斗作为唯一的前进方向。

---

　　① 参见《马克思恩格斯全集》第18卷，人民出版社1964年版，第293－294页。

事实上，恩格斯在《英国工人阶级状况》中提出的问题在"人类世"时代再次凸显。恩格斯的早期著作也对马克思产生了深远的影响，促使马克思将"周期性流行病"与土壤破坏一起视作"新陈代谢断裂"的表现。此外，《资本论》中的许多内容实际上也是数十年后人们试图更新恩格斯的流行病学分析的一种理论资源。今天，在新型冠状病毒疫情大流行的背景下，这些理论洞见作为为争取一个生态社会主义的世界而进行的长期革命的理论基础，具有更加重要的现实意义。然而，为了推进这种分析，就必须探索一种植根于人与自然的"同一性"（oneness）概念的辩证科学和艺术。

第三编

国外马克思主义研究文献导读

第 15 章 马克思主义的帝国主义理论导读 *

克劳德·塞尔法蒂/文   王玥/译

本章无意对马克思主义的帝国主义理论这一专题的文献进行详尽无遗的评论，只是想尽量粗略地陈述一些依然具有现实意义的主题，旨在呈现当代有关该理论的研究的多样性。本章首先简要介绍构建于 20 世纪初的经典帝国主义理论，然后根据一些当代学者的观点探讨这些理论的现实性，最后重点阐明关于帝国主义之间战争的结束和军国主义等根深蒂固的问题，这一重要视角在当代马克思主义关于帝国主义的文献中一直遭到忽视。

一、分析的互补性

约翰·霍布森（John Atkinson Hobson）于 1902 年撰写了第一部关于资本主义的帝国主义扩张的批判性著作。在这部著作中，他认为这一扩张始于 1870 年，并于 19 世纪 80 年代中期开始全面发展。① 霍布森是一位自由主义者，他认为自由贸易对于解决资本主义的弊端必不可少，这些弊端表现为消费不足和社会不平等的永久性趋势。他还认为，有必要与金融资本的寄生性做斗争。鲁道夫·希法亭的《金融资本》（*Le Capital financier*）出版于 1910 年，在接下来的几年中，希法亭进一步发展了金

* 本章原载：《国外理论动态》2021 年第 5 期。原文来源：Claudie Serifati，"［Guide de lecture］Les théories marxistes de l'impérialisme," *Période*，7 mai 2018。翻译有删减。克劳德·塞尔法蒂（Claudie Serifati）：法国圣康丁昂伊夫利纳凡尔赛大学社会经济研究所。王玥：北京大学哲学系。

① 参见 J. A. Hobson, *Imperialism: A Study* (New York: James Pott and Co., 1902)。

融资本理论。《金融资本》是一部讨论帝国主义问题的开创性著作。在这部著作中，希法亭认为，帝国主义是有关金融资本的经济政策。其他马克思主义者同样分析了帝国主义，其中列宁的著作《帝国主义是资本主义的最高阶段》显然最广为人知。在这部著作里，帝国主义被定义为"是发展到垄断组织和金融资本的统治已经确立、资本输出具有突出意义、国际托拉斯开始瓜分世界、一些最大的资本主义国家已把世界全部领土瓜分完毕这一阶段的资本主义"①。列宁认为，他关于帝国主义的研究是对当时帝国主义理论研究的贡献之一。尼古拉·布哈林和罗莎·卢森堡（Rosa Luxemburg）的著作同样重要，在关于帝国主义的定性讨论中更是如此。

20世纪初期，马克思主义分析的共同结论是，帝国主义是从资本主义的基本特征发展而来的，它标志着资本主义进入了一个新的历史时期。据此，马克思关于"创造**世界市场**的趋势已经直接包含在资本的概念本身中"②的分析得到了充分证实。

在这一背景下，帝国主义理论出现了两个重要创新，分别体现在由列宁和卢森堡给出的补充定义中。对于列宁而言，"如果必须给帝国主义下一个尽量简短的定义，那就应当说，帝国主义是资本主义的垄断阶段"③。在卢森堡看来，"帝国主义是一个政治名词，用来表达在尚未被侵占的非资本主义环境中所进行的资本积累"④。这些表述概括了进入帝国主义时代的两个主要转变。一方面，资本积累和再生产的动力导致垄断金融资本形成，垄断金融资本控制了旨在用于增殖的各种类型的资本：生产资本、商业资本、借贷货币资本、土地和不动产资本等。⑤另一方面，全球空间——一个比"世界市场"更恰当的术语——的形成离不开国家的作用，

---

①　《列宁全集》第27卷，人民出版社2017年版，第401页。

②　《马克思恩格斯全集》第30卷，第388页。

③　《列宁全集》第27卷，第401页。

④　卢森堡：《资本积累论》，彭坐舜、吴纪先译，三联书店1959年版，第359页。布哈林在《帝国主义与资本积累》（*L'impérialisme et l'accumulation du capital*）的第四章对其进行了毫无根据的批评。

⑤　在关于资本主义危机的性质这一问题上存在着深刻的分歧，卢森堡是布哈林批评的对象。亨利克·格罗斯曼（Henryk Grossman）主要将帝国主义的兴起与应对资本积累过度（资本相对于利润量过多）和恢复盈利能力的需要联系起来。马克思将"对外贸易"（这个术语实际上也包括现在所谓的外商直接投资）作为对抗利润率下降的手段之一。格罗斯曼借鉴马克思的相关论述来展示帝国主义扩张的多重功能。参见 Henryk Grossman, *The Law of Accumulation and Breakdown of the Capitalist System* (London：Pluto Press, 1992)；Michael Roberts, "Imperialism, Globalization and the Profitability of Capital," *Rupture Magazine*, no. 1 (2017)。

国家在垄断金融资本的国际扩张阶段发挥着核心作用，并绘制出国家间体系的新格局，即卢森堡所称的"国家体系"。

如今，争论的问题是"经济"动力与地缘政治动力之间的关系。大卫·哈维（David Harvey）认为，这是两种独立的逻辑。亚历克斯·卡利尼科斯（Alex Callinicos）以乔治·W. 布什在 2003 年发动的伊拉克战争为例，认为这两种动力相互交织，但并不能因此而将两者视为相互还原的关系。[①] 对于美国的经济竞争者而言，美国对石油资源的控制同时也是巩固地缘经济地位的一种手段。

无论如何，考虑到国家在垄断金融资本与帝国主义的形成方面发挥的作用，上述诊断仍然同马克思的研究一脉相承。事实上，《资本论》中的分析常常被解释为描述了这样一种资本主义，其纯粹的经济再生产规律可以轻易地摆脱国家的影响。这种解读是错误的。仔细阅读马克思的著述，更确切地说，阅读他关于殖民主义的文献，可以发现他不仅始终从世界市场出发进行分析，而且认为世界市场的建构是在欧洲国家的干预下完成的。因此，包含国家强制的原始积累的暴力手段，并非只存在于资本主义发展的初始阶段，而是一再发生的。它们补充了"正常"的积累过程，其中雇佣劳动者与雇主以"自由"契约人的身份相互对立。"全球化"使当今的"正常"积累形式与"原始"积累形式并存且相互作用，呈现出一种不平衡与综合发展的现象。

二、不平衡与综合发展

一种假说认为，垄断金融资本主导的积累是存在于不同层次的国家间制度框架内的积累，这一假说与经济趋同理论相反。经济趋同理论是主流理论模式的基础，也是自 20 世纪 80 年代以来在国际范围内广泛实施的经济政策的意识形态基础。假说中提到的问题曾在历史中出现过，例如，列夫·托洛茨基（Leon Trotsky）在其关于俄国 1905 年革命的小册子《总结与前瞻》（*Bilan et Perspectives*）中就讨论过这一问题。他认为，资本主义不会在与世隔绝的国家得到发展，因此：

① 参见 Alex Callinicos，*Imperialism and Global Political Economy*（London：Polity，2009）。

经典帝国主义时代，这种分离仍然是局部的。因此，马克思主义者对经济与政治之间相互作用的思考是正确的——换言之，"国家与资本的融合"在战争中达到极致。然而，在第二次世界大战后，"对经济的迫切需求已足够强烈和深入，足以构成帝国统治的坚实工具"①。在国际体系中组织起来的国家不会随着"资本的帝国"的出现而消失，它们的作用仍然是决定性的。然而，当这些强制手段被应用于发展过程（原始积累的过程）时，伍德"未完成"对积累逻辑的分析这一缺陷就暴露出来；而当这些强制手段由军事手段（来自美国）构成时，它们在政治与经济方面都意味着很高的代价，并且与资本主义的发展相矛盾。②

3. 哈维与"新帝国主义"

哈维将资本主义的帝国主义的出现时间追溯至 19 世纪中叶，这一时期资产阶级在欧洲国家掌握了权力，这与汉娜·阿伦特（Hannah Arendt）的界定是一致的。哈维在帝国主义内部区分了构成资本主义历史脉络的两种逻辑：积累逻辑与领土逻辑。由于资本主义面临着资本过度积累的威胁，故而将地理扩张视作解决这一问题的最有效方式之一。不间断的领土扩张被视为应对积累过程中周期性困境的一种尝试，也是实现剩余价值的最有效手段之一。哈维在阐释上述过程时使用了一个难以理解的术语，即"空间修复"。帝国主义是资本主义实现这种扩张所采取的手段。然而，哈维观察到，上述两种逻辑的融合在当下遇到了困难。这些困难基于这样一种事实，即控制空间的资本积累需要大量不可移动的固定资本，因此在长期投资方面，最好的情况是确保资本在长远的时间范围内盈利。由此，资本努力通过"剥夺式积累"来克服其在征服空间时所遇到的障碍，尽管哈维如此解释"剥夺"（dispossession）这一概念，但它与马克思所使用的"原始积累"概念的内涵已相去甚远。约翰·史密斯（John Smith）认为，哈维实际上否认了"帝国主义"概念。③

---

① Ellen M. Wood, *Empire of Capital* (London: Verso Books, 2003), p. 117.

② 参见 Bob Sutcliffe, "Imperialism Old and New: A Comment on David Harvey's *The New Imperialism* and Ellen Meiksins Wood's *Empire of Capital*," *Historical Materialism* 14, 2 (2007): 64。

③ 参见 John Smith, *Imperialism in the Twenty-First Century: Globalization, Super-Exploitation, and Capitalism's Final Crisis* (New York: Monthly Review Press, 2016)。

4. 跨国帝国主义

关于跨国帝国主义的观点基本上与先前对国家问题的分析完全相反。事实上，在一些马克思主义者眼中，过去 30 年间资本的国际扩张——也被称为全球化——代表了一种激进的变化，这种变化通常被称作跨国帝国主义。威廉·罗宾逊（William Robinson）总结道：

> 全球化代表着世界资本主义不断演进的新纪元，全球化生产和金融体系的兴起、跨国资本家阶级的涌现以及早期跨国国家机器的出现是其主要特征。①

> 跨国资本家阶级由大型跨国公司的股东和经理人、国际机构的行政精英、主要政党的领导人、媒体巨头、南北方国家的技术精英和高级官员以及提供意识形态支持的一些知识分子组成。②

新的历史时代所依托的三个基础，即全球生产与融资、跨国资本家阶级以及跨民族国家，在世界范围内再现了资本主义国家在民族国家框架内的长期发展过程。因此，经典帝国主义理论虽然是有根据的，但在历史层面已经时过境迁。事实上，今天，全球化在经济、政治和文化意识形态领域发挥着作用。③ 因此，尽管资本主义力量是新兴全球体系出现的始作俑者，但新兴全球体系比全球资本主义的规模还要大。

这种关于跨国帝国主义的观点常常被视作接近于考茨基在世界大战期间提出的关于出现了超帝国主义的猜想。考茨基认为，帝国主义之间的竞争并非不可避免，并且"大型帝国主义国家之间世界大战的后果可能是其中最强大的国家之间组成一个联盟，从而放弃军备竞赛"。④

根据一些马克思主义者（比如帕尼奇和金丁）的观点，考茨基勾勒出的这种暗含在以往著作中的"和平"资本主义设想（而不是列宁提出来的理论）在第二次世界大战结束后不久才真正得以实现。对于一些跨国资本

---

① 威廉·罗宾逊：《全球资本主义理论与跨国精英的出现》，罗理章译，《理论与评论》2018 年第 2 期，第 89 页。

② 参见 William Robinson, *A Theory of Global Capitalism: Production, Class, and State in a Transnational World* (Baltimore MD: Johns Hopkins University Press, 2004), pp. 75 - 76。

③ 参见 Leslie Sklair, "The Transnational Capitalist Class and the Discourse of Globalisation," *Cambridge Review of International Affairs* 14, no. 1 (2000): 67 - 85。

④ 参见考茨基的著作《社会主义与殖民政策》（*Socialism and Colonial Policy*），尤其是第 9 章。

主义的支持者来说，这一设想是在 20 世纪 80 年代之后实现的。经典马克思主义的分析认为，一些国家失去了其他国家正在获得的东西。然而，经典帝国主义理论的批评者指出，经济交往的发展不是"零和"博弈，而是有利于资本主义的发展，这或许可以解释帝国主义国家之间的和平局面。不过，这种观点也遭到批评，因为它基于对经济体之间相互依存以及国家之间相互合作的认可，但事实上这只是资本竞争的模式之一。

　　跨国帝国主义的论点遭到了一些批评。跨国阶级的有效整合似乎并未得到针对大型跨国公司领导网络的实证研究的证实。事实上，不可否认的是，引领大型全球集团的跨国网络的建立，还要依托对此采取抗拒态度的国家。① 此外，这一论点的依据是国家的工具化概念，即认为国家应当机械地适应跨国资本的需求。因此，目前的状况重现了国家适应资本需求的情形，这与两个世纪前在国家体系内发生的情形相同。这一观点显然对国家的形态和作用缺乏了解。② 对此，我们可以补充一点：这种将穿梭于国家间的资本流动与"全球资本主义"——一个引起广泛争议的术语——的出现相混同的做法带来了论辩上的困扰，这是因为资本主义的关系反映的是社会关系，这些关系是在政治层面构建起来的，同时也是在领土层面确定下来的。③ 以金融资产的形式出现的资本所有权能够以光速在世界范围内流通，但其估值最终取决于生产过程所产生的价值，这一生产过程保持着本土化特征，并根据其所在国家的不同而有所不同。因此，这种不平等状况是与资本主义密不可分的。最后，植根于本国领土的军事安全机构不仅具有防御（或攻击）敌国的客观目标，而且还是旨在维持国家内在秩序的要素，在这样的情形下，社会关系的"和平"再生产论断就站不住脚了。④

　　我们还可以考察一下跨国帝国主义理论是如何分析 2008 年金融危机的影响的。这场危机的确助长了大型跨国公司在接近或已经达到饱和的市场中的竞争。危机导致最强大的政府为保护其领土内的资本而实施的保护主义措施进一步加强。这岂不是恰好印证了民族国家资产阶级之间竞争的

---

① 参见 W. C. Carroll, *The Making of a Transnational Capitalist Class*?（London：Zed Books, 2010）。

② 参见 Ellen M. Wood，"A Reply to Critics," *Historical Materialism* 15，3（2007）。

③ 参见 Claude Serfati，"The New Configuration of the Capitalist Class," *Socialist Register*, 2013。

④ 参见 K. Van der Pijl，"Globalization or Class Society in Transition?" *Science & Society*, 65, no. 4（2001）。

持续性？这并不符合罗宾逊的观点，即跨国精英中最自觉的阶层需要更强大的跨国国家机器，以加强对跨国资本家阶级的控制。[1] 因此，这些流派似乎都无法解释西方国家与中国、俄罗斯之间日益加剧的紧张局势和竞争。

5. 一种欧盟帝国主义？

欧盟的制度发展促使马克思主义者对其组织形式产生了兴趣。[2] 厄内斯特·曼德尔（Ernest Mandel）很早就对欧洲资本的出现做出了判断，他认为资本日益国际化的趋势正在推动欧洲创建一个"超民族的帝国主义国家"[3]。可预见的是，欧洲大陆内将逐渐形成一种加强欧洲资本力量并加剧帝国主义之间竞争的资本融合，从而在两个方面表现出不同于列宁的分析：（1）帝国主义势力减少为三方（美国、欧洲、日本）；（2）帝国主义之间的战争在世界范围内消失，但不排除"代理人"、殖民征服或反对革命运动的地方性帝国主义间的战争。[4]

古列尔莫·卡尔凯迪（Guglielmo Carchedi）也认同这一假设，他认为，"从诞生之日起，欧盟就将帝国主义倾向铭刻在其基因中"[5]，并且欧元的诞生是欧洲"帝国主义集团"形成的决定性因素。但是，这绝不标志着民族国家的终结，民族国家自身与其他大多数国家仍存在着联系。欧盟军事能力的发展是不可避免的，以至于它将成为美国的竞争对手，"能够捍卫自己的利益，包括在必要时对抗美国的利益"[6]。因此，这种观点与前文提到的关于美帝国的论点以及尼科斯·普兰查斯（Nicos Poulantzas）的观点相反，后者认为，美国资本对于其他国家资本的渗透会导致欧洲资

---

[1]　参见 William Robinson, "Debate on the New Global Capitalism: Transnational Capitalist Class, Transnational State Apparatuses, and Global Crisis," *International Critical Thought* 7, no. 2 (2017)。

[2]　一些马克思主义者提出了"亚帝国主义"的假设，其与依附理论的交叉关系显而易见。鲁伊·马里尼（Ruy Marini）是该观点的主要提出者之一，他于 20 世纪 60 年代针对巴西提出了这个分析框架。最近的有关评论，参见 Richard Fidler and Claudio Katz, "Imperialism Today: A Critical Assessment of Latin American Dependency Theory Imperialism," *MRonline*, mars 2018。

[3]　Ernest Mandel, *Le troisième âge du capitalisme* (Paris: Éditions de la Passion, 1997), p. 260.

[4]　参见上书，第 264 页。

[5]　Guglielmo Carchedi, "Imperialism, Dollarization and the Euro," *Socialist Register*, 2002: 163.

[6]　Guglielmo Carchedi, "The Military Arm of the European Union," *Rethinking Marxism* 18, no. 2 (2005): 335.

产阶级将美帝国主义的利益"内在化"。但是，普兰查斯没有考虑到相反的情况，即欧洲资本渗透到美国领土的过程。① 卡尔凯迪认为，由于美国是唯一的霸权国家，所以它是唯一拥有系统性地侵占所创造的价值的工具的国家。结果，美国不仅可以从其依附国那里获取价值，还可以从欧盟国家那里获取价值。② 这种认为美国"剥削"发达国家的观点是非常有争议的。

卡尔凯迪的论证中存在的另一个争议点在于，今天占主导地位的资本是生产资本而不是金融资本。③ 尽管考虑到大多数马克思主义者用"金融化"代替了"金融资本"这一术语，但本章在此无法围绕后者的贴切性这一中心问题详细展开讨论。而有关金融化的专题文献往往与帝国主义的研究相脱节。在此，有必要强调普拉巴特·帕特奈克（Prabaht Patnaik）和乌特萨·帕特奈克（Utsa Patnaik）的研究，他们认为当代帝国主义就是民族国家支持的国际金融帝国主义。

毫无疑问，欧盟是当代帝国主义的重要载体和主要组成部分。一个多世纪以来，有影响力的欧盟成员国成为帝国主义发展的核心。然而，寄希望于像设置统一货币那样发展一种统一的防御体系是徒劳的。使用欧元是大多数成员国共同参与的政治计划，同欧洲资产阶级加强攻击雇佣劳动者的共同努力相一致。然而，在防御方面（即使存在联盟和融合），没有统一的欧洲计划，甚至还没有形成中期的法德"组合"。法国在其军事"竞争优势"上的两极分化——不论是从技术工业的角度还是从实际作战的角度来看——与德国不同，德国的工业实力迄今为止确保了其统治阶级在全球令人满意的地位。此外，其他有影响力的欧盟成员国也还没有准备好接受多年来欧洲的安全（和军事）机制将法国置于欧洲大陆领导者之位的事实。

这些有关欧洲防御的问题再次强调了这一视角的必要性，即必须考虑一个国家在整个世界中的地位的双重表现：经济方面与政治、军事方面。

---

① 2017年，欧洲企业对美直接投资累计达2.7万亿美元，美国企业对欧直接投资达2万亿美元。

② 参见 Guglielmo Carchedi，"Imperialism，Dollarization and the Euro,"*Socialist Register*，2002：157。

③ 参见上书，第166页。

五、关于帝国主义间战争终结问题的讨论

正如我们所看到的，大多数学者认为，1945 年以来帝国主义间战争的结束使经典帝国主义理论不再适用。世界大战的确是民族国家范围内形成垄断资本的结果，由此资本主义之间的竞争变成帝国之间的战争。在本章看来，正如这一判定所解释的那样，这些战争的终结带来了一种严重的后果：在当代资本主义的分析中，军国主义的地位被边缘化。[①] 当军国主义的问题罕见地在世界经济领域被提出时，几乎都是为了阐释美国的世界警察角色。而关于上述事实的分歧表现为，这一角色是围绕美国资本的利益还是已经出现的跨国统治阶级的利益而展开的。

忽视军国主义的原因是多方面的，亚历山大·阿涅瓦斯（Alexander Anievas）的分析对我们有所启发。他指出，即使在讨论第一次世界大战时，"马克思主义思想家（至少在英语世界）也很少关注战争起源的理论研究"[②]。

许多分析的错误在于它们未能把握军国主义的政治经济学维度，事实上军国主义伴随着资本主义的扩张并在世界大战中达到顶峰。马克思恩格斯将军国主义植根于资本主义社会关系的时间追溯到了普法战争。当时，国家形式正在发生变化，因为"军队变成了国家的主要目的，变成了目的本身；人民之所以存在，只是为了当兵和养兵。军国主义统治着并且吞噬着欧洲"[③]。在分析这种"统治着并且吞噬着欧洲的军国主义"时，恩格斯指出了导致这场动乱不可避免的三个原因：首先，地缘经济竞争构成了解释框架；其次，"军事技术竞赛"如今已毫无节制，尽管这使各主要国家的破坏力趋于均等；最后，它对公共财政的压力越来越大，甚至存在导致国家破产的风险，从而威胁到整个资本主义大厦。

恩格斯评论的引人关注之处体现在两个方面。一方面，他认为军国主

---

① 参见 Claude Serfati，*Impérialisme et militarisme. Actualité du vingt-et-unième siècle* (Lausanne：Page deux，2004)。

② 参见 Alexander Anievas，"La théorie marxiste et les origines de la Première Guerre mondiale," *Période*，http：//revueperiode. net/la-theorie-marxiste-et-les-origines-de-la-premiere-guerre-mondiale/。

③ 《马克思恩格斯选集》第 3 卷，第 550 页。

义显然具有对抗外部敌人的动员功能。同时，它还具有内部的"意识形态"使命，旨在动员民众致力于"保卫祖国"，从而需要通过适当的强制手段来控制持反对态度的"内部敌人"。仅仅在恩格斯发表这一观点的几年后，卡尔·李卜克内西也对军国主义的这些外部与内部职能产生了兴趣。① 另一方面，恩格斯的分析要求我们，不要去反对资本积累的动力。在他那个时代，随着几年后在帝国主义阶段形成了国家间的等级体系，这一动力呈现出了国际维度。军国主义正在欧洲国家的中心扎下根来，它将对世界秩序的发展产生持久的影响。卢森堡是所有帝国主义理论家中最清楚地洞察到军国主义多重职能的人。她的著作《资本积累论》（*The Accumulation of Capital*）中有一章题为"作为资本积累领域的军国主义"。正如该标题所示，这是针对军国主义经济维度的最详尽的研究。此外，卢森堡的另一篇鲜为人知但同样体现出其洞察力的文章，是发表于 1899 年的《民兵与军国主义》（"The Militia and Militarism"）。②

总而言之，不能将植根于 19 世纪帝国主义国家中的军国主义简化为它在帝国主义战争中的表现（或结果）。列宁不无讽刺地将 1871—1914 年资本主义的"和平"扩张与第一次世界大战最激烈的时期做了对比，对于前者而言，资本主义"在尚未被占领的广大地域之上，在尚未以决定的形式被卷入资本主义的漩涡的国家之内"③ 能够以和平的方式扩张和发展。他补充说，对于先进国家的大多数人口以及殖民地与落后国家的亿万人民来说，这个时期"并不是'和平'的时代，而是不知所底的可怕的压迫，是痛苦与恐怖的时代"④。

今天，在当代资本主义发展形态方面，对军国主义之作用的低估常常导致人们认为，在帝国主义形成的几十年内，国际关系的唯一模式是大国之间的军事对抗和战争。然而，大型国家集团之间的国际合作——体现为卡特尔、企业合并、国际银行组织等形式——在所有经典帝国主义理论家的著作中都占有突出地位。事实上，即使是敌对国家——法国与德国、英国与德国——的"军火商"也经常展开合作，共同开拓新市场。

---

① 参见 Karl Liebknecht, *Militarism & Anti-Militarism* (Cambridge: Rivers Press Limited, 1973)。

② 参见 Rosa Luxemburg, "The Militia and Militarism," *Leipziger Volkszeitung*, 20-26 février, 1899。

③ 布哈林:《世界经济与帝国主义》，杨伯恺译，上海辛垦书店 1930 年版，"序言"第 3 页。此书"序言"由列宁撰写。

④ 同上书，"序言"第 4 页。

　　关于军国主义在帝国主义理论中的地位问题的探讨不只是存在于过去，当代大多数学者针对第二次世界大战后开放时期军国主义的相关分析同样令人遗憾。美国无可争议的霸权地位使主要资本主义大国之间不可能发生军事冲突。然而，第二次世界大战后出现的全球联系为军事领域提供了决定性的地位。这首先表现在美国，它在资本主义内部的政治关系中"内化"了其所扮演的"世界警察"角色。英国和法国作为世界大战的战胜国也是如此[1]，即便是法国，也是由于其他战胜国的支持才获得了这样的地位。处于不同等级地位的这三个国家构成了本章所谓的"跨大西洋集团"（Le bloc transatlantique）的支柱。这个"跨大西洋集团"不是一个地理区域，而是一个地缘经济区域。这个集团在生产规划以及金融和工业交流方面都是一体的，在军事方面则以联盟的形式组织起来。因此，它既包括美国和欧洲，也包括与之存在军事联盟的国家（澳大利亚[2]、以色列、日本等）。跨大西洋集团必须面对来自其他大国的地缘经济竞争，首先是拥有联合国安理会常任理事国席位的国家（中国、俄罗斯），然后是寻求巩固其区域地位的国家（伊朗）。

　　跨大西洋集团不是一个同质性的整体，经济竞争贯穿于其中，政治和军事力量继续发挥着重要作用。全球空间依旧由资本积累和国家间体系这双重动力所构成，从而揭示出这两种基础性动力在当代帝国主义结构中具有的持久性。因此，一个国家在全球空间中占据的位置既取决于其经济表现——这当然包括其获取其他国家所创造的价值的能力，也取决于其政治和军事实力。这既依赖于一系列"和平"的工具（软实力），例如文化、外交，尤其是在联合国的影响力等，也依赖于一系列军事手段。军事手段可以采取间接方式，例如威胁和/或援助受其经济和政治影响的国家（通过售卖军事武器、提供军事支持）等，也可以采取直接方式，例如通过公开的军事干预、特别行动等。

　　在不同国家，经济表现与政治力量的混合程度有所不同，包括那些可以被称为帝国主义的国家。对此，只需要比较法国和德国，就足以令人信服了。自2008年以来，法、德两国对经济和军事杠杆的使用越发存在差异。因此，这种混合的国家形态反映了一个国家在全球空间中的国际定

---

　　[1]　参见 Jörg Nowak and Ekrem Ekici, "The Return of the National Imperialist State," *Rupture Magazine*, no. 1 (2008)。

　　[2]　法国与澳大利亚之间的工业和战略军事合作显著加强，澳大利亚像法国和美国一样，将军事力量渗透至太平洋和印度洋区域。

位。但反过来，全球空间的变化必然构成分析一个国家具体情况的出发点，国家的发展情况总是结合了经济和国际地缘政治的演变（不平衡与综合发展），并以统一的方式呈现出来。我们在此验证了一个在以往文献中完全被忽视的假设：一方面，帝国主义是一个历时性概念，一个世纪以来其格局已经发生了改变；另一方面，帝国主义也是资本主义列强实施的一系列具体实践。

第 16 章　马克思主义的商业资本主义史研究阅读指南*

贾鲁斯·巴纳吉/文　　　张彦琛/编译

一、引言

《资本论》第 3 卷第四篇是马克思论述商人资本（merchant's capital）或商业资本（trading capital）的最长文本。首先必须明确的是，马克思严格地将"商品经营资本"（commercial capital）——他所说的商人资本的两种基本形式之一，另一种是"货币经营资本"（money-dealing capital）——视为产业资本流通的一种功能。[①] 商人只是产业资本的"代理人"，其唯一职能就是买卖构成工业企业的商品资本（commodity capital）的商品。

我认为，马克思主义者不应机械地坚持将马克思在《资本论》第 3 卷第四篇第十六章"商品经营资本"中关于该概念的"理论界定"作为书写资本主义历史的基础，这样的研究不会取得任何进展。相比之下，《资本论》第 3 卷第四篇第二十章"关于商人资本的历史考察"中涉及资本主义内部可能的"过渡"类型的段落是马克思论述商人资本的最精彩部分。[②] 除此之外，《政治经济学批判》《剩余价值理论》和《资本论》第 2 卷中也有关于商人资本的零星论述。其中最有价值的内容包括：《政治经济学批

---

* 本章原载：《国外理论动态》2022 年第 2 期。原文来源：Jairus Banaji，"［Guide de lecture］Pour une historiographie du capitalisme marchand，"*Période*，24 avril 2017。本章编译自英文电子期刊《历史唯物主义》（*Historical Materialism*）。翻译有删减。贾鲁斯·巴纳吉（Jairus Banaji）：英国伦敦大学亚非学院。张彦琛：北京工商大学马克思主义学院。
　① 参见《马克思恩格斯文集》第 7 卷，第 297 页。
　② 参见上书，第 364－366 页。

判》资本章中有关重商主义的论述①，有关委托包工制和大规模生产以及它们与威尼斯等主要贸易中心城市之间关系的论述②；《资本论》第 2 卷第二篇第十三章"生产时间"中有关被俄国商人控制的家庭手工业的论述。③ 尽管如此，在我看来，《资本论》第 3 卷第二十章中对商人资本的历史阐述仍然是不充分的，其中的某些判断有待商榷。

《资本论》第 3 卷中的一个悬而未决的重大理论问题与马克思对"商业工人"的地位的分析有关。相关内容可以参照马克思在该卷第四篇第十七章"商业利润"中的探讨，以及他在探讨中所面临的"困难"。马克思认为："困难在于：既然商人本身的劳动时间和劳动不是创造价值的劳动（尽管这种劳动为他在已经生产的剩余价值中创造出一个份额），他用来购买商业劳动力的可变资本的情况又是怎样的呢？这个可变资本是否应当作为成本支出而列入预付的商人资本中呢？如果不应当列入，那么，这看来是和利润率平均化的规律相矛盾的；当一个资本家只能把 100 算做预付资本时，哪一个资本家会预付 150 呢？如果应当列入，那么，这看来是和商业资本的本质相矛盾的，因为这一类资本所以能执行资本的职能，并不是由于它像产业资本一样推动了他人的劳动，而是由于它自己进行劳动，也就是说，执行买和卖的职能，并且正是由于这个缘故和通过这个途径，才把产业资本所生产的剩余价值的一部分转移到自己手里。"④ 换言之，商业资本家雇用的雇佣劳动者能否生产价值和剩余价值？在这个问题上，马克思面临的"困难"显而易见：既然商业资本家不生产价值（马克思很清楚这一点），那么商业工人是如何生产剩余价值的呢？⑤

二、商业资本主义：总体研究

米哈伊尔·波克罗夫斯基（Mikhail Pokrovsky）是著名的马克思主

---

①　参见《马克思恩格斯全集》第 46 卷上册，人民出版社 1979 年版，第 290 - 292 页。

②　参见上书，第 514 - 516 页。

③　参见《马克思恩格斯文集》第 6 卷，第 268 - 269 页。

④　《马克思恩格斯文集》第 7 卷，第 327 - 328 页。

⑤　早在 16 世纪资本主义萌芽时期，欧洲的商人就在农业活动低迷的季节向农民提供原材料，让他们加工制造产品。

义史学家和社会活动家，也是苏联历史学的奠基者。他的《从远古时代到商业资本主义兴起时的俄国历史》（*History of Russia from the Earliest Times to the Rise of Commercial Capitalism*）是一部尝试用商业资本来解释俄国历史发展的著作。在此书中，波克罗夫斯基将"商业资本主义"（commercial capitalism）视为俄国的一种社会经济形态。

约翰·巴伯（John Barber）的作品《危机中的苏联历史学家们：1928—1932》（*Soviet Historians in Crisis, 1928 - 1932*）的主要内容包括：有关波克罗夫斯基对苏联历史的重要意义的探讨，20 世纪 20 年代末斯大林对波克罗夫斯基的抨击，以及苏联政治活动家、共产国际早期领导人卡尔·拉狄克（Karl Radek）对于把"商人资本主义"（merchant capitalism）作为历史分析范畴所持的支持态度。

1984 年，大卫·奥姆罗德（David Ormrod）在《历史工作坊》（*History Workshop*）杂志第 18 卷上发表了《理查德·亨利·托尼与资本主义的起源》（"R. H. Tawney and the Origins of Capitalism"）一文。这篇文章分析了英国经济史学家理查德·亨利·托尼（Richard Henry Tawney）的作品的复杂性，阐明了"商业资本主义"范畴在托尼思想中的重要地位。在战后马克思主义传统的内部争论中，严格坚持将英国经济区分为商业与农业两部分的二分法占据了上风，比如罗伯特·布伦纳等人的著述。与此不同，托尼则在英国经济史研究中采取了更为平衡的方式，他的研究模糊了这种二分法的界限。

埃里克·米兰特斯（Eric H. Mielants）的《资本主义的起源与"西方的崛起"》（*The Origins of Capitalism and the "Rise of the West"*，Second edition），反对以纯粹的欧洲中心论视角来描述早期资本主义，就此来说，这是一部非常有用的导论性著作，但米兰特斯并未就此话题展开更多的理论探讨。

我的一篇文章《商人资本主义》（"Merchant Capitalism"）将资本积累模式分为四种主要形式，并对其在直至 19 世纪的几个世纪中的历史发展进行了类型学考察，为驳斥将商人资本习惯性地描述为"时过境迁"（antediluvian）、凸显商人资本在本质上所具有的现代性特征提供了强有力的案例。该文作为一个章节被收录在由萨拉·法里斯（Sara Farris）和阿尔贝托·托斯卡诺（Alberto Toscano）主编并即将出版的《马克思主义手册》（*Handbook of Marxism*）中。

三、古代的商业资本

由伊夫·罗曼（Yves Roman）和茱莉·达莱松（Julie Dalaison）主编的《古代经济：一种市场经济?》（*L'économie antique：Une économie de marché?*）收录了莫里斯·皮孔（Maurice Picon）的论文《罗马时代的手工和制造业生产：关于〈阿尔多·斯基亚沃尼中断的历史〉》（"Production artisanale et manufacturière à l'époque romaine：À propos de *L'Histoire brisée d'Aldo Schiavone*"）。这篇论文对世界知名罗马法学家阿尔多·斯基亚沃尼（Aldo Schiavone）及其对罗马经济组织持有的极简主义观点进行了令人印象深刻的批评。从事陶瓷研究的皮孔充分利用了考古学学科的交叉分析方法，并从玻璃和陶瓷行业中提取了关于商业资本的案例。

四、中世纪晚期和近代早期的商业资本主义萌芽

在《资本论》第 3 卷的最后一部分，即恩格斯编辑的"《资本论》第三册增补"中，马克思将威尼斯和热那亚描述为城市共和国，商人们生活在其中，而且心安理得地让国家为他们服务。而乔吉奥·克拉科（Giorgio Cracco）的著作《中世纪（12—14 世纪）威尼斯的社会和国家》（*Societa e stato nel medioevo Veneziano［secoli xii - xiv］*），虽然没有明确地从马克思主义的立场出发，但详尽地论述了 12 世纪至 14 世纪威尼斯的资本主义，展示了大商人对威尼斯共和国的控制程度和控制形式。克拉科指出，到了 13 世纪，商人资本的集中已经发展到足以摧毁早期参与海上贸易的各阶层的团结的程度。

穆罕默德·乌尔费里（Mohamed Ouerfelli）的《糖：中世纪地中海世界的生产、营销和使用》（*Le Sucre. Production，commercialisation et usages dans le Méditerranée médievale*）一书，对中世纪地中海的糖业发展进行了卓有成效的考察。该产业始于其在埃及的早期演变（在法蒂玛王朝和阿尤布王朝统治期间逐步向外扩张），随后沿着从东到西的路线跨越了地中海的各个地区，从而不断发展壮大。乌尔费里指出，随着更具价格

优势的糖从东大西洋不断流入地中海市场，到 15 世纪末，地中海的糖业步入了衰退期。在此书中，乌尔费里反复强调指出，商人资本（尤其是来自意大利的资本）在扩大和组织市场、投资制糖厂以及从一开始就赋予该产业国际性特征方面发挥了突出的作用。

托格内蒂·塞尔吉奥（Tognetti Sergio）在《为大型贸易服务的奢侈品行业》（*Un'industria di lusso al servizio del grande commercio*）一书中，对佛罗伦萨的丝绸业进行了案例研究。书中使用了大量商行商业文件中的档案材料，并强调了商业公司的现代性，认为这应归功于商人们所掌握的资源规模、他们的管理技能，以及他们对国际市场的深刻了解。

法国年鉴学派的代表性人物费尔南·布罗代尔（Fernand Braudel）的两卷本名作《菲利普二世时代的地中海和地中海世界》（*La Méditerranée et le monde méditerranéen à l'époque de Philippe Ⅱ*），无疑是有史以来最清晰、最生动的 16 世纪经济史。其中的第二部分是这两卷书的核心。在这部著作中，布罗代尔展示了资本家如何在除农业以外的贸易、金融和工业等地中海经济的主要部门之间无缝流动。除此之外，布罗代尔的另一部著作《15 至 18 世纪的物质文明、经济和资本主义》（*Civilisation matérielle et capitalisme，XVe — XVIIIe siècle*）第 2 卷中收录的大量资料同样引人关注。

利奥·诺德格拉夫（Leo Noordegraaf）的文章《荷兰北部的新服装业（1500—1800 年）》（"The New Draperies in the Northern Netherlands，1500‑1800"），收录在尼格利·哈特（Negley Harte）主编的《低地国家和英格兰的新服装业（1300—1800 年）》（*The New Draperies in the Low Countries and England，1300‑1800*）一书中。该文对荷兰羊毛纺织业的生产系统及其向一种更为集中的生产方式转变的过程进行了极为出色的马克思主义分析。

《意大利历史杂志》（*Rivista storica italiana*）1976 年第 88 卷发表了卡洛·波尼（Carlo Poni）的《工厂制度的起源：意大利北部丝绸厂的技术和生产组织（17—18 世纪）》（"All' origine del sistema di fabbrica：tecnologia e organizzazione produttiva dei mulini da seta nell'Italia settentrionale〔sec. XVii‑XVIii〕"）一文，对 17 世纪遍布意大利北部的博洛尼亚式水力丝绸厂进行了开创性的研究。波尼认为，这些大规模、机械化的生产场所比 19 世纪的英国工厂早了大约 200 年。他还指出，这些丝绸厂的投资主要来自大商人。该文特别强调了商人资本对劳动的控制，是 20 世纪

70 年代以来波尼最具马克思主义特征的作品。

《商人与革命：1550—1653 年的商业变革、政治冲突和伦敦的海外贸易商》（*Merchants and Revolution：Commercial Change，Political Conflict，and London's Overseas Traders，1550 - 1653*），可以说是美国马克思主义经济学家和历史学家罗伯特·布伦纳最好的作品。这部著作主要关注了伊丽莎白统治时期及其之后英国商人阶层的内部分化。但是，引人注目的是，该书一方面拒绝将这些商人描述为"商人资本家"（merchant capitalists），另一方面却以理所当然的姿态一再将土地贵族称为"资本家阶级"（capitalist class）。佩里·安德森撰写了有关此书的精彩书评。

曼纽尔·迪亚斯（Manuel Dias）在其两卷本著作《1415—1549 年葡萄牙的君主制资本主义：对研究现代资本主义起源的贡献》（*O Capitalismo monárquico Português，1415 - 1549. Contribuição para o estudo das origens do capitalismo moderno*）中，将葡萄牙视为欧洲资本主义的领跑者，认为葡萄牙尽管在政体形式上是君主制的，但本质上可被称为第一个真正意义上的资本主义国家。迪亚斯指出，葡萄牙的君主制资本主义采取了一种国家与（商业）资本合作的制度模式，这种伙伴关系结构与后来扩张到亚洲市场的法国和英国的股份制公司截然不同。

彼得·克利特（Peter Kriedte）的论著《农民、地主和商人资本家：1500—1800 年的欧洲与世界经济》（*Peasants，Landlords and Merchant Capitalists：Europe and the World Economy 1500 - 1800*），是最早打破斯大林主义的禁锢、回归商人资本主义研究并为其恢复名誉的马克思主义著作之一。

中国经济学家许涤新和吴承明的著作《中国的资本主义：1522—1840》（*Chinese Capitalism，1522 - 1840*），有一些非常令人感兴趣的章节，其中讲述了中国明清时期各个工商部门的"资本主义萌芽"。

五、其他相关研究

皮埃尔·古贝尔（Pierre Goubert）属于法国史学流派中的拉布鲁斯学派，他的专著《1600 年至 1730 年的博韦市和博韦地区：对 17 世纪法国社会史的贡献》（*Beauvais et le Beauvaisis de 1600 à 1730. Contribution à l'histoire sociale de la France du XVIIᵉ siècle*），回避了对理论问题的

深入探讨，然而其笔下所描述的那段以农村为主的法国历史充满了对
17—18 世纪法国资本主义的性质问题的关切，尤其是他解释了委托包工
制是如何将农村纳入国际贸易循环中的。

约瑟夫·米勒（Joseph Miller）的《死亡之路：1730—1830 年的商人
资本主义与安哥拉奴隶贸易》（*Way of Death：Merchant Capitalism and
the Angolan Slave Trade，1730 - 1830*），详细研究了葡萄牙的奴隶贸易，
探讨了商人资本在建立起对这种奴隶贸易的控制方面所发挥的作用。18
世纪是资本国际化的分水岭，也是米勒展开分析的总体视角。

1927 年，彼得·利亚什琴科（Peter Lyashchenko）发表了他的俄文
文章《1880—1890 年危机期间俄罗斯粮食经济的发展》（"The Develop-
ment of the Russian Grain Economy during the Crisis of 1880 - 1890"）。
1998 年，该文经哈里·瓦苏德万（Hari Vasudevan）翻译后被收录在由
其主编的《商业化与晚期俄罗斯帝国的农业：俄罗斯经济史研究文集》
（*Commercialization and Agriculture in Late Imperial Russia：Essays on
Russian Economic History*）一书中。在这篇文章中，利亚什琴科阐述了
"贸易资本主义"（trading capitalism）这一范畴在马克思主义理论中的演
变历程，很好地解释了为什么俄罗斯马克思主义者在该范畴被马克思主义
理论抛弃之前一直没有提出任何异议的问题。

斯文·贝克特（Sven Beckert）的著作《棉花帝国：一部资本主义全
球史》（*Empire of Cotton：A New History of Global Capitalism*），是唯
一一部能够证明商人资本家对于工业资本主义在其所涉及的行业分支——
棉纺织品——中的扩张起到了多么关键的作用的作品。贝克特在这部著作
中说，由于棉纺织业在全球扩张过程中始终伴随着暴力，所以他更喜欢用
"战争资本主义"（war capitalism）而不是"商人资本主义"（merchant
capitalism）这一术语。如果贝克特的观点被误解为意指一个理论范畴，
而非纯粹的历史范畴，就可能会对读者产生误导。

六、关于英国资本主义本质的讨论

杰弗里·英厄姆（Geoffrey Ingham）的著作《资本主义分裂了吗？
英国社会发展中的城市与工业》（*Capitalism Divided？The City and In-
dustry in British Social Development*）一书，是学者们在自觉的马克思

主义传统（self-consciously Marxist tradition）之外开展研究的一个范例，可以填补安德森与汤姆·奈恩（Tom Nairn）在 20 世纪 60 年代开始的关于英国资本主义之本质的辩论中留下的巨大空白。英厄姆论证了伦敦金融城本质上所具有的重商主义特征，及其在维持整个英国资本主义方面所起的关键作用。

此外，英厄姆还在《新左翼评论》（New Left Review）1988 年第 172 卷第 1 期上发表了《商业资本主义与英国的发展》（"Commercial Capitalism and British Development"）一文，对巴拉特·布朗（Barrat Brown）就《资本主义分裂了吗？英国社会发展中的城市与工业》一书所进行的严厉的教条主义批评做出了有力的回击。

七、资本与家庭生产

1977 年，亨利·伯恩斯坦（Henry Bernstein）在《非洲政治经济学评论》（Review of African Political Economy）第 4 卷第 10 期上发表了《论资本与农民》（"Notes on Capital and Peasantry"）一文。这是一篇影响深远的作品，就像下面将要提到的迈克尔·考恩（Michael Cowen）的文章一样，是 20 世纪 70 年代马克思主义理论大辩论的产物。伯恩斯坦在这篇文章中写道："农民必须处于与资本和国家的关系中，换言之，处于通过家庭生产形式调节的资本主义生产关系中，而家庭生产形式是生产者与资本/国家之间争夺有效的占有权和控制权的场所。"也就是说，保持家庭生产作为积累的关键要素，而不是单纯地摧毁农民，对资本和国家都大有裨益。本章还提请读者关注苏联经济学家亚历山大·恰亚诺夫（Alexander Chayanov）在他的两篇文章中论及的这种积累模式。

考恩的文章《肯尼亚中部省份的商品生产》（"Commodity Production in Kenya's Central Province"），是"创造性地"运用马克思主义范畴的一次重大尝试，旨在表明应当如何理解家庭商品生产与更广泛的资本主义积累过程的融合问题。考恩认为，国际金融（例如英国政府援助机构）的干预稳定了肯尼亚等国家的家庭生产部门，使其免受本土资本主义可能带来的不稳定因素的影响。该文被收录在由朱迪思·海尔（Judith Heyer）、佩佩·罗伯茨（Pepe Roberts）和加文·威廉姆斯（Gavin Williams）主编的《热带非洲的农村发展》（Rural Development in Tropical Africa）

一书中。

我的一篇文章《商人资本主义、农户与产业积累：一个模式的整合》（"Merchant Capitalism, Peasant Households and Industrial Accumulation: Integration of a Model"），刊发于《农业变迁杂志》（*Journal of Agrarian Change*）2016 年第 16 卷第 3 期。这篇被收录在伯恩斯坦纪念文集中的文章首先总结了伯恩斯坦在 1977 年发表的那篇开创性作品，然后以恰亚诺夫的"资本主义纵向集中"（vertical capitalist concentration）思想为主要论点，针对资本支配农业部门（家庭生产者）的各种方式构建了一种更为普遍的分类系统。此文最精彩的部分在于对所谓的"农产品贸易"的讨论，它是 19 世纪法国和英国商业资本主义的支柱。

罗伯特·申顿（Robert Shenton）的著作《尼日利亚北部资本主义的发展》（*The Development of Capitalism in Northern Nigeria*），突出了商人资本的极端重要性，是关于尼日利亚资本主义研究的为数不多且有价值的马克思主义研究成果。在此书第五章"资本的集中与集中化"中，申顿指出，"集中和集中化是商业生存的唯一手段"，它意味着在控制着西非贸易的大型商业公司与控制着贸易航运的商业公司之间的竞争夹缝中谋生。

八、商业资本对产业资本的从属关系

格伦·波特（Glenn Porter）和哈罗德·利夫赛（Harold Livesay）在《商人与制造商：19 世纪营销结构变化研究》（*Merchants and Manufacturers: Studies in the Changing Structure of Nineteenth-Century Marketing*）一书中的研究显示，商业资本对产业资本的从属关系主要是在 19 世纪才出现的，这比马克思设想的时间晚得多。当时，大型工业企业开始向上游整合以掌控自己的销售和市场推广，从而减少了对"中间人"的需求。

九、20 世纪的商人资本

中国经济学家陈翰笙的著作《工业资本与中国农民：中国烟草种植户生计研究》（*Industrial Capital and Chinese Peasants: A Study of the*

Livelihood of Chinese Tobacco Cultivators），可能是有史以来第一个有价值的关于契约农业的案例研究。它展示了中国的商人资本（买办）是如何被整合到大型工业公司——在本案例中特指总部位于英国伦敦的英美烟草集团（British American Tobacco，BAT）这一英美烟草巨头——控制的供应链中的。在陈翰笙看来，价格支配是工业资本直接剥削中国农民工的关键机制。

苏珊·贝克（Susan Becker）的文章《1914 年之前的德国金属贸易商》（"The German Metal Traders before 1914"）以及著作《"多民族性的不同面孔"：1914 年之前法国维埃耶山锌矿石铸造公司与德国金属公司的跨国商业活动形式》（*"Multinationalität hat verschiedene Gesichter". Formen internationaler Unternehmenstätigkeit der Société anonyme des mines et des fonderies de zinc de la Vieille Montagne und der Metallgesellschaft vor 1914*），同样对 20 世纪的商人资本进行了探讨。前者收录在杰弗里·琼斯（Geoffrey Jones）主编的《跨国贸易商》（*The Multinational Traders*）一书中。这两部作品都强调了纵向整合（vertical integration）对于德国大型有色金属生产商的商业战略的重要性，这些生产商正在致力于保持其核心（商业）业务的市场份额。贝克认为，德国金属公司（Metallgesellschaft）向下游整合以控制全球采矿和冶炼业务的事实并没有使其成为一家工业公司（产业资本的一种形式）。除了大卫·菲尔德豪斯（David Fieldhouse）对 UAC（用户账户控制）的研究之外，这两部作品是最接近纯粹现代形式的先进商业资本主义研究的成果。

菲尔德豪斯的著作《商人资本与经济去殖民化：1929—1987 年的联合非洲公司》（*Merchant Capital and Economic Decolonization：The United Africa Company，1929－1987*），对联合利华公司贸易部门的 UAC 展开了富有启发性的详细研究。作为对这家世界上最大的商业公司之一的非凡商业史的梳理，此书更是凸显了其重要价值。

芭芭拉·哈里斯-怀特（Barbara Harriss-White）的著作《农村商业资本：西孟加拉邦的农业市场》（*Rural Commercial Capital：Agricultural Markets in West Bengal*），是关于商业资本家如何控制印度农业生产和交换的最佳案例研究之一。尤其值得关注的是，此书的田野调查是在当时由印度共产党（马克思主义）执政的西孟加拉邦进行的。哈里斯的分析清楚地表明，西孟加拉邦农用工业部门（agro-industrial sector）的发展大都是以商人资本与左翼政府之间达成交易为前提的。

第 17 章　马克思主义的空间理论和城市问题：英文文献导读 *

斯蒂芬·基普弗/文　　　李秀玲/编译

一、引言

自 20 世纪 60 年代末以来，激进地理学成为当代马克思主义理论创新的一个重要方面。对于这一代人来说，其理论目标是双重的：首先，他们通过挑战空间学科领域专家们的主流思想将"空间"政治化，这些专家主要包括建筑师、城市规划师、设计师、军事谋划师、区域与发展方面的官员；其次，强调空间问题在各种左翼思潮中的重要地位。第一个目标引发了对空间决定论（由空间或环境单方面地决定社会生活）的批判。第二个目标则警告激进分子和革命者不要将空间组织、规划和建筑视为副现象（epiphenomenal）。

我们从已出版的空间研究著作中可以了解到，在 20 世纪 70 年代末—80 年代末，例如在德雷克·格利高里（Derek Gregory）和约翰·厄里（John Urry）共同主编的《社会关系与空间结构》（*Social Relations and Spatial Structures*）中，关于上述问题的争论一直很激烈。这一时期，马克思主义与反帝国主义、反种族主义、自治主义、女性主义和左翼韦伯主义等各种思潮相互交融并展开辩论，对激进地理学的走向产生了决定性的影响。因此，激进地理学总是多重演进的，它们折射出以 1968 年运动和新左翼为标志的长期政治动员的影响。

激进地理学仍然经常与英语国家（从美国、英国到加拿大和澳大利

---

　* 本章原载：《国外理论动态》2021 年第 3 期。原文来源：Stefan Kipfer, "Sur la production de l'espace et quelques questions urbaines：tour d'horizon de la littérature anglophone," *Période*, 9 avril 2018。本章编译自英文电子期刊《历史唯物主义》。翻译有删减。斯蒂芬·基普弗（Stefan Kipfer）：加拿大约克大学环境和城市发展系。李秀玲：河北师范大学马克思主义学院。

亚）的学术研究联系在一起，这反映出英美大学的主导地位。这种学术联系虽无不妥，但却难免偏颇。它掩盖了这样一个事实：以英语为母语的学者也在其他地区、用其他语言著书立说。其中影响较大的有：在南方国家，我们可以看到拉丁美洲和非洲关于帝国主义、依附理论与新殖民主义的探讨；在北方的帝国主义国家，我们也可以看到用法语开展的空间、国家和城市问题研究，用意大利语开展的自治问题探讨，用德语进行的国家和批判理论辩论，等等。

对于法国来说，这意味着激进地理学成为"法国理论"回归本土的又一例证。2000 年以来，英语国家的一些激进思想家的部分作品被翻译成法语，尤其是大卫·哈维、迈克·戴维斯（Mike Davis）和克里斯汀·罗斯（Kristin Ross）等人的作品。如今，一些论文集为人们用法语了解英语学界当下的相关情况提供了一个视角。正因为有了这些翻译，亨利·列斐伏尔（Henri Lefebvre）、曼纽尔·卡斯特（Manuel Castells）和雅克·朗西埃（Jacques Rancière）等法国学者的英文著述在经历了一番甚至几番周折后，才重新回归到法语的学术讨论中。

二、古典议题与当前议题

在英语世界，激进地理学的最初发展植根于与当时的学术（和政治）主流的对抗，例如，发展研究中的现代化理论，城市研究中的芝加哥城市生态学学派，以及区域科学中的新古典经济学。在对这些理论进行批判的过程中，激进地理学家们还进行了一些更为传统的讨论。因此，重新审视其中的一些议题，即使只是简单回顾，也是有意义的。

马克思恩格斯广泛关注城市问题与人民日常生活的关系，以及与世界历史和资本主义发展的各个方面的关系。他们的一些早期探讨表明，由于现代资本主义——列斐伏尔在《都市革命》（*The Urban Revolution*）中称其为普遍化的城市化社会——的发展变化，城乡研究的主题并非静止不变、始终如一，而是需要重新界定。

马克思恩格斯首先讨论了城市与劳动分工的关系。在《德意志意识形态》《共产党宣言》和《资本论》中，他们反复探讨了城乡之间、工农之间的关系。这些讨论部分源于对资本主义历史的关注。他们的一些早期表述是针对资本主义崛起的"城市"叙事，但也强调了农业变革和殖民化在废除与调整前资本主义生产关系中的作用。

马克思恩格斯关于城市议题的论述并不系统，关于公社这种社会组织形式在向社会主义过渡的过程中所具有的作用问题，马克思的观点也是有变化的（例如在《卡·马克思给维·伊·查苏利奇的信》中）。从他们的历史观和对待资本主义的立场来看，两人都堪称"城市主义者"。

毋庸置疑，马克思主义关于城市、乡村以及资本主义起源和终结的探讨仍在进行中。有关工业问题与农业问题之间关系的讨论也是如此。马克思在《资本论》中对新陈代谢问题的探讨表明，劳动力的消耗与地理学意义上不平衡的生物物理转化过程及能源转移密切相关。这种观点对马克思主义生态学的形成产生了持续影响，更具体地说，对深受马克思主义影响的整个城市研究思潮——城市政治生态学——产生了持续影响。而马克思的地租研究虽然侧重于农业以及前资本主义时期的地租食利者在剩余价值分配中的作用，但这些研究为哈维及其学生尼尔·史密斯（Neil Smith）和理查德·沃克（Richard Walker）所吸纳，用来探讨级差地租在城市中产阶级化和郊区化的发展过程中所起的作用。

这些讨论表明，现代资本主义的发展远不止于城市对乡村的统治。马克思在《路易·波拿巴的雾月十八日》《法兰西内战》中分别对拿破仑三世和巴黎公社进行了分析，这些分析对于我们了解统治阶级的统治能力，进而学会如何才能组建一支不会被包围、被镇压和被击败的社会革命力量，是非常重要的。《路易·波拿巴的雾月十八日》持续影响着马克思主义有关政治、国家和社会理论的讨论，而关于巴黎公社的讨论也持续影响着关于革命战略及其空间特征的讨论。

列斐伏尔在《公社的宣言》（La Proclamation de la Commune）中认为，巴黎公社代表着一场"城市革命"，因为它不可避免地与"革命的巴黎"内外的领土关系联系在一起，这一充满挑战性的观点是形成都市（化）马克思主义的一个里程碑。克里斯汀·罗斯在《社会空间的出现》（The Emergence of Social Space）中持同样的观点，该书探讨了列斐伏尔论述过的各种主题。而罗斯的新著《公社奢侈品》（Communal Luxury）则提醒我们，巴黎公社无政府共产主义的影响远远超出了其本身的空间范围。

罗斯将埃利兹·勒克吕（Elysée Reclus）、彼得·克鲁泡特金和威廉·莫里斯（William Morris）作为她最重要的对话者，探讨了他们与巴黎公社的关系，这使我们想起第一国际时期马克思主义传统与无政府主义传统之间的相互依存关系。当然，恩格斯在《论住宅问题》中不仅反对资产阶级的住宅改良派，而且反对当时极具影响力的无政府主义者皮埃尔-约瑟夫·蒲鲁东。恩格斯认为，在资本主义条件下，住宅问题无法得到彻底解决，人们只能被迫辗转迁移。这一结论至今仍然是马克思主义分析住宅问题时的重要参考，比如戴维·马登（David Madden）和彼得·马库塞（Peter Marcuse）在《保卫住房》（In Defense of Housing）中对住宅（重新）商品化和金融化的批判。

恩格斯的《论住宅问题》使我们联想到其早期著作《英国工人阶级状况》。后者的研究方法虽是尝试性的，但颇具开创性，比当前许多大部头城市研究著作更具雄心壮志。首先，恩格斯的研究比格奥尔格·齐美尔（Georg Simmel）和瓦尔特·本雅明的研究早很多年。他认为，对现代城市生活的分析应通过比较方法来展开，并将帝国大都会（伦敦）的生活品质与曼彻斯特更稳固的社会地理环境联系起来进行比较研究。其次，恩格斯对大城镇的研究表明，以工业为基础的城市化（地理学家们后来称之为"聚集力"）远不止于扩大现有的城镇，而是创造了不同于英国历史上传统的城乡差别的新景观。

恩格斯在《英国工人阶级状况》中还指出，城市研究对阶级的形成至关重要。通过将（有偿）生产的工作场所（车间）与再生产的空间（街区）联系起来，他从整体上分析了阶级关系。恩格斯强调指出，对具有从属性的集体行为来说，资本主义城市化充满着矛盾：这种集体行为不仅是由工人阶级生活空间的统一性来界定的，而且是由按职业和种族选择居住地带来的分离性这种相反趋势来界定的。艾拉·卡茨尼尔森（Ira Katznelson）在《城壕》（City Trenches）中通过重新解读恩格斯来洞悉美国社会主义思潮的弱点；克里斯·埃尔哈姆（Chris Ealham）在《无政府主义与城市》（Anarchism and the City）中以巴塞罗那为考察对象；裴宜理（Elizabeth Perry）在《上海罢工》（Shanghai on Strike）中对中国工人运动进行了研究。他们都指出，阶级政治需要对阶级的能力或弱点进行分析，以便超越在第二次工业革命中发展起来的车间与街区的社会区隔和空间鸿沟。

当然，恩格斯对曼彻斯特的分析还不足以成为社会区隔研究的出发点。在这个方面，我们最好将《英国工人阶级状况》与 W. E. B. 杜波依斯（W. E. B. Du Bois）的《费城黑人》（*The Philadelphia Negro*）进行比较，后者对费城非裔美国人的状况进行了详细考察。与杜波依斯同样从事相关研究的卡尔·奈廷格尔（Carl Nightingale）在《种族隔离：划界城市的全球史》（*Segregation*，*A Global History of Divided Cities*）中揭示了种族主义、社会区隔和私有财产之间的世界历史关系，但遗憾的是，这部著作没有进一步论及阶级和资本主义议题。

三、革命时代与激进实验

激进地理学是在 1968 年的全球抗议运动中发展起来的，并通过重新发现更为久远的革命史及其与更为广泛的地理和空间干预的关系而形成了自己的理论洞见。众所周知，马克思的时间观过于复杂，并不适于线性的历史发展观。但是，俄国和古巴等国的革命导致激进变革的发展演进观分崩离析，进而使马克思主义关于时间的多重性和矛盾性的理论洞见得到最大程度的彰显。

在革命进程中发展起来的革命战略理论［托洛茨基的不断革命理论，列宁和葛兰西（Gramsci）的统一战线思想，切·格瓦拉（Che Guevara）的游击战道路］对"空间"概念也产生了决定性的影响。没有这些革命理论，就不可能有尼尔·史密斯的《不平衡发展》（*Uneven Development*）这一马克思主义地理学的重要文本，它在某些方面发展了托洛茨基的"不平衡与综合发展"理论。而农民和农业问题在革命理论中的异军突起则表明，马克思主义者已别无选择，唯有把乡村与城市联系起来，并将城乡问题与更为广泛的城市化发展及世界秩序的帝国主义特征联系起来。关于这一点，可参看雷蒙德·威廉斯（Raymond Williams）的《乡村与城市》（*The Country and the City*）。

1917 年、1949 年和 1959 年等革命性的时刻同样对专业的空间研究产生了影响。20 世纪初的空间理论致力于空间规划的制度化，研究建筑和规划如何才能保持社会秩序的统一，而由革命引发的激进干预则促使不同的问题被提上日程：空间组织与社会革命的关系是什么？专家和先锋派在革命变革期间的生活空间重组中扮演着何种角色？

这些问题最初是由 1917 年十月革命引发的，但其影响却辐射到苏联以外，推动了其他地区（例如阿姆斯特丹、维也纳和法兰克福）的社会主义方案的产生，从而也渗透到 20 世纪初至 20 世纪 30 年代艺术、建筑和规划等领域有关现代主义的重要讨论中。战后时期，中国革命和古巴革命（及其在越南、坦桑尼亚和尼加拉瓜的后续发展）表明：帝国主义的发展道路并非唯一选择，（新）殖民地的城乡关系（包括农村向城市迁移的模式所导致的大都市问题的激增）可以通过社会主义有计划的国家战略、改变了的财产关系以及"辩证的"（参与性的）建筑和设计技术（古巴的术语）来解决。

这些革命思想对地理学和城市研究的激进转向十分重要。在法国，阿纳托尔·科普（Anatole Kopp）的《城镇与革命：苏联建筑与城市规划》（*Town and Revolution: Soviet Architecture and City Planning*）及后来的《当现代不是风格而是原因时》（*Quand le moderne n'était pas un style mais une cause*），就体现了这种激进转向。不同于其同事让-皮埃尔·加尼尔（Jean-Pierre Garnier）在《一个城市，一个革命》（*Une ville, une révolution*）中对古巴首都哈瓦那的反城市化管理手段的批评，也不同于列斐伏尔在《都市革命》中指责城市工业和农村农业的革命观念都陷入了僵局，科普吸收了苏联早期历史上最有希望的方面，其中包括莫伊舍·金茨堡（Moishe Ginzburg）的建构主义提案，即通过空间干预"凝聚"革命。

在英语世界，列斐伏尔在其参加"新贝尔格莱德国际重建竞标大赛"（1986）的方案中首次提出了这些理论洞见，旨在挽救前南斯拉夫国家社会主义中的自我管理思想。后来，苏珊·巴克-莫尔斯（Susan Buck-Morss）在《梦幻世界与大灾难》（*Dreamworld and Catastrophe*）中也提出了与科普相同的问题：我们可以从苏联大规模的乌托邦视觉文化中拯救什么？之前，她因在《观看的唯物辩证法》（*The Dialectics of Seeing*）中对本雅明的"拱廊计划"（Arcades project）进行了精彩论述而广为人知。欧文·哈瑟利（Owen Hatherley）在《共产主义景观》（*Landscapes of Communism*）中也广泛探讨了类似的问题。这些理论贡献记录了研究者们针对东欧的国家社会主义城市开展的大量批判性研究。

在意大利，对于那些试图将自治主义的马克思主义用于城市实践的研究来说，莫斯科的建构主义与维也纳的奥地利马克思主义同等重要。在这一思潮中，最著名的当数曼弗雷多·塔夫里（Manfredo Tafuri）的大部头著作《现代建筑》（*Modern Architecture*）和《美国城市》（*American City*），以及锋芒毕露的《建筑与乌托邦》（*Architecture and Utopia*）。塔夫里对社会民主主义和苏联现代主义者持悲观的有时也是功能主义的态度，这种态度在英美文化马克思主义研究领域引发了讨论，并在夏娃·布劳（Eve Blau）的《红色维也纳建筑》（*The Architecture of Red Vienna*）等城市研究著作中得到了强烈回响。今天，年轻的学者们再次将这些历史议题向战略方向推进，皮耶尔·奥雷利（Pier Aureli）的《自治方案》（*Project of Autonomy*）就试图从都市生活的社会工厂内部挖掘出激进自治主义的承诺。

都市马克思主义者和激进地理学家一直在以另一种方式从革命中吸取经验教训，他们追随前辈的足迹，对现代规划和城市建设的历史如何以及在何种程度上意味着"反革命"有了更深刻的认识。早在 20 世纪 20 年代和 30 年代，本雅明的《拱廊计划》（*Arcades Project*）以及《论历史的概念》（*On the Concept of History*）就已经将乔治-欧仁·豪斯曼（Georges-Eugène Haussmann）与巴黎公社、法西斯主义和商品化的日常生活放在一起进行讨论（从而将恩格斯对这位曾经主持巴黎重建的城市规划设计师的批评转化为现代主义形式）。其他学者也继续遵循这条线索，对城市主义的反革命性进行了论证：强调规划和建筑在美国主义与福特主义兴起过程中所起的建构作用，比如葛兰西；总结战后欧美社会的异化和疏离，比如居伊·德波和列斐伏尔；概述晚近殖民秩序中的种族隔离，比如弗朗茨·法农（Frantz Fanon）。

女性主义者也试图从革命时代获得启发，这对她们批判反革命以及追求一个社会化的、平等的和民主的未来都十分重要。在这个方面，美国郊区化研究领域最重要的历史学家之一多洛雷斯·海登（Dolores Hayden）的著作非常具有启发性。她认为，美国福特主义之下的规划和城市发展是名副其实的反革命：通过空间的去中心化来驯化生活；将财产形式和家庭债务普遍化；在室内设计上体现为父权制和技术官僚化。在《伟大的家务革命》（*Grand Domestic Revolution*）中，海登通过将福特方案与社会民主主义的类似方案以及亚历山德拉·柯伦泰（Alexandra Kollontai）关于妇女解放的共产主义愿景进行比较，指出了福特方案的独特性。

四、激进的空间转向：一些标志性议题

在 20 世纪 60 年代末和 20 世纪 70 年代初，由于西方 1968 年运动的战略性关切，以及战后空间发展和城市化问题的相对特殊性，许多历史问题得到了重新关注和定位。相关探讨主要发表在法文期刊《空间与社会》（*Espaces et Sociétés*）、《对极》（*Antipode*）、《国际城市与区域研究杂志》（*International Journal of Urban and Regional Research*）以及英文期刊《社会与空间》（*Society and Space*）上。在边界游移的资本主义世界，为了把握城市问题的易变性，这些探讨经常需要将空间、城市和城市化等研究主题概念化并重新进行界定。

1. 20 世纪 70—80 年代

鉴于西方 1968 年运动——一个将巴黎与阿尔及尔、芝加哥与西贡、布拉格与墨西哥城连接在一起的政治时刻——的全球性特征，整个世界对帝国主义和新殖民主义的关切导致了激进的空间转向。爱德华·苏贾（Edward Soja）的《后现代地理学》（*Postmodern Geographies*）是英语世界激进地理学的重要文本，它强调反帝国主义思潮与都市马克思主义思潮的结合，正是这两种思潮共同推动了 20 世纪 60—70 年代的空间转向。然而，今天并不是每个人都记得这一事实。一些回溯性考察——例如安迪·梅里菲尔德（Andy Merrifield）简明扼要且富有启发性的《都市马克思主义》（*Metromarxism*）——几乎抹去了马克思主义城市理论的痕迹，而 20 世纪 90 年代中期以来解构主义后殖民理论的空间转向只保留了与受马克思主义影响的早期世界历史地理学的脆弱联系。

2. 全球方案

20 世纪 60—70 年代，我们见证了马克思主义关于帝国主义的新一轮讨论。许多早期讨论主要集中于依附理论和世界体系理论对于城市研究的意义。正如迈克尔·廷伯莱克（Michael Timberlake）在其主编的《世界经济中的城市化》（*Urbanization in the World Economy*）中所概述的，世界体系理论和依附理论以两种方式将城市概念化：首先，城市作为场所，其形态、社会经济结构以及与非城市世界的关系，是与其在全球劳动分工（这种劳动分工是通过帝国剩余价值转移和政治统治构建起来的）中的地位和作用相关联的；其次，城市作为等级结构，是与无数网络（贸易、投资、技术、公司组织、移民、运输等）紧密相连的。

在研究城市类型和城市化进程方面，世界体系理论和依附理论具有重要的影响力（当然这种影响不是绝对的）。戴维·德拉卡基斯-史密斯

(David Drakakis-Smith）在《第三世界城市》（*Third World Cities*）中认为，第三世界城市/城市化的主要特征（城市内部及城市之间的巨大差异、消除城乡迁徙带来的消极影响的能力不足等）并不是由缺乏发展造成的，而是由世界体系的外围化后果造成的。导致这种外围化的历史原因与殖民化带来的后遗症以及独立后的政权解决这些问题的能力（或意愿）参差不齐有关。陆伯彬（Robert Ross）与杰拉德·特尔坎普（Gerard Telkamp）合著的《殖民城市》（*Colonial Cities*）揭露了亚、非、拉等殖民地城市化的基本模式，同时也强调了前殖民历史与殖民地城市化之间形形色色的关系。艾丹·索撒尔（Aidan Southall）在《时空之城》（*The City in Time and Space*）中认为，应当将这些关系作为更广泛的生产方式转变中的一部分来分析。

20 世纪 70—80 年代，外围地区的城市化问题日趋复杂。正如沃里克·阿姆斯特朗（Warwick Armstrong）和特里·麦吉（Terry McGee）在《积累平台》（*Theatres of Accumulation*）中所强调的，有关新国际劳动分工的探讨迫使研究者从不同的路径对第三世界城市化的多样性进行概念界定：一条路径是更加关注阶级构成，试图重塑南方一些跨国性新工业城市的城市化发展动力，比如杰里米·西布鲁克（Jeremy Seabrook）的《南方城市》（*Cities of the South*）；另一条路径是分析外国直接投资与墨西哥和东亚等新兴制造业地区以性别为基础的阶级构成，研究从这些地区向外国投资流入的中部地区移民的新模式，比如萨斯基娅·萨森（Saskia Sassen）的《劳动力和资本的流动性》（*The Mobility of Labour and Capital*）。

保罗·诺克斯（Paul Knox）和彼得·泰勒（Peter Taylor）在《世界体系中的世界城市》（*World Cities in a World System*）中对伦敦、纽约、东京、巴黎和新加坡等世界城市进行了研究，探讨了投资与移民的跨国关系。在过去的 10 年中，由于把城市研究简化为将城市类型化，甚至通过全球城市来推断全球城市化研究，全球城市研究一直受到抨击。陆伯彬和肯特·特拉切特（Kent Trachte）在《全球资本主义》（*Global Capitalism*）中认为，这些批评忘记了那些想要关注全球城市的独一无二性的研究者，他们不是为了把全球城市视为范例（更不用说将它们推而广之），而是为了思考全球城市如何获得政治影响力，包括：其全球金融和公司治理在地理上的聚集性，其地理环境在全球资本主义中的作用，其共同建构全球城市空间的区域条件。

有时，全球城市研究也提醒我们，殖民地、第三世界和帝国城市化之间有着更为广泛、更为久远的历史联系。珍妮特·阿布-卢格霍德（Janet Abu-Lughod）的《拉巴特》（Rabat）和《纽约、芝加哥、洛杉矶》（New York，Chicago，Los Angeles），以及安东尼·金（Anthony King）的《全球城市》（Global Cities）和《城市主义、殖民主义和世界经济》（Urbanism，Colonialism，and the World Economy）等著作，已经清楚地表明，如果不准确把握前几轮全球城市发展的历史及影响，就很难理解全球城市的形成（通常集中在 20 世纪 60 年代以来的时期）。因此，金和阿布-卢格霍德的著作为后来城市研究的后殖民转向提供了历史唯物主义理论的和实证的参考。在这一转向中，来自马克思主义和世界体系理论的关切虽被推至边缘，但并未消失，比如比尔·弗雷昂德（Bill Freund）的《非洲的城市》（The African City）。

其他一些将全息地理学融入欧美空间分析中的研究也是建立在马克思主义谱系之上的，而当代研究者常常忘记了这一点。20 世纪 60—70 年代的所有激进分析（从黑豹党和黑人工人革命联盟到反帝国主义的英国黑人政治组织）都力图将第三世界的反殖民解放政治与帝国主义心脏地带的黑人政治联系起来，比如约翰·雷克斯（John Rex）的《种族、殖民主义与城市》（Race，Colonialism and the City）。随后，受伯明翰学派和斯图尔特·霍尔（Stuart Hall）影响的文化地理学家们也坚持认为，种族、帝国和民族主义问题在欧美大都会中居核心地位，并通过移民迁徙而与全球外围紧密相关，比如彼得·杰克逊（Peter Jackson）的《意义的地图》（Maps of Meaning）。

3. 欧美方案

对世界体系中的不平等及其殖民根源的思考也进入马克思主义地理学和城市研究领域最知名的研究者的视野中。然而，研究者们将大部分精力集中在欧美的发展上。

列斐伏尔对城市的兴趣源于其对日常生活、革命和农村社会学的研究。在《从农村到城市》（Du rural à l'urbain）中，他对土地问题的关切使他开始专注于由法国政府主导的城市化；而在《楠泰尔的爆发》（L'irruption de Nanterre au sommet）和《城市的权利》（Le droit à la ville）中，他对日常生活和革命的兴趣又使他意识到城市战略（包括建筑和规划）在重组日常生活的过程中所起的作用，以及这些战略为彻底决裂创造了哪些可能性。在《都市革命》中，列斐伏尔指出了世界范围的斗争群像（从巴黎到拉丁美洲城市的街区），从而不是将城市概念化为某个固定的区域，而是将其概念化为在整个城市化进程中不断闪现的形式，进而在多个层面折射出核心空间与外围空间的关系。列斐伏尔的这种面向全球的转向，反映了依附理论和帝国主义理论在 20 世纪 70 年代的重要价值。最后，列斐伏尔的城市转向还提出了一个前所未有的论断：城市研究的重点并非空间中的物体，而是产生空间的多重矛盾过程。关于这一点，可参看他的名著《空间的生产》（*La production de l'espace*）。

与 20 世纪 50 年代末和 60 年代初的列斐伏尔类似，德波对景观的批判（对商品拜物教的进一步发展）产生了广泛的影响。他清晰地分析了福特主义，详细地阐述了国家社会主义，但对第三世界的讨论则一带而过。在《景观社会》（*The Society of the Spectacle*）中，他还反思了作为一种"分隔技术"的规划。与列斐伏尔一样，德波对"日常生活殖民化"的批判以殖民主义作为类比来理解欧美日常生活的商品化和官僚主义。但是，在德波那里，我们也发现了其对景观资本主义在结构上更为差异化的理解。在《景观商品经济的衰落》（"The Decline and Fall of the Spectacle-Commodity Economy"）一文中，德波认为，1965 年的美国瓦茨起义事件是对景观商品的反叛，景观商品虽然普遍存在，但却建立在由阶级和种族主义构成的等级结构之上。因此，"抢劫"这种反叛形式表达了贫民窟的抢劫者与景观之间的特殊关系，我们可以从中发现普遍化的激进承诺。

从《城市问题》（*Urban Question*）到后来更为温和的《城市、阶级和权力》（*City, Class and Power*），我们可以看到，曼纽尔·卡斯特关于城市问题的马克思主义理论研究促使结构主义的马克思主义转向城市社会学。卡斯特的研究主要聚焦于发达资本主义的大都市中国家和集体行动在构建集体消费以及再生产劳动力方面所起的作用。这项研究在 20 世纪 70 年代对英语世界结构主义的都市马克思主义产生了重大影响，时至今日依然对城市社会运动的研究者具有重要意义。在《城市与草根》（*The City and the Grassroots*）中，卡斯特对城市运动进行了后马克思主义的研究，其中呈现的广泛主题主要受到拉丁美洲占屋者运动的启发。

哈维对帝国主义的研究兴趣与其从自由主义转向社会主义城市理论研究一样久远。关于这一点，他在《社会正义与城市》（*Social Justice and the City*）中进行了总结。在这部著作及后来的研究中，哈维通过重读马克思的《资本论》，并有选择地借鉴列斐伏尔的《都市革命》，重新思考了地理学和城市问题。在这一理论层面，哈维将帝国主义和城市进程（由地租引发的对建筑环境的投资）视为资本发生质变的时刻。在《资本的限度》（The Limits of Capital）中，哈维将这两种时刻都描述为空间修复。但是，在不久之前，哈维对帝国主义的兴趣还是与其城市研究相分离的。《城市经验》（The Urban Experience）和《巴黎城记：现代性之都的诞生》（Paris：Capital of Modernity）最为恰当地体现了哈维在 20 世纪 70 年代与 80 年代的不同研究取向。在这两部著作中，他将对地租和建筑环境的分析作为切入点，研究了用来界定巴黎等城市区域的生产和再生产集群。当时，这些分析很少关注殖民地和帝国的历史。

与哈维同时代的英国学者多琳·马西（Doreen Massey）在 20 世纪 70 年代的研究主要关注"劳动的空间分工"对投资的驱动力和地理环境的兴衰所起的作用，比如《劳动的空间分工》（Spatial Divisions of Labour）。在讨论新国际劳动分工的同时，马西还研究了工业发展的不平衡问题，为反对用环境决定论和供给侧理论来解释区域的经济衰退提供了有力的论据。在《空间、地方与性别》（Space，Place and Gender）中，她还提出了社会主义的女性主义的空间、时间和地方概念，其中部分研究是通过批判哈维（对性别的论述）和欧内斯托·拉克劳（Ernesto Laclau）（以二元的方式对待时空）来展开的。马西在其最令人难忘的文本之一《全球地方感》（"A Global Sense of Place"）一文中指出：地方（包括像伦敦这样的全球城市）必须通过将其与全球其他地方联系在一起的多重关系来理解。

哈维的早期学生史密斯直接从哈维的马克思主义地理学出发进行了扩展性研究，他将"不平衡发展"界定为空间分化和空间均衡的辩证法以及构建规模和生产自然的过程，并将帝国主义视为这一过程的主要驱动力。帝国主义与城市在哈维那里呈现为等级体系不同的社会现实，而史密斯却将两者更为频繁地联系在一起。在研究中产阶级化的著作《新城市前沿》（The New Urban Frontier）中，史密斯指出，殖民想象（例如美国的边境神话）可以在城市战略中发挥作用。在《美帝国》（American Empire）中，史密斯又聚焦于帝国地理学以及以赛亚·鲍曼（Isaiah Bowman）等地理学家在欧洲殖民帝国的"地缘政治"地理学向领土更复杂的美帝国的"地缘经济"地理学过渡的过程中所起的作用。

在与哈维大致相同的时期，马歇尔·伯曼（Marshall Berman）通过文学和文化理论探讨了现代性问题。他的浪漫都市马克思主义源自卢梭和歌德，接着在 19 世纪的巴黎和纽约街头找到了归宿，后来又从波德莱尔（Baudelaire）、本雅明和简·雅格布斯（Jane Jacobs）的著作中汲取了灵感。正如伯曼在《一切坚固的东西都烟消云散了》（*All That Is Solid Melts into Air*）中所说，现代性不应与现代化（资本主义发展）或"西方至高无上"论混为一谈，它代表了资本主义世界特有的时代体验（比如断裂和不连续、损失和不确定性），并且可以产生矛盾性的反应，从对现代性的保守拒绝到政治和艺术革命理论以及进步与发展的理性主义意识形态等丰富多彩的现代主义。在伯曼看来，沙皇俄国不发达的（资本主义）状况导致了一种非常特殊的经历，即没有现代化的现代性，这有助于解释早期苏联现代主义的反城市色彩。

伯曼的新本雅明主义坚持现代性的全球性。在《游荡者、三明治人和妓女》（"The Flaneur，the Sandwichman and the Whore"）一文中，巴克-莫尔斯以性别为线索探讨了本雅明"拱廊计划"中的卖淫者形象。与伯曼不同，但与杜波依斯一样，保罗·吉尔罗伊（Paul Gilroy）在《黑色大西洋》（*The Black Atlantic*）中指出了现代性在奴隶制和激进的黑人现代主义世界中含糊不清的意蕴。伊丽莎白·威尔逊（Elizabeth Wilson）则在《城市狮身人面像》（*Sphinx in the City*）中沿着社会主义的女性主义线索重新界定了伯曼的都市马克思主义方向。除此之外，这部著作还借鉴了本雅明和雅格布斯的观点，对现代性的性别冲突和性冲突进行了广泛考察。为了阐释这些冲突，威尔逊进行了一次思想探索之旅，从维多利亚时代的伦敦和奥斯曼时代的巴黎，到世纪之交的维也纳、柏林、布拉格、芝加哥和纽约以及 20 世纪中叶的纽约市。然而，威尔逊比伯曼更清楚地指出，欧美大都市生活已经融入帝国文化，应由世界各地规划殖民城市和第三世界城市（如德里、卢萨卡和圣保罗）的经验来共同界定。

继伯曼之后，迈克·戴维斯成为美国最著名的都市马克思主义者。在该领域，戴维斯的著作可以说最为紧密地将美国城市中的阶级和种族问题与帝国主义和全球城市化问题联系在一起。他坚持认为，在美国，阶级构成、城市政治和生态学在深刻的种族鸿沟与悠久的反移民本土主义传统之外是无法得到理解的。他研究美国劳工运动的著作《美国梦的囚徒》（*Prisoners of the American Dream*）最为著名，而他研究洛杉矶的大部头作品《水晶之城》（*City of Quartz*）极富洞察力，或许是当今最具开拓性的城市政治研究著作。在完成了研究城市生态学的开创性著作《恐惧的生态学》（*Ecology of Fear*）之后，戴维斯将研究重点转向了 19 世纪的殖民地饥荒对第三世界的形成所起的作用，出版了《维多利亚晚期大屠杀》（*Late Victorian Holocausts*）一书，并为后来的著作《布满贫民窟的星球》（*Planet of Slums*）奠定了基础。

4. 20 世纪 90 年代以来的知识大爆炸

许多人都试图将"后现代"追溯到其在更广阔的世界中的存在状况（资本主义的结构调整、左翼的危机和一切事物的商品化），以及在大学中的存在状况（与日益激烈的学术劳动力市场竞争紧密结合在一起的持续的学术等级制度）。对于一些人来说，后现代转向至关重要，因为它有助于挑战学术权威；而另一些人则认为，后现代是意识形态的，因为它构建了"宏大叙事"，这种专制主义或极权主义的"宏大叙事"消解了所有雄心勃勃的激进变革方案，也消解了学者们想要构建总体性"认知图绘"的一切尝试，正如弗雷德里克·詹姆逊（Fredric Jameson）在《后现代主义》（*Postmodernism*）中所指出的那样。

早期关于后现代的讨论是在其支持者与第一代批判者——比如著有《后现代的状况》（*Condition of Postmodernity*）的哈维——之间展开的，在讨论中出现了将政治经济学与阶级分析、文化与身份政治割裂开来的现象。此后，马克思主义和社会主义的研究者面临的主要挑战就是拒绝这种割裂，通过缜密的研究继续发展马克思主义、女性主义、生态学、反殖民主义、黑人激进主义和同性恋解放运动之间充满张力的历史联系。

20 世纪 80 年代后期，关于调节理论和国家理论的讨论也开始对城市研究产生影响。一些著述源于德国调节理论，比如玛吉特·迈耶尔（Margit Mayer）、罗杰·凯尔（Roger Keil）和克里斯蒂安·施密德（Christian Schmid）的作品；而英美城市调节学派往往将哈维的都市马克思主义与新普兰查斯主义的国家理论联系在一起，比如西蒙·邓肯（Simon Duncan）和马克·古德温（Mark Goodwin）的《地方政府与不平衡发展》（*The Local State and Uneven Development*）。各种马克思主义理论流派的这种融合源自有关城市政治、新自由主义和国家及其规模的理论探讨。无论是新自由主义化的欧美对区域和城市政策的强调，比如尼尔·布伦纳（Neil Brenner）的《新国家空间》（*New State Spaces*），还是印度等（后）殖民地国家对帝国/殖民国家在生产民族-社会空间中所发挥作用的重视，比如马努·戈斯瓦米（Manu Goswami）的《生产印度》（*Producing India*），其干预措施的主旨都是想要表明，国家权力在国际、国家、区域和地方的规模都是历史的产物，因此会面临挑战并发生变革。

　　毋庸置疑，调节理论和国家理论的复杂性引发了广泛讨论。政治马克思主义者基于自己的国家理论提出了反驳；女性主义者则坚持认为，关于规模和新自由主义的讨论应该关注社会再生产与身体问题。除了地方、空间、城市和新国际劳动分工问题，社会再生产已经成为社会主义的女性主义思潮关注的核心问题，从而推动了 20 世纪 70 年代以来的激进地理学的构建。该领域的最新研究侧重于新的后福特主义的资本主义（再）生产中性别关系的重组。一些研究强调新自由主义有赖于社会再生产的选择性重新私有化所产生的"补贴"，比如由凯瑟琳·米切尔（Katharyne Mitchell）、萨利·马斯顿（Sally Marston）和辛迪·卡茨（Cindy Katz）共同编著的《生活的工作》（*Life's Work*）；另一些研究则强调这种私有化本身是如何通过由非白人妇女和移民妇女担当的照料工作重新社会化的，比如杰拉尔丁·普拉特（Geraldine Pratt）的《工作的女性主义》（*Working Feminism*）。

　　与关于新自由主义的讨论交织在一起的是接下来关于中产阶级化的讨论。史密斯从"供给侧"视角对中产阶级化的解释——中产阶级化是一个由土地租金调节投资流动所驱动的过程——进一步发展了这些探讨；并且正如史密斯及其同行们所坚持认为的那样，中产阶级化是一个由国家主导的发展过程。另一个新的重要发展就是将中产阶级化与城市政治中的"恢复失地运动"的形式联系起来，正如史密斯在鲁迪·朱利安尼（Rudy Giuliani）主政纽约市这一案例中所指出的那样。在这一研究中，中产阶级化被带入有关公共空间的管制和私有化以及警务在空间生产中的作用的研讨中，比如唐·米切尔（Don Mitchell）的《城市权》（*The Right to the City*）。在后一种情况下，强调的是"零容忍"犯罪学说的产生以及准军事战术在常规警察队伍中的发展。在美国，这项研究已成为一个更广泛的研究流派的一部分，深受马克思主义和黑人对"监狱工业综合体"的激进批判的影响，探讨被隔离的社会空间、学校与刑事司法系统之间的联系，比如露丝·威尔逊·吉尔摩（Ruth Wilson Gilmore）的《金色古拉格》（*The Golden Gulag*）。

　　城市政治生态学是一个深受马克思主义影响的新领域。20 世纪 90 年代中期以来，由于受到史密斯关于资本在生产自然的过程中所起作用的论述（以及戴维斯对洛杉矶灾难的深刻分析）的影响，城市政治生态学对马克思主义生态学的发展做出了重要贡献。例如，它试图通过对水流、交通基础设施、大都市公园和家庭空间等方面的创新研究来展现城市如何协调人与自然之间的新陈代谢，从而有助于塑造对现代性本身的体验，比如尼克·海恩（Nick Heynen）、玛丽亚·凯卡（Maria Kaika）和埃里克·斯温格多夫（Erik Swyngedouw）主编的《城市的本质》（*In the Nature of Cities*）。

　　城市政治生态学是一个高度异质化的领域。它最初不仅受到马克思主义地理学的影响，而且受到将原住民群体、有色人种、工人与妇女的环境正义斗争转向地理和城市研究领域（主要是北美）的那些研究者的影响。这些研究者从阶级化、性别化和种族化的视角展示了人类身体与环境退化（污染问题、汽车问题、粮食安全问题等）之间的关系。例如，劳拉·普利多（Laura Pulido）在《反思环境种族主义》（"Rethinking Environmental Racism"）一文中指出了经济发展不平衡是如何与制度化的白人统治相结合，从而产生了社会生态不平等的复杂地理景观的。

　　普利多和吉尔摩或许是将马克思主义理论与反种族主义传统联系在一起的两位最著名的批判地理学家。普利多还因在《黑色、棕色、黄色与左派》（*Black, Brown, Yellow and Left*）中展现了洛杉矶等城市的第三世界斗争是如何受到种族化的各种驱动力的影响而声名远扬。两位学者的研究工作与克莱德·伍兹（Clyde Woods）和凯瑟琳·麦基特里克（Katherine McKittrick）的《黑人地理学》（*Black Geographies*）有所重叠。所谓"黑人地理学"，旨在将激进的黑人传统用于空间和城市研究。有两个例子足以说明这一研究：一是伍兹对密西西比三角洲抵抗传统的研究（蓝调地理学）；二是麦基特里克在《西尔维亚·温特：以人为本》（*Sylvia Winter, on Being Human as Praxis*）中对温特的激进人本主义社会理论的发掘。如同对环境正义的研究一样，这些研究清楚地表明，对城市权利的诉求及其他需求必定与生产空间的种族化进程相关。

　　正如城市生态学领域的讨论所表明的，对社会运动和集体行动的关切会涉及许多研究领域。通过对哈维以资本为核心的政治经济学的内在批判，劳动力地理学研究一直是关于劳工运动及其始终不确定的能力的重要研究的来源，这些研究把工作场所的斗争与更广泛的社会地理环境（主要是欧美）联系起来，比如安德鲁·赫罗德（Andrew Herod）的《劳动力地理学》（*Labour Geographies*）。迄今为止，这一研究派别与早期以劳动力为核心的社会主义的女性主义研究之间仍有一定的联系，关于这一点可参看琳达·麦克道尔（Linda McDowell）的《工作的身体》（*Working*

Bodies)。社会主义的女性主义已将从迪拜到英属哥伦比亚的工作场所内外复杂的、性别化的、种族化的和性征化的阶级关系研究推向前沿，比如米歇尔·巴克利（Michelle Buckley）的《在迪拜定位新自由主义》（"Locating Neoliberalism in Dubai"）和迈克尔·埃克斯（Mickael Ekers）的《整天埋头苦干》（"Pounding Dirt All Day"）。

　　21 世纪以来，关注斗争问题在某种程度上得到了研究者的认同，他们试图将塑造空间的实践视为政治的实证性和理论性特质。一些研究者将当前有关政治的哲学探讨转化为地理研究，例如，穆斯塔法·迪凯奇（Mustafa Dikeç）在《共和国的荒芜之地》（*Badlands of the Republic*）中将朗西埃对政治和警察的理解空间化，以此分析法国的郊区政策。另一些研究者则受葛兰西的启发，重新阐释了激进地理学的重要研究主题，从空间、规模、自然的生产到多重社会关系的结合。在迈克尔·埃克斯、吉莲·哈特（Gillian Hart）、斯蒂芬·基普弗和亚历克斯·洛夫特斯（Alex Loftus）共同主编的《葛兰西：自然、空间、政治》（*Gramsci*：*Nature*，*Space*，*Politics*）中，政治似乎成为一种过渡性力量，或者说渗透到国家和社会的力量关系中的一种可能具有变革性的时刻。

5. 后殖民转向

　　有关政治、劳工和其他城市斗争的研究现在也开始涉及工作、住房、国家、基础设施的不稳定性和非正规化对集体行动的影响，尤其是在全球南方城市。一方面，戴维斯等研究者强调阶级关系的非正规化与宗教激进主义、右翼民粹主义之间的关系，阿瑟夫·巴亚特（Asef Bayat）的《作为政治的生活》（*Life as Politics*）用非正规性的问题来强调将日常对抗与革命及革命组织联系起来的困难；另一方面，也有研究者对某些非正规化环境带来的激进可能性持更为乐观的态度。与其他领域一样，拉丁美洲的发展在这一领域至关重要，无论是市政或全国范围的社会主义实验（在委内瑞拉、玻利维亚和巴西），还是对本土但又与全球相关联的"公社"起义和自治传统的复兴（在墨西哥），比如布鲁诺·博斯提尔斯（Bruno Bosteels）在《墨西哥公社》（"The Mexican Commune"）一文中曾提请我们关注 2006 年的瓦哈卡起义。

　　如今，非正规性问题常常通过后殖民理论得到解读。阿纳尼娅·罗伊（Ananya Roy）在《贫民窟城市》（"Slumdog Cities"）中指出，非正规性与其说是社会主义战略的问题，不如说是破坏正规性与非正规性之间差异的机会，有人把这种差异界定为全球北方与全球南方之间的差异。可以说，自 20 世纪 90 年代以来，后殖民转向一直是现在通常所说的批判地理学（而非激进地理学）中最持久的理论思潮。这一转向无论是在前殖民城市（从都柏林到雅加达），还是在与它们旗鼓相当的帝国城市（从伦敦到阿姆斯特丹），都产生了关于殖民层面的重要的、详细的实证研究，例如规划和建筑实践。今天，后殖民理论的核心是发展城市研究概念在方法论上面临的挑战，而不是再现以欧洲为中心的比较研究模式。例如，在《一般城市》（*Ordinary Cities*）中，詹妮弗·罗宾逊（Jennifer Robinson）根据对非洲城市化的研究，通过改变本雅明的现代性观念回应了这一挑战。

虽然后殖民转向通常在语言表达和精神实质上兼收并蓄，但在其发展过程中并未完全借鉴马克思主义和世界体系理论的传统，而是与米歇尔·福柯和霍米·巴巴（Homi Bhabha）以及最近的迪佩什·查卡拉巴提（Dipesh Chakrabarty）、马丁·海德格尔等人有着更多联系。无论是过去还是现在，由于强调具体的殖民话语，后殖民研究都已与对新（不一定是殖民）帝国主义的再度探讨联系在一起。但是也有例外，比如在《殖民地的现在》（*The Colonial Present*）中，受爱德华·萨义德（Edward Said）的想象地理学（imaginative geography）的启发，格利高里分析了伊拉克和巴勒斯坦的战争，从而使斯蒂芬·格雷厄姆（Stephen Graham）的《全城戒备》（*Cities under Siege*）等把军事干预作为城市战略的作品应运而生。受到美国对"9·11"事件的反应的影响，马克思主义关于新帝国主义的讨论还一直关注资本主义危机与世界秩序的未来之间的关系，进而与全球政治经济学研究联系在一起。为此，这些讨论还将我们的注意力转移到作为资本主义永久特征的原始积累问题上，比如哈维的《新帝国主义》（*The New Imperialism*）。

关于后殖民问题的马克思主义研究则处于后殖民研究的边缘。一些批判地理学家对佳亚特里·斯皮瓦克（Gayatri Spivak）的研究进行了重新定位，倡导马克思主义与解构主义传统在实证研究领域的新融合，比如维奈·吉德瓦尼（Vinay Gidwani）在《资本中断》（*Capital，Interrupted*）中对印度的劳动力与浪费的研究。另一些研究取向则类似于马克思主义对比较文学的介入，其展现了对欧洲中心主义意识形态的有力批判是如何在左翼反殖民思潮——发生在 20 世纪 80 年代的后现代转向之前——的基础上发展起来的，并摆脱了当前流行的关于"西方与他方"之间的文明划分，比如克里斯托·巴托洛维奇（Crystal Bartolovich）和尼尔·拉扎鲁斯（Neil Lazarus）的《马克思主义、现代性与后殖民研究》（*Marxism, Modernity and the Postcolonial Studies*）。后一类研究的核心问题是马克思主义与反殖民传统、新自由主义城市战略的新殖民层面或种族化层面、比较研究方法、民粹主义和法西斯政治的崛起之间的联系。

如今，全球城市化和定居者殖民主义成为城市比较研究的前沿。全球城市化思想源于列斐伏尔，他认为，城乡关系应被理解为一种不平衡且与世界城市领域有关的复杂情形，其中既包括城镇和大都市的集聚区，又包括交通网络、矿区和能源供应链的广泛地域。这一洞见伴随着早期全球性视角的复兴，对以城市为中心的研究取向具有重要意义，关于这一点，可参看布伦纳主编的《内爆与外爆》（*Implosions and Explosions*）。由于后殖民批判（以及关于庶民研究学派的最新探讨）所带来的影响，这种研究取向得到了强化和重构，用于思考城市比较研究中特殊与普遍之间的关系，并对土地结构调整及与城市问题的关系以及城市化进程内外的（非）城市政治想象进行研究。

在这些讨论的背景下，定居者殖民主义研究提供了重要洞见。首先，研究者反对在某些后殖民研究中对"殖民"一词的隐喻性使用，他们强调指出，在美国、澳大利亚和加拿大等白人定居者殖民地中，区分殖民与后殖民几乎没有任何意义。其次，他们还认为应从经历的丰富性和物质的广泛性方面来理解定居者的地理环境，这种异质性的视角显然受到了历史唯物主义的影响，关于这方面的探讨，可参看科尔·哈里斯（Cole Harris）的《创造本土空间》（*Making Native Space*）。再次，该领域的研究者坚持对定居者殖民城市化进行定性研究，为此，他们对早期殖民城市研究将白人占主导地位的定居者殖民地排除在外的做法进行了批判，比如戴维·休吉尔（David Hugill）的论文《什么是定居者殖民城市》（"What is a Settler Colonial City?"）。最后，对定居者殖民环境的研究汲取了新一代本土学者有关时间和空间的见解，比如致力于原住民复兴的哲学家莉安娜·辛普森（Leanne Simpson）的《在乌龟背上跳舞》（*Dancing on the Turtle's Back*），以及原住民共产主义者格伦·库尔特哈德（Glen Coulthard）的《红皮肤，白面具》（*Red Skin, White Masks*）。这些理论思潮有望重新引起人们对原住民解放问题的兴趣，尤其在美洲地区，而原住民解放问题通常是反殖民运动与马克思主义实践相结合的一个潜在交汇点。

第 18 章 马克思主义文学批评导览 *

丹尼尔·哈特利/文　　宁艺阳　陈后亮/译

　　马克思主义文学批评主要研究文学在阶级斗争中的作用。特里·伊格尔顿（Terry Eagleton）的《马克思主义与文学批评》（*Marxism and Literary Criticism*）和弗雷德里克·詹姆逊的《马克思主义与形式》（*Marxism and Form*）是该领域最好的英文导论作品，后者难度更大，但也更具奠基性。伊格尔顿和德鲁·米尔恩（Drew Milne）合著的《马克思主义文学理论读本》（*Marxist Literary Theory：A Reader*）是该领域最好的英文作品集。本章列举的书目并不打算穷尽所有文献。因篇幅较长，我将用着重号标记出在我看来属于这一传统的最主要文献。

一、从马克思到斯大林时代的俄国

　　众所周知，马克思本人是一位如饥似渴的读者，广泛涉猎各语种著作，他年轻时的创作尝试包括诗歌、一部未完成的小说和一些戏剧片段。S. S. 柏拉威尔（S. S. Prawer）的《卡尔·马克思和世界文学》（*Karl Marx and World Literature*）是研究马克思著作的文学特性的权威指南。马克思恩格斯也在不同的语境中发表了对具体文学作品或作家的看法，其中三处尤其为人熟知。首先，在《神圣家族》中，马克思恩格斯对欧仁·苏（Eugène Sue）的全球畅销书《巴黎的秘密》（*The Mysteries of*

　　* 本章原载：《国外理论动态》2021 年第 3 期。原文来源：Daniel Hartley，"［Guide de lecture］Critique littéraire marxiste，"*Période*，11 janvier 2018。本章编译自英文电子期刊《历史唯物主义》。丹尼尔·哈特利（Daniel Hartley）：英国杜伦大学英文系。宁艺阳、陈后亮：华中科技大学外国语学院。

Paris）进行了严厉的文学和意识形态批评，这对路易·阿尔都塞提出情景剧理论产生了非常重要的影响。其次，马克思恩格斯均致信德国律师兼社会主义者斐迪南·拉萨尔，表达了对其戏剧《弗兰茨·冯·济金根》（*Franz von Sickingen*）的保留态度，认为该剧小觑了平民和农民在 1522—1523 年斯瓦比亚和莱茵兰贵族起义中的历史作用，从而减弱了该戏剧的悲剧力量，使剧中人物成为扁平的历史传声筒。最后，马克思曾计划（但实际上未能实现）写一卷论著来探讨巴尔扎克的《人间喜剧》，恩格斯也说自己从这部书中学到的东西"比从当时所有职业的史学家、经济学家和统计学家那里学到的全部东西还要多"①。马克思恩格斯对巴尔扎克的兴趣尤为重要，因为这种研究表明，文学造诣和展现一个特定历史时期的基本社会动力的能力并非取决于作者自认的政治立场（巴尔扎克是保皇党人），这一点对于卢卡奇和詹姆逊后来所发展的现实主义理论而言至关重要。李·巴克森德尔（Lee Baxandall）和斯特凡·莫拉夫斯基（Stefan Morawski）将马克思恩格斯著作中涉及文艺的各种片段收入《马克思恩格斯文艺观选集》（*Marx and Engels on Literature and Art：A Selection of Writings*）一书。马克思恩格斯对后来马克思主义文学批评的终极影响，与其说归因于这些零散的片段，不如说是诸如此类的历史唯物主义方法的结果。

　　伊格尔顿在他与米尔恩合著的《马克思主义文学理论读本》的引言中提出了一种实用的但也过于简单化的马克思主义文学批评的阶段划分法。伊格尔顿将马克思主义文学批评分为四种，即人类学批评、政治批评、意识形态批评和经济批评（我将着重讨论前三种批评）。他声称，在第二国际时期（1889—1916 年）占主导地位的人类学批评提出了这样一些基本问题：艺术在社会革命中的作用是什么？艺术与人类劳动有什么关系？艺术的社会功能是什么？它与神话有什么关系？诸如普列汉诺夫的《艺术与社会生活》（*Art and Social Life*）和克里斯托弗·考德威尔（Christopher Caudwell）的《幻象与现实》（*Illusion and Reality*）之类的作品（部分地）采用了这种方法。"政治"批评可以追溯到布尔什维克党人及其为 1905 年和 1917 年的两场俄国革命（尤其是后者）所做的准备与辩护。列宁在 1908—1911 年所写的关于托尔斯泰的论文收录于《论文学与艺术》（*On Literature and Art*）一书。这些文章认为，托尔斯泰作品中先进的

---

① 《马克思恩格斯选集》第 4 卷，第 591 页。

反资本主义批评与父权制的、道德主义的基督教之间的矛盾反映了 19 世纪晚期的俄国生活，以及 1905 年革命中残余的封建农民的软弱性。众所周知，皮埃尔·马舍雷（Pierre Macherey）在其主要的阿尔都塞式文学理论著作《文学生产理论》（*Towards a Theory of Literary Production*）中重新审视了这一论点。然而，这一时期最重要的著作几乎可以肯定是托洛茨基的《文学与革命》（*Literature and Revolution*）。它别出心裁地记录了社会革命带来的文学和风格剧变，它对整个俄罗斯文学领域的考察具有里程碑式的意义。这本书在文学形式与风格中定位了作者模糊的政治倾向，并以生产一种适合社会主义建设的文化和集体主体性为终极目标。

这一革命动乱时期也催生了马克思主义文学批评史上最深刻、最具影响力的知识流派之一——巴赫金学派。在 M. M. 巴赫金（M. M. Bakhtin）（他与马克思主义传统之间的关系并不明确）的引领下，这一学派对俄国革命及其蜕化至斯大林主义所引发的社会文化问题进行了精妙的哲学分析。巴赫金的对话论认为，语言和文学是在动态的、相互冲突的社会互动中形成的。围绕这一核心思想，该学派将史诗和诗歌等独白形式（与斯大林主义自身的独白论相联系）与以"众声喧哗"（heteroglossia，一种社会和文学习语的复调组合）和"对话论"（dialogism，其中注入了一种批判性的、大众化的反抗）为特征的小说区分开来。该学派的重要作品包括巴赫金的《陀思妥耶夫斯基诗学问题》（*Problems of Dostoevsky's Poetics*），《对话性想象：四篇文章》（*The Dialogic Imagination：Four Essays*），以及《拉伯雷和他的世界》（*Rabelais and His World*）。常为巴赫金的光彩所掩盖但与其同等重要的著作还包括：P. N. 梅德韦杰夫（P. N. Medvedev）批评俄国形式主义的长篇马克思主义佳作（本身也是一种文学的社会理论）《文学研究中的形式方法》（*The Formal Method in Literary Scholarship*），V. N. 沃洛希诺夫（V. N. Voloshinov）的马克思主义语言理论著作《马克思主义与语言哲学》（*Marxism and the Philosophy of Language*）。后者对于雷蒙德·威廉斯的晚期著作而言十分重要（他在剑桥的一个图书馆的书架上偶然发现了这本书），并启发了让-雅克·勒赛克尔（Jean-Jacques Lecercle）的开创性著作《马克思主义语言哲学》（*A Marxist Philosophy of Language*）。

二、"西方马克思主义"及其他

伊格尔顿将他的第三个范畴"意识形态批评"追溯到"西方马克思主义"时期。这是一个备受争议的概念。在佩里·安德森的《西方马克思主义探讨》(*Considerations on Western Marxism*)出版之后,这一概念开始在英语世界产生影响。该书研究了多位知识分子,包括卢卡奇、卡尔·柯尔施(Karl Korsch)、西奥多·阿多诺、马克斯·霍克海默(Max Horkheimer)、瓦尔特·本雅明、赫伯特·马尔库塞、让-保罗·萨特、路易·阿尔都塞、安东尼奥·葛兰西、加尔瓦诺·德拉·沃尔佩(Galvano Della Volpe)和卢西奥·科莱蒂(Lucio Colletti)。安德森声称,与前几代马克思主义者的理论不同的是,西方马克思主义有三个特点:其一是产生于政治失败时期(败给了 20 世纪 30 年代的法西斯主义);其二是马克思主义知识分子与大众的结构性分离;以及由此导致的第三个特征,即往往复杂晦涩或与现实政治行动格格不入的写作风格。无论人们是否赞同安德森的说法,它都是一个实用的分期范畴。

如果说列宁和托洛茨基主要关注的是作为直接政治斗争之延伸的文学,那么 20 世纪中叶的批评家们则更接近巴赫金学派的关注点,即把文学理解为间接的政治——尤其是通过"形式的意识形态"(the ideology of form)。如果说苏联社会主义的现实主义——其权威研究是雷吉内·罗宾(Régine Robin)的《社会主义的现实主义:一种不可能的美学》(*Socialist Realism:An Impossible Aesthetic*)——在很大程度上对形式和风格漠不关心,而仅关注"透明的"(transparent)英雄和无产阶级等内容,那么阿多诺和卢卡奇等批评家则更关注文学形式及其阐明意识形态的方式。在许多作品中,这种对形式的关注非常接近于那种部分受卢卡奇和柯尔施的黑格尔化马克思主义启发的辩证批评方法。这种方法的特点是强调自反性和总体性:它强调"(批评家的)思想必须像对待它所运用的材料一样对待自己的思维过程"(詹姆逊);它认为文学作品内化了社会形式、情境和结构,但同时又拒斥它们(从而产生了一种抵制庸俗的经济或政治还原论的否定性);而且它以被中介的(而非外在的或抽象的)社会总体性作为其最终的批评范围。正如 1958 年阿多诺在一次介绍辩证法的演讲中所言:

一方面，作为严谨的专业人士，我们不应满足于专注特定的个别现象，而应努力在这些现象发挥作用进而获得意义的总体性内部理解它们；另一方面，我们不应实体化（hypostatize）并教条地从外部介绍这种我们所置身的总体性，而应试图通过不断地参照事物本身来实现从个别现象到整体的过渡。

这种辩证的批评在阿多诺本人的作品中达到了顶峰，尤其是包含了一系列不落窠臼的文章的《棱镜》（*Prisms*）、《文学笔记（第一辑）》（*Notes to Literature Ⅰ*）和《文学笔记（第二辑）》（*Notes to Literature Ⅱ*），以及其去世后出版的《美学理论》（*Aesthetic Theory*），后者是战后初期艺术和美学领域的权威性哲学论著。

阿多诺深受年长其 11 岁的本雅明的影响。1923 年，他们在维也纳初次邂逅。在热烈的学术辩论中，两人的友谊延续终生。苏珊·巴克-莫尔斯在《否定辩证法的起源》（*The Origin of Negative Dialectics*）一书中对此进行了深入分析。本雅明不落窠臼的散文式著作将历史唯物主义与犹太神秘主义相结合，涵盖了如下众多主题：一种康德式的但同时受卡巴拉派（犹太教派之一）影响的认知理论、巴洛克的戏剧与寓言、夏尔·波德莱尔（这位关键人物使本雅明终生着迷于以"19 世纪的首都"著称的巴黎）、弗兰兹·卡夫卡（Franz Kafka）、马塞尔·普鲁斯特（Marcel Proust）（本雅明将他的非意愿记忆与超现实主义的冲击相联系）、贝尔托·布莱希特（两人的友谊同样延续终生）、超现实主义、语言，以及翻译。在其英译著作中，不熟悉本雅明的读者可能希望查阅《启迪》（*Illuminations*）和《反思》（*Reflections*）中的相关文章，以及《德意志悲苦剧的起源》（*The Origins of German Tragic Drama*）中的巴洛克戏剧和寓言理论。那些渴求完美的人可能还希望"挑战"本雅明关于 19 世纪巴黎的、仅由片段组成的鸿篇巨制——《拱廊计划》。哈佛大学出版社还出版了四卷本的《本雅明文选》（*Selected Writings*）。

20 世纪马克思主义批评领域的另一位杰出人物是匈牙利哲学家卢卡奇。他在 1923 年出版的《历史与阶级意识》（*History and Class Consciousness*）影响巨大：这部作品与将马克思主义视为一种教条的第二国际分道扬镳，转而强调马克思主义是一种以总体性范畴为前提的辩证方法，并使"物化"成为马克思主义的一个基本概念。在走向激进的马克思主义之前，卢卡奇撰写了两部重要的文学批评作品。第一部作品《心灵与形式》(*Soul and Form*) 是一部(令人遗憾地)被忽视的论文集，它交织着激情与痛苦，探讨艺术与生活的关系，以及形式的完美抽象与人类心灵的无数残缺细节之间的对抗。这些对立同生活与工作、具体与抽象、艺术成就与资产阶级职业之间更为深刻的社会矛盾相联系；卢卡奇显然在探寻一种调解或克服这些对立的方式，然而这种透露着苦恼的风格表明他尚未找到答案。在 20 世纪真正伟大的文学批评作品之一《小说理论》(*The Theory of the Novel*) 中，他继续了这些思考。卢卡奇将小说与史诗做对比，认为史诗有机地对应于一种"完整统一的"(即非异化的、非物化的)文明形式，在这种文明中，社会总体性处于内在调和与感性存在的状态；而小说是"时代的史诗，这个时代不再赋予生命广泛的总体性，生命意义的内在性已成为一个问题，但它仍会从总体性的角度来思考"。该书的后半部分阐述了一种小说类型学，结语略显乐观地认为，陀思妥耶夫斯基可能提供了一种走出资产阶级现代性僵局的方法。

　　历经第一次世界大战和俄国革命的卢卡奇最终形成了《历史与阶级意识》中的马克思主义立场。重要的是，他后来极具影响力的现实主义理论应当结合这本书里关于物化的核心文章来解读，因为对于卢卡奇而言，现实主义在许多方面都如实地反映了无产阶级消除物化的立场。在《欧洲现实主义研究》(*Studies in European Realism*) 和《作家与批评家》(*Writer and Critic*) 中，尤其在《叙述或描述?》("Narrate or Describe?")一文中，卢卡奇认为，伟大的现实主义者(巴尔扎克、托尔斯泰、托马斯·曼)深入日常生活的副现象(epiphenomena)之下去揭示隐藏的客观规律，而正是这些规律发挥作用，构成社会本身。然而，在其他作品中，这种对现实主义的依恋演变成了反现代主义的文学批评的教条主义。卢卡奇的另一部重要批评作品《历史小说》(*The Historical Novel*) 是一项关于历史小说体裁的基础性研究，研究范围从沃尔特·司各特(Walter Scott)引领的历史小说题材的爆炸性增长一直到其 20 世纪的继承者亨利希·曼(Heinrich Mann)等人。

　　在法国，萨特关于介入文学(committed literature)的作品可谓众所周知。《境遇 I》(*Situations I*) 收集了他早期关于威廉·福克纳(William Faulkner)、多斯·帕索斯(Dos Passos)、弗拉基米尔·纳博科夫(Vladimir Nabokov)等人的著述。值得注意的是，萨特从这些作品的风格和形式中演绎出一整套个人形而上学，进而根据自己的自由存在主义现象学和詹姆逊所谓的"语言乐观主义"来评判这些作品。对于萨特而言，一切都是可言说的——法国哲学家阿兰·巴迪欧（Alain Badiou）后来将这一立场进一步激进化和数学化。有些作家的风格——比如福克纳——由于含蓄地否定这种自由而受到萨特的指责。他在这一时期的代表作是《什么是文学》（*What Is Literature*?），其中不仅包括将散文所谓的透明性（transparency）与诗歌潜在的"非政治隐晦性"（apolitical opaqueness）相对比的著名段落（同时也是备受批评的段落），而且包括法国作家与其（虚拟的或实际的）公众之间丰富而微妙的关系史：1848 年革命失败后，这种关系变为否定性的。萨特在结论中倡导一种"真正的文学"，这种文学致力于建立一个"（作家）主体与其公众之间不存在任何区别"的无阶级社会。在罗兰·巴尔特（Roland Barthes）的《写作的零度》（*Writing Degree Zero*）中，萨特的作品受到了批评。对于巴尔特而言，介入不是发生在内容层面，而是发生在"写作"（écriture）或形式层面——不过，人们或许会对巴尔特过于简单化地理解萨特的论点提出异议。最近，雅克·朗西埃在《文学的政治》（*The Politics of Literature*）中重新提出并挑战了这些问题，认为文学的政治与作者个人的政治倾向无关；相反，文学之所以具有政治性，是因为它"介入了可见性的实践及形式与言说方式之间的关系，而这种关系划分出一个或多个共同世界"。读者也可以参考萨特对个别作家的重点研究，包括《波德莱尔》（*Baudelaire*）、《圣热内》（*Saint Genet*）和三卷本巨著《家庭白痴》（*L'Idiot de la Famille*）。

罗马尼亚裔法国批评家吕西安·戈德曼（Lucien Goldmann）提出了一种被称为"发生学结构主义"的方法。他研究了文学文本的结构，以求发现它在何种程度上体现了作家所属阶级的"世界观"。对于戈德曼而言，文学作品不是个人的产物，而是特定社会群体的"超个人精神结构"的产物。这些"精神结构"或"世界观"本身被理解为特定历史形势下产生的意识形态建构。戈德曼在他最著名的作品《隐蔽的上帝》（*The Hidden God*）中将拉辛戏剧中反复出现的范畴（上帝、世界、人）与被称为詹森主义的宗教运动联系起来。这一运动本身被理解为"穿袍贵族"（noblesse de robe）的世界观：一个发觉自己依赖君主制（"长袍"）的阶层，因其出身资产阶级，在政治上又反对这种制度。戈德曼的不足之处在于，他所指出的作品、世界观和阶级之间的"同构性"是基于一种过于简单化的"表现因果律"（expressive causality）。

众所周知，这种"表现因果律"理论是阿尔都塞的哲学和政治研究的目标之一。在《保卫马克思》（*For Marx*）和《读〈资本论〉》（*Reading*

Capital）中，阿尔都塞提出了一种去中心化的、由多种不连续的实践和时间性组成的社会总体性理论。因此，他关于艺术和文学的论述强调艺术同意识形态和社会总体性的非连续性关系，这不足为奇。在 1966 年的《就艺术问题复信安德烈·达斯普雷》（"Letter on Art in Reply to André Daspre"）中，阿尔都塞认为，艺术并非一种一般的意识形态，也不是一门理论科学：它使我们看到意识形态，使其可感知，从而实现意识形态本身的"内在间离化"（internal distanciation）。马舍雷在《文学生产理论》中将这种见解发展为一整套极其复杂的文学生产理论。对于马舍雷来说，文学文本通过它们隐而未言和宣称的内容，既是意识形态的载体，又"倍增"（redouble）或"彰显"（made visible）意识形态：它们由雄辩的沉默（eloquent silences）构成。正如沃伦·蒙塔格（Warren Montag）在评价马舍雷和艾蒂安·巴里巴尔（Étienne Balibar）这一时期的著作时所指出的："这些著述明白易懂，即它们仅在基于可被理解为其内因的矛盾时，才成为一种充足知识的对象。"巴迪欧在《审美过程的自主性》（"The Autonomy of the Aesthetic Process"）——此文被收入其著作《诗人的时代》（*The Age of Poets*）——一文中对马舍雷的观点做出了重要批评和进一步拓展；而伊格尔顿的《批评与意识形态》（*Criticism and Ideology*）则深受马舍雷的影响，是对英国文学批评界的一次阿尔都塞式的重大介入。巴迪欧后期研究文学的著作包括《非美学手册》（*Handbook of Inaesthetics*）、《论贝克特》（*On Beckett*）和《诗人的时代》；勒赛克尔在《巴迪欧和德勒兹读文学》（*Badiou and Deleuze Read Literature*）中追踪了这些发展。在《文学在思考什么?》（*À quoi pense la littérature?*）、《普鲁斯特：文学与哲学之间》（*Proust. Entre littérature et philosophie*）和《文学哲学研究》（*Études de philosophie littéraire*）中，马舍雷沿着自己的文学批评轨迹继续前行。

三、英美马克思主义文学批评：威廉斯、伊格尔顿和詹姆逊

　　威廉斯或许是 20 世纪英国最重要的文学批评家。要了解他的整个职业生涯，可参见《新左翼评论》杂志编委会主持的、收录在《政治与文学》（*Politics and Letters*）一书中的长篇专访。从文学批评的角度来看，《马克思主义与文学》（*Marxism and Literature*）在他众多关于文学的著

作中最为重要。这部著作代表了自 20 世纪 50 年代中期新左翼兴起之后威廉斯日益关注上述所有西方马克思主义文本的集大成之作，其中许多文本是在 20 世纪 60—70 年代被逐渐翻译成英语的。在这本书中，威廉斯一直在试图表明，在传统"马克思主义"文化和文学理论中依然残留着部分唯心主义思想，他还阐述了自己在创新"选择性传统"（selective tradi-tion）、"主导文化、残余文化和新兴文化"（文化在某一历史时段的三种形态）、"感觉结构"（structure of feeling）、"结盟"（alignment）等重要概念方面的成熟立场。然而，阅读这本书还必须结合之前的一些开创性和奠基性文学批评著作，包括：《漫长的革命》（*The Long Revolution*），一种从文学与艺术生产的社会学角度透视现代性的理论；《现代悲剧》（*Modern Tragedy*），它将马克思主义悲剧理论与为现代悲剧视域中的革命进行强有力的辩护结合起来；《戏剧：从易卜生到布莱希特》（*Drama from Ibsen to Brecht*），一种唯物主义的现代戏剧理论；《从狄更斯到劳伦斯的英国小说》（*The English Novel：From Dickens to Lawrence*），一部英国小说的社会史，在某种程度上是为了挑战 F. R. 利维斯（F. R. Leavis）的《伟大的传统》（*The Great Tradition*）的霸主地位；以及最重要的《乡村与城市》，一部关于城市化和城乡关系的资本主义发展历程的宏大文学社会史。在后期著作中，威廉斯还花费了不少笔墨来挑战当时盛行的现代主义唯心论，可参见《现代主义的政治》（*The Politics of Modernism*）。

　　特里·伊格尔顿出身于一个工人阶级的天主教家庭，在剑桥大学期间曾师从威廉斯。其早期著作主要关注天主教的身体和语言理论。《批评与意识形态》的出版是伊格尔顿在学术上与威廉斯决裂、转向阿尔都塞主义的转折点（他在该书中指责威廉斯是一个浪漫主义者、唯心主义者、经验主义者、平民主义者的那一章，现今可谓是尽人皆知）。不过在此之前，他已有戈德曼式的著作《勃朗特姐妹：权力的神话》（*Myths of Power：A Marxist Study of the Brontës*）问世。20 世纪 80 年代，伊格尔顿对批评本身的革命潜能愈发感兴趣，其中部分研究是通过本雅明对布莱希特的解读展开的，可参见《瓦尔特·本雅明或走向革命批评》（*Walter Benja-min，or Towards a Revolutionary Criticism*）；另一部分研究是通过女性主义展开的，比如《受辱的克拉丽莎：塞缪尔·理查森作品中的书写、性行为和阶级斗争》（*The Rape of Clarissa：Writing，Sexuality，and Class Struggle in Samuel Richardson*）。他还撰写了涉猎广泛的爱尔兰文化史三部曲，但他在中后期最重要的著作可以说是《美学意识形态》（*The Ideology of the Aesthetic*），这是一部对整个美学传统的详细批判史，以及《甜蜜的暴力——悲剧的观念》（*Sweet Violence：The Idea of the Tragic*），这是一部对悲剧理论和文学进行马克思主义再阐释的重要著作。有关其生平和著作的概述，可参见访谈文集《批评家的任务：与特里·伊格尔顿的对话》（*The Task of the Critic：Terry Eagleton in Dialogue*）。

　　弗雷德里克·詹姆逊最广为人知的或许是他的后现代主义理论，即《后现代主义——晚期资本主义的文化逻辑》（*Postmodernism, or the Cultural Logic of Late Capitalism*）。对于西方马克思主义思想在英语世界的传播，他发挥了不可或缺的作用。如前所述，《马克思主义与形式》是詹姆逊的一部重要的导论性作品，介绍了西方马克思主义的许多思想，其中包括论阿多诺、本雅明、布洛赫、卢卡奇和萨特的详细章节，以及一篇重要的关于"辩证批评"的方法论文章。而在另一部探讨意识形态再生（ideological recuperation）的罕见作品《侵略的寓言：温德姆·刘易斯，作为法西斯主义者的现代主义者》（*Fables of Aggression：Wyndham Lewis, the Modernist as Fascist*）中，詹姆逊进一步检视了这些思想。然而，或许詹姆逊最经久不衰的著作是《政治无意识》（*The Political Unconscious*）。它以一个中世纪寓言体系的现代化版本为基础，提出一种基于三个层级的阅读模式：作为象征行为的文本；作为"意识形态素"（ideologeme）（"社会各阶级本质上对立的集体话语中最小的可理解单位"）的文本；作为"形式的意识形态"（ideology of form）的文本。其最终主张是：任何一个文学文本，经由一个（非表达性的）寓言中介体系，均可追溯至阶级斗争这一不可超越的历史视域。詹姆逊还是一位重要的现代主义理论家，他的主要著作《单一的现代性》（*A Singular Modernity*）和论文集《现代主义文选》（*The Modernist Papers*）可引以为证。其近期最重要的文学批评著作是《现实主义的二律背反》（*The Antinomies of Realism*）。詹姆逊还发表了一篇饱受争议的文章《跨国资本主义时代的第三世界文学》（"Third-World Literature in the Era of Multinational Capitalism"），仅此一文就派生出大量研究成果，其中最著名的是阿吉兹·阿罕默德（Aijaz Ahmad）在《在理论内部：阶级、民族与文学》（*In Theory：Classes, Nations, Literatures*）中对其所做的批评。毋庸置疑，詹姆逊是20世纪晚期最重要的文化批评家。

四、当代的批评

由于无法公正地说明当代马克思主义文学批评的丰富性和广泛性，故而我只希望指出几部重要作品。在该领域，佛朗哥·莫雷蒂（Franco Moretti）一直是一位颇具影响的人物，他研究成长小说的著作《世界之道：欧洲文化中的成长教育小说》（*The Way of the World：The Bildungsroman in European Culture*）预示了"青年"的象征形式如何调解现代性的矛盾，并实现了从革命年代的英雄主体性向资产阶级日常生活的平淡和凡俗常态的转变。与此同时，他研究"现代史诗"的著作《现代史诗：从歌德到加西亚·马尔克斯的世界体系》（*The Modern Epic：The World-System from Goethe to García Márquez*）集中关注歌德的《浮士德》、麦尔维尔的《白鲸》和马尔克斯的《百年孤独》等文本，认为它们是"世界文本，其地理参照系不再是民族国家，而是更为广阔的实体———一个大陆，或整个世界体系"。莫雷蒂运用伊曼纽尔·沃勒斯坦（Immanuel Wallerstein）的世界体系分析范畴，认为这些"世界文本"或"现代史诗"尽管不为中心地区的同类型国家所知晓，但却在盛行综合发展的半边缘地区十分典型。此举后来被证明对唯物主义的（包括他自己的）"世界文学"理论影响深远。自此，莫雷蒂在《世界文学猜想》（"Conjectures on World Literature"）一文中进一步发展了这种"文学形式的地理学"。受到歌德和马克思对世界文学的评论的启发，并结合巴西马克思主义批评家罗伯托·施瓦兹（Roberto Schwarz）的见解，该文认为，世界文学是"单一的、不平等的：单一的文学……甚至单一的世界文学体系（由相互关联的文学构成）；但又是一个与歌德和马克思的希望完全不同的体系，因为它极不平等"。不过，莫雷蒂的扛鼎之作可以说是他最近出版的《资产阶级：在历史与文学之间》（*The Bourgeois：Between History and Literature*），这是一部关于资产阶级形象的社会学和文学研究著作，其真正的"主角"是文学散文的兴起。

莫雷蒂最重要的后继者是沃里克研究团体（Warwick Research Collective），其著作《不平衡与综合发展：走向新的世界文学理论》（*Combined and Uneven Development：Towards a New Theory of World-Literature*）旨在"通过探究不平衡与综合发展理论的文学-文化内涵来重新定

位'世界文学'问题，视其为一个复兴的理论研究范畴"。在把詹姆逊的
"单一的现代性"理论同莫雷蒂式的世界体系分析、托洛茨基的不平衡与
综合发展理论相融合的基础上，沃里克研究团体将"世界–文学"定义为
"世界体系的文学"。"世界–文学"（用一个连字符来表示它忠实于沃勒斯
坦式的世界体系分析）是指在形式和内容上"记录"现代资本主义世界体
系的文学。该书也介入了如何定义现代主义的争论。如果将"现代化"理
解为将资本主义的社会关系"强加"于"迄今尚未或仅在部门范围内被资
本主义化的文化和社会"，且"现代性"指"资本主义社会关系赖以'生
存'的方式"，那么"现代主义"则是对现代化所产生的"资本主义化世
界"的生活体验进行"编码"的文学。

　　沃里克研究团体的个体成员也对所谓的"马克思主义后殖民理论"
（我们姑且先采用这个不无问题的说法）做出了重要贡献。贝妮塔·帕里
（Benita Parry）的《后殖民研究：一个唯物主义批评》（*Postcolonial
Studies：A Materialist Critique*）一书汇集了一系列复杂的论文，它们在
承认以后殖民研究之名所做的大量工作之重要性的同时，暗示主流的后殖
民研究作品——爱德华·萨义德、霍米·巴巴和佳亚特里·斯皮瓦克等人
的庶民研究——忽略了殖民主义的物质冲动，即对物质资源的占有，对人
类劳动的剥削和体制压迫。尼尔·拉扎鲁斯的《后殖民无意识》（*The
Postcolonial Unconscious*）一书不仅拓展了这一批评，而且试图通过提出
关注后殖民理论洞见的全新马克思主义概念来重建后殖民研究领域。乌帕
马尤·帕布罗·缪科基（Upamanyu Pablo Mukherjee）同样为马克思主
义的后殖民研究绘制了新的地形图，不同之处在于，他是怀着对生态学的
更高敏感性开展这项工作的，可参见他的《后殖民环境：自然、文化和当
代英译印度小说》（*Postcolonial Environments：Nature，Culture and the
Contemporary Indian Novel in English*）。莎瑞·德卡德（Sharae Deck-
ard）雄心勃勃的"世界生态文学"研究项目完善了这一路径，相关纲领
性概要可参见她即将发表的文章《图绘行星本质：世界生态小说猜想》
（"Mapping Planetary Nature：Conjectures on World-Ecological Fiction"）。

　　近期有关马克思主义文学批评的其他著述还包括以下作品。

　　在《一对多》（*The One vs. the Many*）中，亚历克斯·沃洛奇（Alex
Woloch）提出了现实主义小说中的主配角理论，该理论将"人物塑造的
非对称结构"——"在这一结构中，许多人物都得以再现，但关注点却移
至一个被确定的中心"——与"19 世纪资产阶级想象中民主与不平等这

两种彼此竞争的牵引力”联系起来。

在《使资本现实化：维多利亚形式的金融和精神经济》(*Realizing Capital：Financial and Psychic Economies in Victorian Form*) 中，安娜·科恩布鲁（Anna Kornbluh）对现实主义的形式中介（formal mediations）和金融的“现实化”(realisations) 进行了详细的唯物主义阐释。

在《体系之秋：诗歌与金融资本》("Autumn of the System：Poetry and Financial Capital") 一文中，乔书亚·克洛弗（Joshua Clover）认为20 世纪 70 年代至 2007—2008 年经济危机的这段时期应被理解为布罗代尔式的“体系之秋”。他的基本论点是，“秋日文学的组织性修辞（organizing trope）之一是时间向空间的转换”，而诗歌等非叙事形式能更好地把握和理解这种转换。

在《资本问题》(*The Matter of Capital*) 中，克里斯托弗·尼伦(Christopher Nealon) 强调了有关“美国世纪”的诗歌中对资本主义的主题性、形式性和互文性诗学思考的普遍性与多样性。他指出，埃兹拉·庞德（Ezra Pound）、W. H. 奥登（W. H. Auden）、约翰·阿什伯利（John Ashbery）、杰克·斯派塞（Jack Spicer）、克劳迪娅·兰金（Claudia Rankine）和凯文·戴维斯（Kevin Davis）等形形色色的诗人，“其文学创作的核心是试图理解诗歌与资本主义的关系，主要是试图理解文本与历史危机的关系”。

在《祖科夫斯基时代》(*The Zukofsky Era*) 中，露丝·詹尼森(Ruth Jennison) 认为，祖科夫斯基时代的客观主义者继承了第一代现代主义者与先前表征体系的实验性决裂，并努力使这一决裂适用于指向未来的革命性政治内容。

萨拉·布鲁耶特（Sarah Brouillette）出版了一系列关于图书市场和创意产业之历史的重要著作，尤其是《文学与创意经济》(*Literature and the Creative Economy*)。

拙作《风格的政治：走向马克思主义诗学》(*The Politics of Style：Towards a Marxist Poetics*) 借由对威廉斯、伊格尔顿和詹姆逊三人著作的内在批评，提出了一种唯物主义的风格理论。

第19章 帝俄边缘地区的马克思主义与俄国革命：历史与文献*

埃里克·布兰克/文 张文成/译

一、引言

拙作《革命的社会民主党：俄罗斯帝国的马克思主义政治（1882—1917）》（*Revolutionary Social Democracy：Marxist Politics across the Russian Empire*［*1882 - 1917*］）从整个帝国的角度考察了俄国革命政治的发展。它试图通过扩大考察范围，将整个俄罗斯帝国的边缘地区纳入其中，来挑战长期以来人们关于马克思主义对国家权力、工人阶级革命、工人运动策略和党组织等关键战略问题的看法的一系列假设。当代社会主义政治仍然深受俄国革命经验的影响，因而对俄国革命的历程做出更准确、更细致的评估不仅仅是学术问题。

在撰写这本专著时，我采用了一系列第一手和第二手记述。关于俄国革命的史学研究整体上仍然以俄罗斯为中心，而一批关于俄罗斯帝国边缘地区革命和革命者的著述却被忽视了，而且令人遗憾的是，其中大部分著述还不是用西欧语言撰写的。因此，本章所提供的文献阅读要目肯定是不完整的，但它应该可以为有兴趣更深入地了解这一主题的读者提供一个良好的起点。在这里，我不打算对这方面的所有著述进行总结，而只是简要地概述现有史学研究的总体轮廓，并阐明为何有必要扩大我们的分析视野

* 本章原载：《国外理论动态》2021 年第 5 期。原文来源：Eric Blanc，"［Guide de lecture］Aux marges de la révolution russe，" *Période*，2 novembre 2017。本章编译自英文电子期刊《历史唯物主义》。翻译有删减。埃里克·布兰克（Eric Blanc）：美国纽约大学社会学系。张文成：中共中央党史和文献研究院。

和考察范围，把整个俄罗斯帝国包括进来。

俄国革命远不像人们通常想象的那样仅仅属于俄罗斯。1974 年，拉脱维亚学者安德鲁·埃泽尔盖利斯（Andrew Ezergailis）呼吁放弃一种普遍存在的观点，即"拒绝承认革命起源、发展和成熟于整个帝国而不仅仅是圣彼得堡或莫斯科"。俄罗斯帝国的大部分居民来自占主导地位的民族群体——乌克兰人、波兰人、芬兰人、拉脱维亚人、犹太人、格鲁吉亚人等。大多数马克思主义者也是如此。然而，非俄罗斯社会主义者的历史却被忽视或边缘化了。因此，关于 1917 年推翻沙俄专制政府的运动的主流说法，往好里说是片面的，往坏里说则在分析方面存在着严重的缺陷。

对俄国马克思主义政治的研究仍然受到过分关注帝国中心地区这种短视做法的影响。存在于学术研究与活动中的这种霸权主义的"盲点"反映了长期以来存在的俄罗斯中心主义倾向。在 20 世纪的大部分时间里，历史学家都把俄国当作一个统一的民族国家来分析。有关 1905 年和 1917 年革命的研究也在很大程度上忽视了俄罗斯帝国边缘地区的其他主要民族。许多有影响的研究俄国马克思主义发展的著作完全忽视了非俄罗斯社会主义者及其政党。更常见的情况是，在这些著作中，帝俄边缘地区只被一带而过，而总体上的描述和分析仍然压倒性地集中在俄国中心地区。

1989 年柏林墙倒塌后，学术界对"差异"（difference）和非阶级的压迫形式给予了越来越多的关注，从而掀起了针对俄罗斯帝国边缘地区的学术研究热潮。学术界的这次"帝国转向"（imperial turn）正逢工人运动和社会主义政党研究处于退潮时期，因而绝大多数新作品仍然忽视了帝俄边缘地区的马克思主义者。然而，可以肯定的是，如下述文献所示，在过去的一个世纪里仍然诞生了各种研究非俄罗斯社会主义者的重要学术作品。

需要强调指出的是，对帝俄边缘地区马克思主义者的研究往往局限于考察民族问题，几乎总是把重点放在一个特定的民族群体上，而对整个帝国的发展变化缺少关注。此外，研究结论也没有被纳入更广泛的对俄国和第二国际马克思主义发展的分析中。

过去一个世纪的社会主义史学研究同样受到一种狭隘的地理视角和解释视角的限制。尽管大量关于帝俄边缘地区马克思主义者的文献是由东方集团（Eastern Bloc）的左翼学者撰写的，但俄罗斯中心地区的马克思主义者仍然坚持霸权主义的、立足于经验的主题和分析模式。苏联之外的社会主义研究者对非俄罗斯马克思主义者的关注很少，即使有人提及帝俄边缘地区的社会主义者，通常也是一带而过地出现在讨论列宁支持民族自决的论述中。他们可能认为，非俄罗斯革命党的经验无助于我们理解导致1917 年推翻沙皇和资本主义的那些政治论战与斗争。鉴于这些占主导地位的解释倾向以及过去几十年出版的研究帝俄边缘地区马克思主义者的最重要著作都是用无法被广泛阅读的东欧语言撰写的这一事实，除了少数专家外，这段历史在很大程度上仍然鲜为人知。

帝俄边缘地区社会主义运动的边缘化并不能准确反映这些运动在俄罗斯帝国的实际重要性，也不能准确反映相关分析对于我们理解马克思主义政治发展的重要性。将沙皇统治下的社会主义政治的历史简化为孟什维克与布尔什维克之间的冲突，遮蔽了一幅不断变化的复杂图景：在俄罗斯帝国的范围内，有十几个马克思主义政党，它们一直在辩论、合作、分裂和联合。除合法的芬兰社会主义政党外，其他马克思主义政党都在地下政治的条件下参与了史无前例的历史实验：开展马克思主义的运动。帝俄的第一个马克思主义组织于 1882 年在波兰创立，比布尔什维克和孟什维克的出现还要早 20 多年。

与大多数文献给人们的印象相反，在沙皇统治的大部分时间里，帝俄边缘地区的革命力量要强于中心地区。正如那个时代的一位俄罗斯作家所说："中心位于边缘。"毫无疑问，第一次俄国革命（1905 年革命）在非俄罗斯地区进展得最快，在那里，大罢工、工人暴动、士兵哗变和农民反抗导致许多地方的劳动人民或部分或完全地夺取了权力。

尽管圣彼得堡在 1905 年后成为整个帝国革命运动的先锋，但帝俄边缘地区在 1917 年革命和随后的内战中再次发挥了关键作用。沙皇制度在1917 年二月革命中被推翻，这立即引起了席卷全国所有地区和民族的革命浪潮。在几个月的时间里，大多数激进的非俄罗斯政党与布尔什维克结盟，为建立苏维埃政权和世界社会主义进行了斗争。简而言之，工人革命不仅仅是俄罗斯中心地区的一种现象。即使在和平的、实行议会制的芬兰，劳动人民和社会主义者也越来越相信，只有工人政府才能领导他们反抗民族压迫和走出社会危机。

无论是布尔什维克还是西方资本主义列强，都清楚地知道帝俄边缘地区是扩大或遏制社会主义力量的关键战场。帝俄边缘地区位于俄国中心地区与世界其他地区之间，如果革命在俄罗斯帝国的边缘地区取得胜利，就很有可能顺利推进到西欧和亚洲。

此外，研究帝俄边缘地区的革命经验对于理解布尔什维克与孟什维克的政治至关重要，两派在俄国中心地区以外的其他地区都有相当坚实的基础。有关俄国社会民主党的历史文献往往认为，整个俄罗斯帝国的革命都复制了圣彼得堡革命的发展历程，但这种观点是与历史记载相矛盾的。因此，考察帝俄边缘地区社会主义组织的独特经历，可以更准确地理解这些力量的整体立场。

也许最为重要的是，扩大我们的解释视野，将沙皇统治下所有主要的马克思主义政党都纳入其中，唯此才能促使人们对关于 1917 年前革命政治发展的固有观点进行重大反思。沙俄帝国拥有各种各样的地区和组织，是历史上独一无二的进行社会主义政治比较分析的实验室。辽阔的地理范围有助于凸显帝国各地区或温和或激进的社会主义者各自不同的基本政治倾向以及他们的相似性和局限性。芬兰是一个例外，它是俄罗斯帝国中唯一一个被沙皇允许实施政治自由、奉行民主选举的议会制度以及开展合法的工人运动的地区，这一情况为研究社会主义政党在专制政治和议会政治中的不同变化提供了丰富的比较视角。

与主流的学术文献一样，社会主义文献也普遍忽视了帝俄边缘地区马克思主义政党的存在，似乎布尔什维克独自走上了一条与西欧同类政党不同的道路。但是，即便是对俄罗斯帝国地下社会主义政党的粗略考察，也可以发现布尔什维克例外论的观点存在缺陷。许多非俄罗斯政党并不认同布尔什维克的主要立场，这一事实有助于说明任何立场本身都不可能直接导致 1917 年的十月革命——或者像反共历史学家所说的那样导致斯大林主义。并不存在社会主义的灵丹妙药或原罪。

有几个例子应该足以说明这一倾向。人们常常引用罗莎·卢森堡在 1904 年对列宁关于集中制的看法提出的著名批评，却不承认在沙皇统治下她所领导的波兰党更是有过之而无不及地实施了这种自上而下的民主集中制。同样，人们常常错误地宣称布尔什维克是唯一一个反对第一次世界大战的主要的社会主义政党，从而忽视了帝俄边缘地区其他主要的马克思主义政党激烈的反军国主义立场。最后，布尔什维克并不是前俄罗斯帝国中唯一一个在 1917—1918 年领导工人取得政权的政党，这一事实仍然鲜为人知且不被承认。

通过阅读下述关于帝俄边缘地区马克思主义的文献，我们可以看到专制的沙皇统治环境在将那些有组织的社会主义者推向一条与西欧同类政党截然不同道路的过程中所起的作用。俄国的专制主义环境迫使各个民族的马克思主义者采取了与西欧马克思主义者不同的做法。对整个帝国的分析表明，布尔什维克与欧洲社会民主党之间的明显差异并非第二国际的正统理论或实践破产的产物。

在沙皇的统治下从事革命活动的马克思主义政党所坚持的许多战略观点和组织实践，通常被其诋毁者和捍卫者视为完全不同于布尔什维克主义。直到 1905 年革命时，所有这些力量（包括孟什维克）都在进行暴力的武装革命斗争，它们摆脱了西方社会主义政党的组织模式，拒绝与自由派结盟，并认为只有独立的工人阶级运动才能领导民主革命走向胜利。在帝俄的专制环境下，这种立场得到了正统的社会民主党的明确认可，它在战略上对拥有政治自由的国家与没有政治自由的国家做出了清楚的区分。沙皇专制统治的环境显然排除了任何企图采用德国社会民主党式的特定组织结构或政治关切的尝试。换句话说，在关于资本主义民主的问题上，正统马克思主义不仅比人们通常认为的更具革命性，而且在专制主义的沙俄背景下，其立场尤其强硬。

此外，封建沙皇国家的强大力量也促使俄罗斯帝国的社会主义政党竭尽所能地坚持其政治激进主义。无论是中心地区还是边缘地区，随着强大的议会改良主义的发展或保守的劳工官僚的出现，政治自由和议会民主缺失的状况有所缓解。西方社会民主党富有斗争性的纲领与其妥协主义的做法之间日益扩大的差距无法以同样的方式在俄罗斯的专制统治下复制。帝国中的一个重要例外证明了这一规律：与德国社会民主党一样，芬兰社会民主党能够利用庞大且还在不断壮大的官僚机构建立起强大的议会和大规模的组织基础设施。与德国社会民主党一样，芬兰社会民主党也存在着各种妥协迁就和谨小慎微的倾向，其历史就是社会民主党的革命派与温和派之间不断对立和冲突的历史。

1905 年革命失败后，包括孟什维克党人、崩得（Bund）分子和乌克兰社会民主党人在内的大批社会主义者打破了当时的激进共识，第一次开始寻求与自由资产阶级结成联盟。相比之下，帝国的其他激进组织在革命战略的重大问题上基本坚持自己的立场，并在这一共同的基础上于 1917 年实现了组织上和政治上的趋同。

长达一个世纪的历史学研究的神话和疏漏遮蔽了俄罗斯帝国反资本主义运动不可抗拒的复杂性。尤其是俄罗斯中心主义与布尔什维克例外论相互关联的局限性，阻碍了我们对如下这一点的理解，即革命的社会主义是在俄国内外共同发展的。现在是重新发现这些关于帝俄边缘地区马克思主义者和俄罗斯边缘地区的革命的著述的时候了，这些著述长期以来一直为社会主义的活动家们所忽视。

二、帝俄边缘地区的 1905 年革命

拙文《"战斗中的同志"：女工与 1906 年的芬兰选举权胜利》
（"'Comrades in Battle'：Women Workers and the 1906 Finnish Suffrage
Victory"）认为，芬兰职业妇女的自治组织在很大程度上是将芬兰转变为
世界上第一个实现充分选举权的政体的原因。该文被收入《阿斯帕西娅：
中欧、东欧和东南欧的妇女与性别史国际年鉴》（*Aspasia：The Interna-
tional Yearbook of Central，Eastern，and Southeastern European Women's and
Gender History*）一书。具体来说，选举权的获得是芬兰的大规模总罢工
和反帝运动与整个帝国的革命相互配合的结果。女性社会主义者领导了争
取妇女选举权的斗争，而主流的妇女组织直到 1905 年底还在支持以财富
的多寡来决定投票资格。与那种认为马克思主义忽视了妇女压迫问题的普
遍主张相反，芬兰社会主义者早在各种"交叉性"（intersectionality）理
论出现数十年前就开始了同时反对性别压迫、民族压迫和阶级压迫的斗
争。无论是对作为妇女解放之工具的劳工运动视而不见，还是将其理想
化，都无法抓住芬兰局势发展的复杂性。在反对俄罗斯帝国的抵抗运动和
遍布整个帝国的革命的背景下，工人阶级的斗争是历史上第一次赢得充分
选举权的主要原因。但是，如果没有妇女的自治组织和自我动员，这一胜
利或许是不可能的。

1905 年革命在沙俄统治下的波兰可谓极具爆炸性，罗伯特·布洛鲍
姆（Robert Blobaum）的《革命：1904—1907 年的俄属波兰》（*Rewoluc-
ja：Russian Poland，1904 - 1907*）一书，为我们提供了极佳的动态概述。

J. 乔治·朗沃斯（J. George Longworth）的《1905 年的拉脱维亚农
村代表大会》（*The Latvian Congress of Rural Delegates in 1905*），是一
部关于 1905 年革命在拉脱维亚掀起政治高潮的专著，也是为数不多的几
部认真研究拉脱维亚两大马克思主义政治组织的英文著作之一。该书内容
丰富，但却令人惊讶地受到了忽视。

维克多·马尔泽克（Wiktor Marzec）发表于 2018 年的文章《乡土马
克思主义：1905 年革命前后俄属波兰无产阶级读物》（"Vernacular Mar-
xism：Proletarian Readings in Russian Poland around the 1905 Revolu-

tion"），运用波兰的第一手资料对 1905 年及其之前波兰工人的政治"觉醒"进行了深入解读，为我们开展相关研究提供了初步启发。

《犹太革命者在犹太人定居点的形成：俄罗斯革命及其之后时期的社群与身份：1905—1907 年》（*The Making of Jewish Revolutionaries in the Pale of Settlement：Community and Identity during the Russian Revolution and Its Immediate Aftermath，1905 - 1907*），是一部研究激进犹太活动家在 1905 年的情感和个体活动的佳作，作者因娜·史塔克泽（Inna Shtakser）极为出色地描述了这一时期作为一名社会主义激进分子的感受。

罗伯特·温伯格（Robert Weinberg）的《敖德萨的 1905 年革命：台阶上的鲜血》（*The Revolution of 1905 in Odessa：Blood on the Steps*），是一部重点研究敖德萨无产阶级在 1905 年通过组织工会、政党和苏维埃而成为一个"自为阶级"的佳作。对这一历程的研究与那些研究圣彼得堡的"党与阶级"之间关系的更为知名的著作形成了有价值的对比。

三、帝俄边缘地区的 1917—1919 年革命

在 1917 年革命中，爱沙尼亚是布尔什维主义在工人阶级中占据领导地位的少数几个边缘地区之一，奥拉维·阿伦斯（Olavi Arens）的博士论文《1917—1918 年爱沙尼亚的革命发展及其思想和政治背景》（*Revolutionary Developments in Estonia in 1917 - 1918 and Their Ideological and Political Background*），可以说是对相关研究的最权威阐释。

拙文《芬兰的革命》（"Finland's Revolution"）认为，芬兰 1917—1918 年的经验表明了工人革命不仅仅发生在俄罗斯中心地区，即使在和平的、实行议会制的芬兰，劳动人民也越来越相信，只有社会主义的政府才能为摆脱社会危机和民族压迫提供一条出路。布尔什维克并不是帝国中唯一能够领导工人夺取政权的政党，芬兰社会民主党通过耐心的阶级意识组织和教育，在议会中赢得多数席位，促使占据领导地位的右翼解散议会，从而引发了社会主义者领导的革命。芬兰社会民主党倾向于采取防御性的议会战略，但这并没有最终妨碍它推翻资本主义统治，走向社会主义。相比之下，早已官僚化的德国社会民主党在 1918—1919 年积极维护资本主义统治，并用暴力破坏了推翻资本主义统治的努力。不过，芬兰革

命的社会民主党也存在着局限性：对放弃议会舞台犹豫不决；低估群众行动的力量；为了党的团结而向温和的社会主义者妥协。

大多数关于乌克兰民族问题的马克思主义学术著作往往抬高乌克兰的社会主义者，而将布尔什维克指斥为帝国主义。与这种倾向相反，亚罗米尔·马克·博克津（Jaromyr Marko Bocjun）的博士论文《乌克兰的工人阶级和民族问题：1880—1920》（*The Working Class and the National Question in the Ukraine：1880–1920*）认为，革命进程的内爆可以追溯至双方的政治局限性。

布尔什维克在帝俄边缘地区拉脱维亚有着极为深厚的革命基础，埃泽尔盖利斯的英文著作《1917 年革命在拉脱维亚》（*The 1917 Revolution in Latvia*）对这一地区的 1917 年革命的状况进行了权威性的研究。

对于那些对包括犹太工人联盟——崩得——在内的犹太社会主义政党在 1917 年革命中的作用感兴趣的读者来说，迈克尔·C. 希基（Michael C. Hickey）在《社会历史杂志》（*Journal of Social History*）1998 年第 31 卷第 4 期发表的《犹太人街区的革命：1917 年的斯摩棱斯克》（"Revolution on the Jewish Street：Smolensk，1917"）一文为研究者提供了有益的起点。与孟什维克一样，犹太工人联盟的阶级合作主义（class-collaborationism）最终使其失去了大规模的工人阶级基础。

斯蒂芬·琼斯（Stephen Jones）的文章《1917 年的格鲁吉亚社会民主党》（"Georgian Social Democracy in 1917"），客观地描述了格鲁吉亚的孟什维克人士在 1917 年革命中的作用，该文收录在伊迪丝·弗兰克尔（Edith Frankel）等人主编的《俄国革命：对 1917 年的再评价》（*Revolution in Russia：Reassessments of 1917*）一书中。

乔恩·斯梅尔（Jon Smele）的综合性专著《1916—1926 年的"俄国"内战：震动世界的十年》（*The "Russian" Civil Wars，1916–1926：Ten Years that Shook the World*），对帝俄边缘地区的内战情况进行了出色的概述。

罗纳德·格里戈尔·苏尼（Ronald Grigor Suny）的经典著作《1917—1918 年的巴库公社：俄国革命中的阶级与民族性》（*The Baku Commune，1917–1918：Class and Nationality in the Russian Revolution*），是第一批认真审视俄罗斯帝国中心地区之外的布尔什维克和 1917 年革命的英文作品之一。这部著作阐明了布尔什维克的地方领导人在 1917 年革命中所具有的重要性，与史学研究中常见的对列宁的刻板描述形成了鲜明的对比。

苏尼的文章《执政的社会民主党人：孟什维克的格鲁吉亚与俄国内战》（"Social Democrats in Power：Menshevik Georgia and the Russian Civil War"），公正客观地评价了格鲁吉亚的孟什维克政府所具有的优势和局限性，并对格鲁吉亚与俄罗斯中部地区进行了有价值的比较，探讨了社会条件对于革命政府的政策所具有的重要性。这篇文章被收入他与另外两位作者合著的《俄国内战中的政党、国家和社会：社会历史探索》（*Party*，*State and Society in the Russian Civil War*：*Explorations in Social History*）一书中。

安东尼·F. 厄普顿（Anthony F. Upton）的著作《1917—1918 年的芬兰革命》（*The Finnish Revolution*，*1917 - 1918*），是一部研究芬兰革命的权威性英文作品。虽然这部作品从总体上讲堪称佳作，但作者对芬兰"考茨基主义的"马克思主义者的革命政治的无端忽视却使他的叙述大为减色。

詹姆斯·D. 怀特（James D. White）的《1918—1919 年的立陶宛革命》（"The Revolution in Lithuania 1918 - 1919"）一文，全面叙述了在工人阶级和布尔什维克的力量都很薄弱的立陶宛建立苏维埃政府的短暂而失败的尝试。该文刊发于《苏联研究》（*Soviet Studies*）1971 年第 23 卷第 2 期。

四、民族问题

拙文《反对帝国主义的马克思主义：帝俄边缘地区的社会主义者与布尔什维主义在民族解放问题上的演变》（"Anti-Imperial Marxism：Borderland Socialists and the Evolution of Bolshevism on National Liberation"）指出，今天我们熟悉的马克思主义争取民族解放的道路是与列宁联系在一起的，但实际上这条道路最早是由当时俄罗斯帝国的非俄罗斯族马克思主义者阐发的。在帝国的边缘地区，尤其是波兰、立陶宛、拉脱维亚、高加索和乌克兰，非俄罗斯的马克思主义政党试图将民族解放与阶级斗争的方向联系起来。大多数人主张在民族自治或联邦制的基础上开展统一的革命运动。直到 1905 年，列宁与《火星报》也没有像人们通常所认为的那样，对民族目标持同情态度。《火星报》推动工人阶级团结的尝试因其在民族问题上立场的局限性而遭受挫折。列宁和共产国际后来所倡导的许多立场在这些年中都遭到了《火星报》的反对，但却得到了非俄罗斯族社会主义者的支持。最终，布尔什维克克服了他们早期的局限，实施了有效的民族解放战略。尽管列宁的改变始于 1913 年，但整个布尔什维克党的实践的根本性转变则发生在 1917—1920 年芬兰、拉脱维亚、爱沙尼亚、立陶宛、乌克兰、波兰、格鲁吉亚和阿塞拜疆的社会主义革命失败之后。为了应对这些挫折，各级和各地区的许多布尔什维克认为，满足非俄罗斯民族的愿望是一个迫切需要。从 1921 年到 1923 年，为了使苏维埃政权在非俄罗斯民族中扎下根来，布尔什维克积极发展民族文化和语言，实行国家联邦制度，并将边疆地区的马克思主义者提拔到领导岗位。

兹维·Y. 吉特曼（Zvi Y. Gitelman）的著作《犹太民族与苏联政治：1917—1930 年苏联共产党中的犹太人》（*Jewish Nationality and Soviet Politics：The Jewish Sections of the CPSU，1917 - 1930*），是一项关于苏联共产党及其同盟者如何解决"犹太人问题"的引人入胜的研究，其中还包括了对犹太工人联盟在 1917 年的情况的回顾。

拉脱维亚学者伊瓦尔斯·伊亚布斯（Ivars Ijabs）在《社会主义知识分子的国家：拉脱维亚早期社会主义政治思想中的民族问题》（"The Nation of the Socialist Intelligentsia：The National Issue in the Political Thought of Early Latvian Socialism"）一文中，驾轻就熟地描述了拉脱维亚早期社会主义的民族解放道路是如何开启的。该文刊发于《中东欧》（*East Central Europe*）杂志 2012 年第 39 卷第 2—3 期。

约翰·里德尔（John Riddell）主编的《看见曙光：1920 年在巴库举行的第一届东方各民族代表大会》（*To See the Dawn：Baku，1920：First Congress of the Peoples of the East*），是一部关于这次历史性会议的引人入胜的纪实性报告。书中的导论和注释一如既往地有助于读者理解。

利利亚纳·里加（Liliana Riga）的《布尔什维克与俄罗斯帝国》（*The Bolsheviks and the Russian Empire*）是一部引人入胜的著作，其中探讨了许多优秀布尔什维克知识分子的非俄罗斯民族之根。

杰里米·史密斯（Jeremy Smith）的研究专著《布尔什维克与民族问题（1917—1923）》（*The Bolsheviks and the National Question，1917 - 1923*），是对民族问题和早期苏维埃政府的最佳概述。他在该书中认为，在 1917—1923 年，布尔什维克采取了许多列宁在 1914 年前曾反对的民族文化政策。

约书亚·D. 齐默尔曼（Joshua D. Zimmerman）的《波兰人、犹太人与民族政治：1892—1914 年沙俄晚期的犹太工人联盟和波兰社会党》（*Poles，Jews，and the Politics of Nationality：The Bund and the Polish Socialist Party in Late Tsarist Russia，1892 - 1914*），是一部非常出色的研究专著，也是为数不多认真研究波兰社会党政治的英文佳作之一，它探讨了犹太人和波兰社会主义者如何试图从马克思主义的视角解决波兰民族独立与犹太人平等的问题。

五、非俄罗斯族马克思主义者的研究著作

拙文《罗莎·卢森堡神话：对波兰的卢森堡政治的批判（1893—1919）》（"The Rosa Luxemburg Myth：A Critique of Luxemburg's Politics in Poland［1893 - 1919］"），通过审视卢森堡曾经领导的波兰王国和立陶宛社会民主党以及曾经加入的德国社会民主党在民族解放和党的建设方面的政治与实践，批驳了其广泛存在的浪漫主义化（romanticisation）倾向。该文于 2018 年在电子期刊《历史唯物主义》上发表。文章的讨论从关于卢森堡的三个神话开始。首先，与认为卢森堡是"民族虚无主义者"的普遍说法相反，此文认为，她的立场显著反映了波兰的民族情绪，包括积极情绪和消极情绪。直到 1914 年之后，反对民族独立才成为卢森堡的一项重大政治责任。而在此之前，她的立场是对波兰社会党采取不必要的敌对态度，这一立场显然是有问题的。其次，尽管卢森堡通常被描述为最早向德国社会民主党的改良主义发起挑战的马克思主义者，但此文认为，是波兰社会党的马克思主义者在 1904 年写下了世界上第一篇针对德国社会民主党及其最权威的理论家卡尔·考茨基的重要批判文章。具有讽刺意味的是，推动波兰社会党发起这次批判的正是卢森堡，她联合了保守的德国社会民主党领导层，一起反对在德国的波兰社会党的组织自治和政治自治。最后，此文对卢森堡支持"自发论"（spontaneism）和"一贯的政党民主"（consistent party democracy）的神话提出了质疑。波兰王国和立陶宛社会民主党的理论与实践表明，卢森堡与列宁在革命党的作用这一问题上并非一直存在战略分歧。实际上，两人所领导的政党之间最重要的分歧是：与波兰王国和立陶宛社会民主党不同，布尔什维克在 1905 年革命期间和之后的大规模工人斗争中更有成效。

很少有人知道俄国的第一个马克思主义政党是波兰无产阶级党（Po-

lish Proletariat），它的创建比布尔什维克和孟什维克早 20 多年。诺曼·
M. 奈马克（Norman M. Naimark）的相关研究著作《"无产阶级"的历
史：1870—1887 年马克思主义在波兰王国的出现》（*The History of the
"Proletariat"：The Emergence of Marxism in the Kingdom of Poland，
1870 - 1887*），是一部值得在社会主义运动中拥有更广泛读者的经典
作品。

J. P. 内特尔（J. P. Nettl）的《罗莎·卢森堡》（*Rosa Luxemburg*），
目前仍然是可以找到的关于卢森堡的最佳传记。与大多数作家不同，他认
真研究了卢森堡在波兰的理论和实践。

约阿夫·佩莱德（Yoav Peled）的著作《犹太人定居点里的阶级与族
群性：帝俄晚期犹太工人民族主义的政治经济学》（*Class and Ethnicity
in the Pale：The Political Economy of Jewish Workers' Nationalism in
Late Imperial Russia*），是一项关于帝俄时期犹太马克思主义政治的构成
根源的优秀的社会学研究成果。

亨利·J. 托拜厄斯（Henry J. Tobias）的经典作品《俄国的犹太工人
联盟：从诞生到 1905 年》（*The Jewish Bund in Russia from Its Origins
to 1905*），仍然是迄今为止关于犹太工人联盟的最佳英文著作。

内森·韦恩斯托克（Nathan Weinstock）的《饥寒交迫：欧洲犹太工
人运动史第一卷：直至 1914 年的俄罗斯帝国》（*Le Pain de Misère：His-
toire du Mouvement Ouvrier Juif en Europe Tome I. L'Empire Russe
Jusqu'en 1914*），是一部被忽视的著作，在这部著作中，作者对俄国犹太
工人运动的兴衰做了最具分析力的描述。

任何有兴趣认真了解芬兰社会民主党的人都应该读一读莫里斯·卡雷
斯（Maurice Carrez）的大部头著作《芬兰革命的制造者奥托·威廉·库
西宁在 1881—1918 年：关于芬兰社会民主党领导人的政治承诺的反思》
（*La Fabrique d'un Révolutionnaire，Otto Wilhelm Kuusinen，1881 -
1918：Réflexions sur L'Engagement Politique d'un Dirigeant Social-
Démocrate Finlandais*）。在这部鸿篇巨制中，卡雷斯借助芬兰社会民主党主
要左翼领导人库西宁的传记，对该党进行了既细致入微又不偏不倚的描述。

汉努·索伊卡宁（Hannu Soikkanen）于 1978 年发表在《斯堪的纳
维亚历史杂志》（*Scandinavian Journal of History*）上的文章《第一次
世界大战前的修正主义、改良主义和芬兰工人运动》（"Revisionism, Re-
formism and the Finnish Labour Movement before the First World

War"），是对芬兰早期马克思主义政治所做的一个简要介绍。

乔治·Y. 波希克（George Y. Boshyk）的博士论文《1900—1907 年乌克兰政党在俄国的崛起：尤以社会民主党为例》（*The Rise of Ukrainian Political Parties in Russia，1900‑1907：With Special Reference to Social Democracy*），是唯一一部认真研究乌克兰早期马克思主义的英文作品，这部优秀的读物现在在图书馆里很难找到。

伊万·迈斯特连科（Iwan Maistrenko）在《斗争主义：乌克兰共产主义史上的一章》（*Borotbism：A Chapter in the History of Ukrainian Communism*）一书中，精彩地概述了乌克兰主要民族的社会主义（当时的共产主义）派别——斗争派（Borotba）的情况。

斯蒂芬·F. 琼斯在《格鲁吉亚色彩的社会主义：走向社会民主党的欧洲之路，1883—1917 年》（*Socialism in Georgian Colors：The European Road to Social Democracy，1883‑1917*）一书中，对 1917 年前的格鲁吉亚社会民主党（又称孟什维克）进行了权威性的描述。他认为，该党有自己的自治组织和政治动力，从这一点上可以将其与俄罗斯的孟什维克区分开来。

里昂纳斯·萨巴留纳斯（Leonas Sabaliūnas）的《1893—1914 年的立陶宛社会民主党透视》（*Lithuanian Social Democracy in Perspective，1893‑1914*），是唯一一部关于立陶宛社会民主党的严肃的英文著作。该书学术水平很高，但相当枯燥。

希姆党（Himmät Party）作为世界上第一个穆斯林工人的社会主义组织，具有重要的历史意义和政治意义，但它在马克思主义政党群里一直鲜为人知。塔德乌什·希维托霍夫斯基（Tadeusz Swietochowski）的文章《希姆党：1904—1920 年俄属阿塞拜疆的社会主义与民族问题》（"The Himmät Party：Socialism and the National Question in Russian Azerbaijan，1904‑1920"），梳理了该党在阿塞拜疆的理论和实践活动。

第 20 章　拉美马克思主义阅读指南[*]

杰弗里・R. 韦伯/文　　宋秀娟　刘玉/编译

　　有关拉美马克思主义发展流变的任何历史分期都会因概述而简单化，并过滤掉与发展大趋势相向而行的异常漩涡。尽管如此，也要撰写这样一份阅读指南，除此之外，别无他法。

　　在《1909 年以来的拉美马克思主义选集》（*Marxism in Latin America from 1909 to the Present：An Anthology*）一书的长篇导论中，主编米歇尔・罗伊（Michael Löwy）为我们提供了目前英语世界有关拉美马克思主义理论和政治思潮演变的最具说服力的历史分期，以及有关各种运动和政党的重要文献，尽管这些文献难免挂一漏万，但仍然涉猎广泛，足以展现 20 世纪拉美马克思主义的关键线索。

　　接下来，我将提供一份更多从历史而非理论的角度论及拉美马克思主义各个发展阶段的重要文献清单。这份清单虽不完整，但非常独特，并且显然有所偏好，但其中一些文献被公认为拉美马克思主义的重要导读，而另一些文献一直鲜为人知，尚未得到足够的重视。

一、萌芽时期：1870—1910 年

　　1870—1910 年是拉美马克思主义发展的第一阶段，在这一阶段，马克思恩格斯的著作得到广泛传播，社会主义纲领也在古巴、墨西哥、乌拉

　　* 本章原载：《国外理论动态》2021 年第 3 期。原文来源：Jeffery R. Webber，"〔Guide de lecture〕Marxisme et Amérique latine，" *Période*，19 juin 2017. 本章编译自英文电子期刊《历史唯物主义》。翻译有删减。杰弗里・R. 韦伯（Jeffery R. Webber）：英国伦敦玛丽女王大学政治与国际关系学院。宋秀娟：曲阜师范大学马克思主义学院。刘玉：山东大学当代社会主义研究所。

圭和阿根廷等国家得到初步阐释。

　　在马克思的著作与理解拉丁美洲现实的相关性的问题上，何塞·阿里科（José Aricó）的《马克思与拉丁美洲》（*Marx and Latin America*）堪称拉美学界最具影响力的一部著作。阿里科认为，马克思关于拉丁美洲的论述并不多见，也存在不少不一致之处。但是，我们不应将此归结为欧洲中心论的线性发展模式，矛盾和冲突反而有助于阐明拉美革命的潜能。

二、革命时期：1910—1932 年

　　拉美马克思主义发展的第二阶段肇始于 1910 年的墨西哥革命。在这一阶段，一系列问题相继浮出水面：土地问题；原住民的解放；如何从有利于劳苦大众和被压迫群体的新视角出发来团结拉美人民；民族解放运动和反帝斗争的作用；即将到来的革命的社会主义性质。在十月革命的影响下，拉美第一批共产党在阿根廷（1918 年）、乌拉圭（1920 年）、智利（1922 年）、墨西哥（1919 年）和巴西（1922 年）等国相继成立。与此同时，这也是一个巨人辈出的时代，比如古巴革命家胡利奥·安东尼奥·梅利亚（Julio Antonio Mella），而最为耀眼的是秘鲁杰出的马克思主义者何塞·卡洛斯·马里亚特吉（José Carlos Mariátegui），时至今日，他依然是拉美最具原创性的理论家。这一阶段随着 1932 年萨尔瓦多共产党领导的起义被血腥镇压而结束。

　　由哈利·瓦登（Harry Vanden）和马克·贝克尔（Marc Becker）主编的《何塞·卡洛斯·马里亚特吉选集》（*José Carlos Mariátegui：An Anthology*），是目前所能收集到的英文版马里亚特吉作品的最完整合集。马里亚特吉的作品有选择地借鉴了拉丁美洲前资本主义原住民的历史，形成了充满乌托邦和革命色彩的辩证法，从而深化了一种面向未来的社会主义解放观。在这种解放观看来，在战略上，革命的主体是工人和农民，他们的革命对象不仅是外国资本，还有国内的阶级敌人。马里亚特吉的观点不仅冲击了共产国际正统思想的核心（他因此被谴责为民粹主义者），而且触及秘鲁国内由统治阶级主导的民族主义，这种民族主义体现在秘鲁人民党（又称阿普拉党，秘鲁最重要的民粹主义政党）的意识形态中。对于马里亚特吉而言，原住民社群并非历史遗留，而是一个活生生的有机体。

　　阿道弗·吉利（Adolfo Gilly）是长期流亡墨西哥的阿根廷人，也是

拉丁美洲最具创造力的社会历史学家之一。20 世纪 60 年代末，他在墨西哥的莱昆贝里监狱里撰写了《墨西哥革命》（*The Mexican Revolution*）一书。这是一本关于墨西哥革命的"人民史"，自 1971 年首次出版以来已在墨西哥再版 30 多次。要想更好地理解这本书，可以将它与其他有关拉美革命核心人物的传记结合起来阅读，比如，弗里德里克·卡茨（Friedrich Katz）的《潘乔·维拉的时代与人生》（*The Life and Times of Pancho Villa*）、小约翰·沃马克（John Womack, Jr. ）的《萨帕塔与墨西哥大革命》（*Zapata and the Mexican Revolution*）、克劳迪奥·洛姆尼茨（Claudio Lomnitz）的《里卡多·弗洛雷斯·马贡同志归来》（*The Return of Comrade Ricardo Flores Magón*）。

杰弗里·古尔德（Jeffrey Gould）和阿尔多·劳里亚-圣地亚哥（Aldo Lauria-Santiago）的《在黑暗中崛起：萨尔瓦多 1920—1932 年的革命、镇压和记忆》（*To Rise in Darkness：Revolution, Repression, and Memory in El Salvador, 1920 - 1932*），展现了拉美马克思主义革命的第一个阶段。这一阶段由墨西哥革命和俄国革命揭开大幕，以 1932 年的萨尔瓦多大屠杀悲剧性地落幕。1932 年 1 月，成千上万的原住民和农村劳工掀起了抗议选举舞弊、反对镇压罢工的浪潮。这次起义是由共产党员组织的，一度控制了萨尔瓦多中部和西部的一些城市，参与起义的许多人本身就是原住民劳工和咖啡种植园工会成员。萨尔瓦多军队和准军事民兵组织迅速夺回了城镇，并屠杀了成千上万名起义者，其中主要是农村原住民激进分子。此前，萨尔瓦多共产党领导人法拉本多·马蒂（Farabundo Martí）、阿方索·卢纳（Alfonso Luna）、马里奥·萨帕塔（Mario Zapata）和米格尔·马莫尔（Miguel Mármol）早已在一场由政府精心策划的预防性镇压中被监禁。这一时期的党内文件表明，起义完全是为了使萨尔瓦多向社会主义转型，而且发动起义的决定是萨尔瓦多共产党独立自主做出的，并非来自当时的社会主义大本营克里姆林宫。

三、停滞时期：1932—1959 年

在萨尔瓦多大屠杀之后的几十年里，拉美马克思主义的主流力量失去了独立性和胆识。该地区的所有共产党都深受斯大林主义的影响。这是拉美马克思主义发展进程中的第三阶段——一个充满痛苦的僵化和停滞时

期。直到 1959 年古巴革命后，这种情况才有所改变。在 20 世纪 30 年代、40 年代和 50 年代的大部分时间里，斯大林主义的"发展阶段论"盛行，拉丁美洲的所有革命都依据"该地区处于封建阶段"的预设而被限制在民族民主革命的框框内。根据这种观点，拉丁美洲即将到来的将是一个较长时期的工业资本主义发展阶段，因此劳动人民与进步的民族资产阶级需要在中短期内结成政治联盟。只有在遥远的将来，等到生产力得到充分发展的时候，才有可能发动社会主义革命。

以僵化和停滞为特征的第三阶段的拉美马克思主义与正统的拉美民粹主义处于同一时期，其中，阿根廷的庇隆主义是拉美民粹主义的典型代表。丹尼尔·詹姆斯（Daniel James）的《抵抗与融合：1946—1976 年的庇隆主义与阿根廷工人阶级》（*Resistance and Integration：Peronism and the Argentine Working Class，1946‑1976*），是一部研究正统庇隆主义的里程碑式著作，它使 E. P. 汤普森（E. P. Thompson）的社会历史研究方法在阿根廷焕发了活力。詹姆斯认为，庇隆主义的成功在于它捕捉到了阿根廷早期工业化时期的社会和政治主角——工人阶级——的诉求能力。最重要的是，这个时期的庇隆主义提出了关于阶级意识的矛盾表述。这种矛盾表现为：一方面，庇隆主义运动通过倡导阶级之间的和谐共处培养了忠诚，使工人阶级的利益服从于民族国家的利益；另一方面，庇隆主义运动允许多种形式的工人阶级反文化和抵抗存在，而反文化将在许多方面挑战既有的社会等级制度和权威象征。

小卡约·普拉多（Caio Prado，Jr. ）是巴西共产党的忠实一员，也是 20 世纪巴西最重要的历史学家之一。《现代巴西的殖民地背景》（*The Colonial Background of Modern Brazil*）是他的经典著作之一，1942 年首次在巴西出版，几十年来一直是唯一一部研究 18 世纪末和 19 世纪初期巴西社会经济结构问题的综合性经济史专著。

詹姆斯·邓克利（James Dunkerley）的《血管里的叛乱：1952 年至 1982 年的玻利维亚政治斗争》（*Rebellion in the Veins：Political Struggle in Bolivia，1952‑1982*），尽管未涉及前期的原住民农民起义，但在描述 1952 年的玻利维亚民族-民粹主义革命及其随后蜕变为 1964—1982 年的右翼专制统治方面仍然为我们提供了非常精彩和精准的评述。而原住民农民起义的问题，则在劳拉·高特科威茨（Laura Gotkowitz）后来的著作《为了我们的权利的革命：1880 年至 1952 年玻利维亚原住民争取土地和正义的斗争》（*A Revolution for Our Rights：Indigenous Struggles for*

Land and Justice in Bolivia，1880 - 1952）中得到了进一步阐述。

格雷格·格兰丁（Greg Grandin）的《最后的殖民大屠杀：冷战中的拉丁美洲》（*The Last Colonial Massacre*：*Latin America in the Cold War*），是一部历史和人类学方面的原创佳作。它通过危地马拉这一透镜展现了拉丁美洲冷战时期的恐怖问题。危地马拉为有关拉丁美洲的叙事提供了典型性背景，其1944年的十月革命激发了拉美左翼通过土地改革和其他倡议实现社会化民主的希望。然而，美国支持的1954年政变打破了这一梦想，开启了恐怖统治。在所有其他政治行动手段被挫败后，左翼最终不得不发动游击战。然而，在训练有素、装备精良的美国中央情报局的协助下，暗杀、强暴、酷刑、失踪、绑架和屠杀等在1981—1982年的种族灭绝中达到了顶峰。1996年，超过20万人被危地马拉政府杀害，长达40年的内战以左翼被镇压、民主社会主义的理想被彻底粉碎而告终。

四、革命实验时期：1959—1980年

拉美马克思主义发展的第四阶段始于古巴革命，其间还经历了萨尔瓦多·戈森斯（Salvador Gossens）在智利进行的和平过渡到社会主义的尝试，以及尼加拉瓜桑地诺民族解放阵线的斗争，最后因20世纪80年代和90年代的新自由主义改革而终结。依附理论的许多内在脉络和流派是以这一阶段的一系列思想和政治动荡为核心的，因此有关依附理论的内部争论以及围绕依附理论展开的争论对于我们理解这一阶段至关重要。

吉尔伯特·约瑟夫（Gilbert Joseph）与格兰丁联合主编的《一个世纪的革命：拉丁美洲长期冷战中的起义与暴力镇压》（*A Century of Revolution*：*Insurgent and Counterinsurgent Violence during Latin America's Long Cold War*），是研究20世纪拉丁美洲起义与镇压的最佳英文作品集。格兰丁撰写的全景式导言对拉丁美洲的"长期冷战"进行了颇具说服力的概括性分期和理论阐述。其他出类拔萃的著述还包括：卡茨对俄罗斯革命与墨西哥革命中的暴力和恐怖问题的比较研究，卡洛塔·麦卡利斯特（Carlota McAllister）对危地马拉起义与镇压的关系、原住民与游击队的关系问题的研究，赫拉尔多·雷尼克（Gerardo Rénique）对秘鲁光辉道路和内战期间的国家恐怖问题的研究，以及福里斯特·希尔顿（Forrest Hylton）对哥伦比亚的准军事化问题的研究。

长期以来，塞缪尔·法伯（Samuel Farber）的著作一直对古巴自下而上的革命的民主社会主义持支持立场。他在《1959 年革命以来的古巴：一个批判性评估》（*Cuba Since the Revolution of 1959：A Critical Assessment*）中，对 1959 年以来的古巴革命进行了复杂而细致的历史综合研究，为把握这个虽然疆域不大但却对拉丁美洲的历史发展和 20 世纪下半叶的冷战走向产生了重要影响的岛国的政治提供了不可或缺的指南。凭借对历史细节的敏锐把握和精辟分析，法伯围绕古巴的经济发展、外交政策、种族和性别的社会文化变化、工人和农民的现实状况等问题所展开的意识形态争论及其政治后果，为我们绘制了一幅无与伦比的古巴革命图谱。法伯承认古巴的革命进程在教育和医疗卫生方面取得的成就，努力捍卫古巴的主权，反对帝国主义打着任何幌子干预古巴内政，同时也反对将古巴描绘成田园诗般的神话。我们如果将法伯的作品与以英语为工作语言研究古巴问题的最杰出的历史学家小路易斯·佩雷斯（Louis Pérez，Jr.）的著作放在一起阅读，将裨益多多。佩雷斯在《古巴：在改革与革命之间》（*Cuba：Between Reform and Revolution*）等作品中为我们提供了独特的视角和对历史的更广泛的解读。

彼得·温（Peter Winn）的《纺织工人的革命：亚鲁尔工人与智利的社会主义之路》（*Weavers of Revolution：The Yarur Workers and Chile's Road to Socialism*），是对阿连德政府（1970—1973）领导下的智利"通往社会主义的民主之路"所进行的引人入胜的、自下而上的描述。工人对智利最大的棉纺厂亚鲁尔工厂的管理以及使其社会化的努力，是该项研究的关注点。彼得·温向我们展示了工人们是如何变得激进化的，以及他们所设想的变革深度是如何远远超出阿连德政府的设想从而引发了两者之间的冲突的。此书可以与弗兰克·戈迪绍（Franck Gaudichaud）的《1970—1973 年的智利：震撼世界的一千天》（*Chili 1970 - 1973：Mille jours qui ébranlèrent le monde*）和帕特里西奥·古斯曼（Patricio Guzmán）的史诗纪录片《智利之战》（*Battle of Chile*）搭配起来阅读。

马蒂尔德·齐默尔曼（Matilde Zimmermann）的《桑地诺主义者：卡洛斯·丰塞卡与尼加拉瓜革命》（*Sandinista：Carlos Fonseca and the Nicaraguan Revolution*），是一部传记式人物肖像作品，可以为我们了解尼加拉瓜的革命进程提供新的切入点。丰塞卡是桑地诺民族解放阵线的主要知识分子和战略思想家，死于 1979 年革命取得胜利的三年前，即 1976 年的一场战斗中。除了描述丰塞卡的生活，齐默尔曼还在书中深入展现了桑地诺民族解放阵线在各个时期复杂的内部纷争和意识形态变迁。

这里还要提及蒂莫西·克劳利（Timothy Crowley）的《拉丁美洲的游击队与革命：1956 年以来起义者与政权的比较研究》（*Guerrillas and Revolution in Latin America：A Comparative Study of Insurgents and Regimes since 1956*）。这本书虽然不能说是一部马克思主义著作，但可能是关于 20 世纪拉美农村游击队起义最系统和最严肃的英文比较研究著作。

1959 年之后的拉美马克思主义史常常被简化为农村——后来是城市——的游击战浪潮。詹姆斯·布伦南（James Brennan）的《1955 年至 1976 年的科尔多瓦劳工战争：阿根廷工业城市的意识形态、工作和劳工政治》（*The Labor Wars in Cordoba，1955 - 1976：Ideology，Work，and Labor Politics in an Argentine Industrial City*），是对这种叙事方式的更正。布伦南研究了阿根廷第二大城市科尔多瓦如何见证了战后拉美历史上最具爆炸性的工人阶级起义，即 1969 年的科尔多瓦起义。对于欧洲读者来说，那个时期与法国和意大利的互动尤为有趣。

费尔南多·卡多佐（Fernando Cardoso）和恩佐·法莱托（Enzo Faletto）的《拉丁美洲的依附性与发展》（*Dependency and Development in Latin America*），可能是拉美依附理论中最具影响力的著作，也是为数不多的首次出版（1969 年）即有英文或法文版本且初稿在出版之前的两年已在拉美广为流传的著作。卡多佐最广为人知的可能是他后来的变节行为，他本人曾于 1993 年和 1998 年当选巴西总统，然而却在 2016 年成为反对迪尔玛·罗塞芙（Dilma Rousseff）总统的议会政变的坚定支持者。尽管如此，这部属于依附理论温和派的著作仍是必读之作。

此外，必读作品还包括欧内斯托·拉克劳的《拉丁美洲的封建主义和资本主义》（"Feudalism and Capitalism in Latin America"）、史蒂夫·斯特恩（Steve Stern）的《从拉丁美洲和加勒比地区的视角看封建主义、资本主义与世界体系》（"Feudalism，Capitalism，and the World-System in the Perspective of Latin America and the Caribbean"），以及伊曼纽尔·沃勒斯坦的《从拉丁美洲和加勒比地区的视角看封建主义、资本主义与世界体系：关于斯特恩关键验证的评论》（"Feudalism，Capitalism，and the World-System in the Perspective of Latin America and the Caribbean：Comments on Stern's Critical Tests"）。这三篇文章，连同卡多佐和法莱托的《拉丁美洲的依附性与发展》，是对这一时期因依附理论与经典马克思主义的观点存在差异而在拉美引发的一系列争论的最佳介绍，争论的问题包括生产方式及其更替、财产关系、劳动制度和世界体系。

五、放弃革命战略时期：1980—2000 年

在拉美马克思主义发展的第五阶段，新自由主义统治了整个拉美地区，而拉美马克思主义虽然进行了一些边际性的革新，但在总体上却以退缩、挫败和自我批判为主要特征，这丝毫也不令人意外。这是一个拉美左翼放弃革命战略、苏东发生剧变、古巴革命受到孤立、尼加拉瓜革命走向失败的时代，不少拉美马克思主义知识分子转向了后马克思主义，或者直接转向了自由主义。

在《后马克思主义：拉丁美洲"阶级理论"的退潮》（"Post-Marxism：The Retreat from Class in Latin America"）一文中，罗纳德·奇尔科特（Ronald Chilcote）考察了 20 世纪 90 年代初马克思主义在全球遭遇的危机，以及这场危机的动因中对拉丁美洲具有特别意义的内容。

恩里克·杜塞尔（Enrique Dussel）的《走近一个不为人知的马克思：1861—1863 年手稿评注》（*Towards an Unknown Marx：A Commentary on the Manuscripts of 1861 - 1863*），于 1988 年首次以西班牙语出版。在这部著作中，杜塞尔从"后马克思主义"回归马克思的著作，不仅从拉美的视角，而且从整个世界的意义上为我们理解马克思做出了极具创新性的理论贡献。

勒内·梅尔卡多（René Mercado）无疑是 20 世纪玻利维亚最重要的社会和政治理论家。然而，令人遗憾的是，在《玻利维亚民族民众运动史》（*Towards a History of the National-Popular in Bolivia*）一书的英文版出版之前，他的作品很少被翻译成英文，只有《新左翼评论》上发表过他的一篇综合性分析文章。值得庆幸的是，该书作为梅尔卡多最重要的著作，虽然在他死后才出版，但现在已经有了英文版。在这本极具创新性的著作中，梅尔卡多围绕玻利维亚历史上的关键时刻——来自下层的平民、原住民和工人阶级的持续抗争，以及来自上层的试图恢复封建领主统治的复辟活动——形成了一系列理论和概念。

罗伯特·施瓦茨（Roberto Schwarz）可以说是拉丁美洲最著名的马克思主义文化批评家。他的《错位的思想：巴西文化论文集》（*Misplaced Ideas：Essays on Brazilian Culture*），收录了他本人横跨电影、小说、戏

剧和音乐等领域的文章，其中既浸透了巴西特有的历史、意识形态和文化，同时也是欧洲和整个世界的缩影。

威廉·罗宾逊的《拉丁美洲与全球资本主义：一个批判的全球化视角》（*Latin America and Global Capitalism：A Critical Globalization Perspective*），对近几十年来拉丁美洲的政治经济变迁进行了最为全面的描述。读者并不需要为书中所运用的"跨国资本家阶级"（transnational capitalist class）或"跨国国家"（transnational state）等理论工具所说服，也可以从罗宾逊对新自由主义时期拉丁美洲社会结构变化的详细描述中了解到很多东西。这是对近几十年来该地区政治经济变迁最为全面的描述。

智利是拉丁美洲最早也可能是最激进的新自由主义实验场。彼得·温主编的《智利奇迹的受害者：皮诺切特时代的工人和新自由主义，1973—2002》（*Victims of the Chilean Miracle：Workers and Neoliberalism in the Pinochet Era，1973–2002*），是一部展现这一时期的阶级斗争动态和不同行业的工人阶级命运的最佳文集。

从总体上看，20 世纪 90 年代尽管是拉丁美洲左翼的低谷时期，但在社会运动、工会、农民协会和政党等各种形式的左翼活动中，仍有一些值得铭记的逆流前行者，其中就包括巴西的无地者运动和墨西哥南部的萨帕塔运动。莱安德罗·贝尔加拉-卡穆斯（Leandro Vergara-Camus）的《土地与自由：无地者运动、萨帕塔运动和农民替代新自由主义的方案》（*Land and Freedom：The MST，the Zapatistas and Peasant Alternatives to Neoliberalism*）一书，非常专业地展现了这些活动的历史价值。

六、变革与复兴时期：2000 年至今

21 世纪伊始，拉美马克思主义的发展进入第六阶段。议会外左翼斗争的此起彼伏，左翼政府执政后面临的矛盾冲突，加速推动了拉美马克思主义新阶段的到来。虽然对 21 世纪以来拉美马克思主义在理论和实践方面的关键特征做出总结性判断或许还不够谨慎，但认为拉美马克思主义发展的新阶段正随着最近左翼政治周期的结束而接近尾声的结论肯定是过于草率的。但是，我们仍然可以尝试得出一个初步的结论：拉美马克思主义的最新发展阶段，既有像第四阶段那样的原创性和深刻性，也有如第三阶段一样的僵化和教条迹象。在拉丁美洲地区近期的左翼浪潮中，变革与复

兴之风相互交织和博弈，充满着不确定性。

2000—2005 年玻利维亚的左翼原住民和潜在的起义者发起的一系列抗议活动，处于 21 世纪初拉丁美洲议会外斗争浪潮的最前沿。由该国两位著名历史学家希尔顿与辛克莱·汤姆森（Sinclair Thomson）联袂撰写的《革命的地平线：玻利维亚政治的过去与现在》（*Revolutionary Horizons: Past and Present in Bolivian Politics*），为这段历史提供了迄今为止最好的背景文献。

《帕查库蒂的节奏：玻利维亚的原住民起义与国家权力》（*Rhythms of the Pachakuti: Indigenous Uprising and State Power in Bolivia*）的作者拉克尔·古铁雷斯（Raquel Gutiérrez），是拉丁美洲最重要的社会运动理论家之一。他虽然是墨西哥人，但在玻利维亚度过了 20 多年的军事生涯（包括 5 年的政治犯生涯），很少有观察者和参与者能比他更了解 2000—2005 年发生在玻利维亚的一系列抗议活动是如何开始的。

在 2006 年成为玻利维亚副总统之前，阿尔瓦罗·加西亚·利内拉（Álvaro García Linera）已经是玻利维亚乃至拉美最杰出的马克思主义理论家之一。他的文集《平民的力量：玻利维亚的集体行动与原住民、工人阶级与大众身份》（*Plebeian Power: Collective Action and Indigenous, Working-Class and Popular Identities in Bolivia*），汇集了他数十年的研究成果，展现了在 20 世纪 90 年代和 21 世纪初的一系列起义中孕育而生的自由与创造力，以及后来的国家管理主义（state managerialism）所导致的令人窒息的后果。

乔治·奇卡列洛-马厄（George Ciccariello-Maher）的《我们造就了查韦斯：委内瑞拉革命的人民历史》（*We Created Chávez: A People's History of the Venezuelan Revolution*），写于激动人心的玻利瓦尔进程的顶峰期，因而没能预料到委内瑞拉将在接下来的几年里爆发严重危机，并一直持续至今。尽管如此，这本书仍然可以说是关于"造就查韦斯"的各种民众运动的最佳英文编年史。

戈迪绍的《拉丁美洲：解放与重建》（*Amérique latine: émancipations en construction*），是研究拉丁美洲左翼问题的法语版优秀文集。它涵盖的地理范围十分广泛，涉及玻利维亚、巴西、厄瓜多尔、哥伦比亚、委内瑞拉、阿根廷、乌拉圭和墨西哥等众多拉美国家；它讨论的主题也非常广泛，包括原住民起义、参与式民主、生态社会主义、工人控制和自我管理、城市斗争、女性主义等各个方面。

第 21 章　生态学与马克思主义：
重要议题和阅读指南*

安德烈亚斯·马尔姆/文　　苑洁/编译

一、入门读物

　　长期以来，包括我自己在内的许多左翼人士都习惯于把生态问题当作与现实斗争毫无关系的次要问题置之不理。许多马克思主义知识分子仍然对环境保护主义漠不关心或毫无热情。不过，值得庆幸的是，很多人已经开始觉醒，他们认识到，一旦我们面临生态危机，一切都将岌岌可危。同时，许多可以激发读者洞察力的生态学著作也问世了，这些著作使我们对这个星球上发生的种种破坏生态的行为感到震惊、恐惧、绝望和愤怒。然而，对于那些对生态问题刚刚萌生求知欲的马克思主义者和社会主义者来说，最佳入门图书是新近出版的一些简明清晰、深受欢迎的研究文献，这些文献详细阐明了资本主义与可持续发展之间的基本矛盾。在这里，我想先推荐下面两本书。

　　一本是娜奥米·克莱恩（Naomi Klein）的《改变一切：资本主义与气候》（*This Changes Everything：Capitalism vs. the Climate*）。这本大部头的著作位列必读书目，理应享有"激进气候运动的《圣经》"的地位，并且是探讨生态社会主义问题的基本参照点。

　　另一本是艾希利·道森（Ashley Dawson）的《灭绝：激进的历史》

　　* 本章原载：《国外理论动态》2021 年第 5 期。原文来源：Andreas Malm，"［Guide de lecture］Le marxisme écologique，"*Période*，19 juin 2017。本章编译自英文电子期刊《历史唯物主义》。安德烈亚斯·马尔姆（Andreas Malm）：瑞典隆德大学政治学系。苑洁：中共中央党史和文献研究院信息资料馆。

（*Extinction*：*A Radical History*）。这本小册子卓有成效地考察了生物多样性危机，将其视为生态危机最重要的方面，并认为生物多样性危机的严重程度与气候变化问题不相上下，而资本主义是罪魁祸首。

二、马克思与生态学

马克思对环境恶化问题是否发表过自己的见解？答案是肯定的。过去20年的相关研究重构了生态思想在马克思（以及恩格斯）的全部著作中的重要发展轨迹，非常有助于我们理解当代社会面临的生态困境。这些研究者是分析和研究资本主义生态破坏问题的开拓者。从他们的经典文献中，读者会受益良多。

生态马克思学（eco-marxology）领域的两大经典著作当数约翰·贝拉米·福斯特的《马克思的生态学——唯物主义与自然》（*Marx's Ecology*：*Materialism and Nature*）和保罗·伯克特（Paul Burkett）的《马克思与自然：一种红绿视角》（*Marx and Nature*：*A Red and Green Perspective*）。这两部著作虽然包含了大量引述，但作者的分析思路清晰，且相对容易理解。

不过，早在福斯特和伯克特出版上述两部著作的30多年前，阿尔弗雷德·施密特（Alfred Schmidt）就撰写过一部非常超前且引人关注的著作《马克思的自然概念》（*The Concept of Nature in Marx*），这部著作同样堪称生态马克思学领域的经典文献。

三、新陈代谢断裂学派

福斯特和伯克特还与他们的同事一道，成为生态学马克思主义的"新陈代谢断裂"（the metabolic rift）学派的主要倡导者。他们吸收马克思的生态思想，提出了"新陈代谢断裂"概念。他们认为，许多环境问题最终都可被理解为资本积累破坏生态循环、撕裂生态网络的结果，而资本积累本身是建立在最初的分离或"断裂"基础上的，即直接生产者与生产资料的分离或"断裂"。这种社会断裂导致了生态断裂的成倍增加。这方面的重要著作包括以下四本：

福斯特、布雷特·克拉克（Brett Clark）和理查德·约克（Richard York）的《生态断裂：资本主义对地球的战争》（*The Ecological Rift：Capitalism's War on the Earth*），是一本涉猎广泛的论文集，它揭示了"新陈代谢断裂"理论的重要性。

伯克特的《马克思主义与生态经济学：走向一种红绿政治经济学》（*Marxism and Ecological Economics：Toward a Red and Green Political Economy*），是一本相当专业并融入了一些技术性分析的理论著作，它吸收了作者本人的前期研究成果，将马克思主义与生态经济学中更为主流的方法进行了比较分析。

斯特凡诺·隆戈（Stefano Longo）、丽贝卡·克劳森（Rebecca Clausen）和布雷特·克拉克的《商品的悲剧：海洋、渔业和水产养殖》（*The Tragedy of the Commodity：Oceans，Fisheries and Aquaculture*），是一项优秀的实证案例研究成果，几位作者以全球鱼类资源的灾难性枯竭为例，阐述了"新陈代谢断裂"理论对于解释生态危机的有效性。

福斯特和伯克特的《马克思与地球》（*Marx and the Earth*），或许代表了生态马克思学的最高成就。在这部著作中，两位作者不遗余力地为马克思辩护，将其视为绿色预言家，并批判了那些认为马克思的生态思想既空洞又盲目的指责。对马克思环境思想的具体内容感兴趣的读者可以关注这本书，不过他们需要"容忍"两位作者偶尔对这位生态学马克思主义开创者的神化。

四、早期的生态学马克思主义

早在 19 世纪，马克思就开始了生态研究。20 世纪 60—70 年代的新左翼在当时新兴的绿色运动风起云涌的形势下也不得不投身其中，从他们那个时代日益凸显的环境问题出发重新审视政治议程，而新左翼与绿色运动的这次"邂逅"孕育了一些在今天看来仍然极具价值的研究成果。

泰德·本顿（Ted Benton）主编的《马克思主义的绿色化》（*The Greening of Marxism*），是一部汇聚了一系列经典文献的文集，这些文献来自"第一代生态学马克思主义"的研究成果，其中包括阿伦·盖尔（Arran Gare）的一篇曾引起轰动的论文，这篇论文考察了斯大林执政之前苏联对生态问题的开拓性探索。文集中还有一些文章论述了马克思主义与马尔萨斯的环境思想（强调"自然的有限性"）之间的关系，比如本顿本人的开创性文章。除此之外，文集还收入了有关红色生态女性主义（red-tinted ecofeminism）的早期作品。

詹姆斯·奥康纳（James O'Connor）的《自然的理由——生态学马克思主义研究》（*Natural Causes：Essays in Ecological Marxism*）一书，提出了"资本主义的第二重矛盾"。第一代生态学马克思主义深受奥康纳这一理论的影响。概括来说，奥康纳认为，生产力与生产关系之间的矛盾是资本主义的第一重矛盾，生产的无限性与生产条件的有限性之间的矛盾是资本主义的第二重矛盾，马克思及其追随者长期研究的这种资本主义机制，以及资本主义破坏和毁灭生态系统的趋势，导致资本具有产生危机的倾向。奥康纳还指出，由于这些机制和系统是一切经济活动的基础，所以资本破坏了自己的基础，从而导致了利润率的下降。这一理论尽管随着"新陈代谢断裂"学派的兴起而逐渐失宠，但仍然是生态学马克思主义发展的重要阶段，并且在杰森·摩尔（Jason Moore）的研究中得到复兴。关于资本主义第二重矛盾的其他一些重要文本被收入在《马克思主义的绿色化》一书中，可供有兴趣进一步了解奥康纳的这一理论的读者继续研究。

五、世界生态学派

2017 年，关于生态学马克思主义的讨论在很大程度上是围绕摩尔展开的。摩尔激烈地批评并试图颠覆"新陈代谢断裂"这一理论范式，并在此基础上发展了"世界生态学"（world-ecology）理论，将其作为一种替代性的研究方法。他认为，"世界生态学"克服了早期生态学马克思主义理论的"笛卡尔式二元论"，能够将自然更好地融入资本的整体运行中。他的《生命网络中的资本主义》（*Capitalism in the Web of Life*）虽然是一部争议很大也很难读懂的著作，但红绿派知识分子（并不一定是激进的活动家）却不得不给予关注并赋予其一席之地。有关这部著作及其"世界生态学"理论引起的持续讨论很容易在互联网上追踪到。

六、女性主义与生态学

生态灾难不仅与资本主义有关，而且与父权制有关。这种认识激发并推动了生态女性主义的发展，进而产生了与马克思主义一致的研究成果。当然，在这一领域还有很多工作要做。卡洛琳·麦茜特（Carolyn Merchant）的《自然之死——妇女、生态学和科学革命》（*The Death of Nature：Women，Ecology and the Scientific Revolution*），是生态女性主义思潮的经典文献之一，也是有史以来最优秀的激进环境史著作之一。它向我们展示了人类强势支配自然——以及妇女——的态度，并认为这种态度产生于首先出现在英国的资本主义财产关系。其他杰出的生态女性主义者还包括薇尔·普鲁姆德（Val Plumwood）和艾瑞尔·萨勒（Ariel Salleh），她们也具有不同程度的马克思主义倾向。

七、世界体系的政治生态学

资本主义对生态系统的破坏显然源自北方中心地区的资本主义国家，而南方边缘地区的人民却承受了这一破坏所造成的大部分后果。这就证明了世界体系理论是可以用来分析生态问题的。在这一领域，阿尔夫·霍恩堡（Alf Hornborg）对世界体系的政治生态学（the political ecology of the world-system）的发展做出了最初步的，也是最独特的理论贡献。他认为，现代技术的发展建立在从边缘地区征用劳动力和土地的基础上，所有关于进步、发展或技术创新的讨论都掩盖了北方地区机器大生产赖以存在的生态不平等交换。他的经典之作《机器的力量：全球经济、技术和环境的不平等》（*The Power of the Machine：Global Inequalities of Economy，Technology，and Environment*）的前半部分就阐述了这一理论。霍恩堡的另一部著作《全球魔术：从古罗马到华尔街的侵吞技巧》（*Global Magic：Technologies of Appropriation from Ancient Rome to Wall Street*）是这一研究的最新成果。

无疑，霍恩堡是该研究领域的领军人物，但相关研究者绝非仅此一位。这里还要向读者推荐另一部著作，即J. 蒂蒙斯·罗伯茨（J. Timmons Roberts）和布拉德利·帕克斯（Bradley C. Parks）的《不公正的气候：全球不平等、北-南政治和气候政策》（*A Climate of Injustice：Global Inequality，North-South Politics，and Climate Policy*）。这本书的大部分内容或许可以忽略不看，但是其第四章和第五章以世界体系理论为基础，对全球气候变化——由北方中心地区引起，却由南方边缘地区承受后果——的不公正现象进行了精彩的概述，值得一读。

八、能源与资本主义

能源——尤其是化石类能源——与资本主义的关系是一个亟待讨论的话题。那么，该如何看待两者之间的关系呢？近些年出版的几部著作值得关注。

布鲁斯·波多布尼克（Bruce Podobnik）的《全球能源转型：在动荡时代促进可持续发展》（*Global Energy Shifts：Fostering Sustainability in a Turbulent Age*），是一次值得期待的尝试，它将持续扩大的化石能源供应浪潮置于资本主义的长波发展模式——康德拉季耶夫周期理论——中进行研究，并以对未来的相当天真的乐观主义预测作为结论。

蒂莫西·米切尔（Timothy Mitchell）的《民主：石油时代的政治权力》（*Democracy：Political Power in the Age of Oil*），广受赞誉且发人深省，它解释了资本主义国家的能源需求如何以及为何从煤炭转向石油，并将后者作为具有支配地位的化石燃料，以及这次能源转移的政治后果，尤其是在中东地区的政治后果。

马修·休伯（Matthew Huber）的《命脉：石油、自由以及资本的力量》（*Lifeblood：Oil，Freedom，and the Forces of Capital*），为读者提供了马克思主义的和福柯式的分析，指出了石油如何以及为何远远超出了其适用范围，成为美国——包括工人阶级——生活的中心。

我本人的著作《化石资本：蒸汽力量的崛起与全球变暖的根源》（*Fossil Capital：The Rise of Steam Power and the Roots of Global Warming*），聚焦促使早期英国资本主义放弃传统能源（尤其是水）、转向煤炭和蒸汽的那些矛盾，试图了解气候危机的历史根源。

此外，读者还可以在互联网上阅读到布伦特·瑞安·贝拉米（Brent Ryan Bellamy）和杰夫·迪亚曼蒂（Jeff Diamanti）主编的《唯物主义与能源批判》（*Materialism and the Critique of Energy*）。

九、气候政治

气候危机的方方面面都需要马克思主义的分析。令人欣慰的是，这个领域的相关研究似乎正在迅猛发展，最近 10 年出版了一些优秀作品。

大卫·希普雷特（David Ciplet）、J. 蒂蒙斯·罗伯茨和米赞·汉（Mizan R. Khan）的《全球变暖中的权力：气候变化的新全球政治与环境不平等的重塑》（*Power in a Warming World：The New Global Politics of Climate Change and the Remaking of Environmental Inequality*），对联合国气候谈判——包括 2015 年在巴黎举行的联合国气候变化框架公约第 21 届缔约国大会（COP21）——划时代的失败进行了精彩、娴熟的分析。作者运用安东尼奥·葛兰西的理论来阐释国际气候政治，将其视为全球阶级斗争的一种形式。

克里斯蒂安·帕伦蒂（Christian Parenti）的《混沌的热带：气候变化与新暴力地理学》（*Tropic of Chaos：Climate Change and the New Geography of Violence*），是一本既令人恐慌又发人深省的新闻类作品，作者是一位马克思主义的气候学者，他的新闻素材来自面临全球变暖问题的一些热带边缘地区。这本书为读者绘制了一幅令人万分沮丧的图景，即随着气温升高，穷人与富人之间或许还有不同种族和社群之间的冲突有可能加剧。

在对气候危机有充分了解——甚至有亲身体验——的情况下，人们怎样才能一如既往地生活？为什么我们对此鲜有作为？为了解答这个问题，读者有必要懂点心理学。卡里·玛丽·诺加德（Kari Marie Norgaard）在《生活在否定中：气候变化、情绪和日常生活》（*Living in Denial：Climate Change，Emotions，and Everyday Life*）一书中认为，在这一开创性的研究领域，马克思主义虽然涉猎不多，但通过分析挪威这个石油国家的政治和情感经济（emotional economy），它非常有力地阐明了人们否定气候危机的社会根源，即人们并非明确地否定科学，而是因为人们恰恰生活在否定之中。

读者还可以关注杰夫·曼（Geoff Mann）和乔尔·温莱特（Joel Wainwright）的《气候巨兽：我们星球未来的政治理论》（*Climate Levia-*

than：A Political Theory of Our Planetary Future）。这部著作是一项聚焦于气候政治议程设置的马克思主义研究，2019 年 3 月的《国际事务》（*International Affairs*）杂志发表过一篇与这本书同名但视角相反的文章。

十、自然哲学

凯特·索珀（Kate Soper）的《什么是自然？文化、政治和非人类》（*What is Nature？：Culture，Politics and the Non-Human*），无疑是生态学马克思主义经典中最令人满意的一部作品，也是对文化、社会、性别、权力和自然进行严谨的哲学考察的一座宝库，值得反复阅读。

十一、生态批判

生态批判（ecocriticism），或者说文学中的自然研究，是一个激动人心且发展迅速的研究领域。罗伯·尼克森（Rob Nixon）的《慢暴力与穷人环境主义》（*Slow Violence and the Environmentalism of the Poor*），是一部与马克思主义的研究方法密切相关的优秀作品。作者解读了来自全球南方地区的几位小说作家和非小说作家的作品，展现了他们对环境退化这一"慢暴力"（slow violence）的批判性描述。

十二、法兰克福学派

法兰克福学派的经典思想家们认为，人类对自然的统治是各种社会、政治和生态问题的根源，并一直致力于相关研究。过去，读者可以从生态学马克思主义的视角阅读马克斯·霍克海默和西奥多·阿多诺的《启蒙辩证法》（*The Dialectic of Enlightenment*）这样的名著；今天，读者还可以读到一些同样重要的作品。

黛博拉·库克（Deborah Cook）的《阿多诺论自然》（*Adorno on Nature*），深入研究了阿多诺的自然观及其对生态学理论的潜在影响。

安德鲁·比洛（Andrew Biro）主编的《批判生态学：法兰克福学派

与当代环境危机》(*Critical Ecologies：The Frankfurt School and Contemporary Environmental Crisis*)，是一本质量参差不齐、观点各异其趣的文集，其中包括了对阿多诺和霍克海默的环境退化思想的尖锐批评。

斯蒂芬·沃格尔（Steven Vogel）的《反对自然：批判理论中的自然概念》(*Against Nature：The Concept of Nature in Critical Theory*)，从一位环境哲学家的视角提出了他独特的、极具争议的西方马克思主义解读。他在该书的结论中指出，自然只是作为一个具体化的范畴而存在，因为我们是通过自己的劳动来构建自然的，我们应该勇敢地面对自然。

西蒙·海伍德（Simon Hailwood）的《环境哲学中的异化与自然》(*Alienation and Nature in Environmental Philosophy*)，为我们提供了出色的哲学分析，指出了人类如何以及为何同自然相异化。作者得出了与沃格尔相反的结论。

十三、反动的环境主义

在环境理论中还充斥着众多反动的、仇外的、民族主义的绿色理论派别，尽管它们为求自保经常化身为红绿派（red-greens）。伊恩·安格斯（Ian Angus）和西蒙·巴特勒（Simon Butler）的《人太多了吗？人口、移民与环境危机》(*Too Many People？Population，Immigration，and the Environmental Crisis*)、约翰·赫特格伦（John Hultgren）的《绿色边界墙：自然与美国的反移民政治》(*Border Walls Gone Green：Nature and Anti-Immigrant Politics in America*)，分别对这种反动的环境主义逆流进行了猛烈的批判，其中后者更具有学术性。

十四、马克思主义生物学

马克思主义辩证法有着非常丰富的前沿生物学研究传统，不仅揭示了生态系统以及整个生物圈的演进和运行，而且阐明了马克思主义的方法论。理查德·莱文斯和理查德·列万廷的《辩证的生物学家》堪称该领域研究的现代经典。而斯蒂芬·杰·古尔德1 500页的鸿篇巨制《进化论的结构》(*The Structure of Evolutionary Theory*)凝结了这位世界著名进化论科学家毕生的研究心血。

十五、其他文献资源

　　生态学马克思主义的主要阵地仍然是《资本主义·自然·社会主义》（*Capitalism Nature Socialism*）杂志；"新陈代谢断裂"学派的倡导者们则定期在《每月评论》（*Monthly Review*）杂志上刊文；在《历史唯物主义》和《资本与阶级》（*Capital and Class*）等杂志上也可以找到生态学马克思主义的内容；而《气候与资本主义》（*Climate and Capitalism*）博客则致力于推动与气候运动有关的生态社会主义讨论。除了所有这些平台之外，还有更多文献资源值得关注。

第 22 章　分析的马克思主义阅读指南*

法比安·塔里特/文　　杜媛媛/译

分析的马克思主义以 G. A. 科恩（G. A. Cohen）、乔恩·埃尔斯特（Jon Elster）、约翰·罗默（John Roemer）、埃里克·赖特（Erik Wright）、罗伯特·布伦纳、亚当·普沃斯基（Adam Przeworski）、菲利普·范帕里斯（Philippe Van Parijs）为代表，在 20 世纪 80 年代发展到鼎盛时期。今天，由这一思潮引发的热烈讨论仍在继续。分析的马克思主义的研究对象首先是马克思主义，然后才是物质世界，这一思想流派试图在马克思主义之外的方法论基础上重建马克思主义，从而开启了从全新的角度阐释马克思主义的可能性。

一、分析的马克思主义：一种思想流派

关于分析的马克思主义的基础，已经有很多书籍和文章论及。罗默主编的《分析的马克思主义的基础》（*Foundations of Analytical Marxism*）一书，是分析的马克思主义学派的代表作，它基于这样一个假设："经典"马克思主义与当代社会科学已经无法相容，而博弈论可以在重建马克思主义的过程中发挥决定性的作用。根据这一假设，马克思主义被视为一整套思想，其经济学理论被认为是错误的。正因为如此，分析的马克思主义才发展了经济学与伦理学之间的关系，强调了"剥削"概念的重要性。贝尔

* 本章原载：《国外理论动态》2021 年第 5 期。原文来源：Fabien Tarrit，"［Guide de lecture］Le marxisme analytique，"*Période*，18 décembre 2017。翻译有删减。法比安·塔里特（Fabien Tarrit）：法国兰斯大学经济、社会科学与管理学院。杜媛媛：河南师范大学马克思主义学院。

纳·沙旺斯（Bernard Chavance），于 1985 年主编的论文集《前景无限的马克思》（*Marx en perspective*），汇集了分析的马克思主义学派的著名团体"九月小组"在巴黎举办的研讨会上的部分发言。1989 年，赖特在《社会主义评论》杂志上发表了《什么是分析的马克思主义?》（"What is Analytical Marxism?"）一文，概述了分析的马克思主义这一思潮，强调了它的方法论问题，并特别注重将自己的观点与传统的马克思主义区分开来。1994 年，托马斯·迈耶尔（Thomas Mayer）在《分析的马克思主义》（*Analytical Marxism*）一书中对分析的马克思主义持明确赞同的立场，并介绍了该理论及其方法论。1999 年，让-皮埃尔·迪玛希（Jean-Pierre Dumasy）和吉尔·拉斯雷（Gilles Rasselet）在《法国政治思想史》（*Revue française d'histoire des idées politiques*）杂志上发表了文章《美国马克思主义经济学理论当代发展概述》（"Aperçus sur les développements contemporains de la théorie économique marxiste aux Etats-Unis"）。该文是分析的马克思主义理论研究中罕见的法文文献之一，它重点关注了分析的马克思主义与路易·阿尔都塞的关系，同时也涉及分析的马克思主义的一些内部辩论，特别是科恩与罗默之间的争论。对于分析的马克思主义的综述，可阅读我于 2006 年发表在《激进政治经济学评论》（*Review of Radical Political Economics*）上的文章《分析的马克思主义的简史、范围和特点概述》（"A Brief History，Scope and Peculiarities of 'Analytical Marxism'"）和 2014 年出版的专著《分析的马克思主义：一种批判的阅读》（*Le marxisme analytique：une lecture critique*），以及罗伯托·韦内齐亚尼（Roberto Veneziani）于 2012 年发表在《经济观察杂志》（*Journal of Economic Surveys*）上的文章《分析的马克思主义》（"Analytical Marxism"）。关于分析的马克思主义学派内部辩论的概况以及如何超越这些内部的对立观点等问题，可阅读比尔·马丁（Bill Martin）于 1989 年发表在《哲学杂志》（*Journal of Philosophy*）上的文章《马克思主义何以成为分析性的》（"How Marxism Became Analytic"）。

二、分析的马克思主义的方法论重建

分析的马克思主义的方法论与经典马克思主义的方法论是不同的。在

1994—1995 年的《科学与社会》(*Science and Society*)杂志上，格雷姆·柯克帕特里克 (Graheme Kirkpatrick) 发表了《分析的马克思主义的哲学基础》("Philosophical Foundations of Analytical Marxism") 一文，阐述了分析的马克思主义与马克思主义认识论之间的断裂，认为分析的马克思主义将叙述逻辑置于优先于马克思主义辩证法的地位。

分析的马克思主义者一致反对马克思主义辩证法。在莎拉·巴斯 (Sarah Buss) 和李·奥弗顿 (Lee Overton) 于 2002 年主编的《能动性的轮廓：哈利·法兰克福的主题论文集》(*Contours of Agency: Essays on Themes from Harry Frankfurt*) 中，科恩批判的靶子是阿尔都塞主义，认为其缺乏知识的严谨性。准确地说，阿尔都塞实际上是分析的马克思主义内部辩论的核心所在。在《经济与社会》(*Economy and Society*) 杂志于 1981 年发表的《阿尔都塞的马克思主义》("Althusser's Marxism") 一文中，与分析的马克思主义关系密切的安德鲁·莱文 (Andrew Levine) (尽管他从未以分析的马克思主义者的身份参加过"九月小组") 讨论了阿尔都塞在盎格鲁-撒克逊马克思主义者中的影响。在否认马克思与恩格斯的思想之间具有连续性的同时，他还认为仅仅推翻黑格尔是不够的，必须取代整个黑格尔体系，否则马克思主义的科学性将不过是一种信仰的轴心而已。

在 1992 年出版的《重建马克思主义：关于解释论和历史理论的系列论文》(*Reconstructing Marxism: Essays on Explanation and the Theory of History*) 一书中，赖特、莱文和埃利奥特·索伯 (Elliott Sober) 对分析的马克思主义思潮进行了分析，认为分析的马克思主义本质上属于与新黑格尔主义对立的后马克思主义。在《政治研究》(*Political Studies*) 杂志于 1997 年发表的《分析的和本质的马克思主义》("Analytical and Essential Marxism") 一文中，艾伦·卡林 (Alan Carling) 更为明确地指出了分析的马克思主义相较于其他马克思主义学派和思潮的特殊性。

收录在科恩的《如果你是平等主义者，为何如此富有？》(*Si tu es pour L'égalité, pourquoi es-tu si riche?*) 一书中的文章《黑格尔对马克思的影响》("L'influence de Hegel sur Marx")，更是明确表达了作者的观点，即马克思与黑格尔主义进行了彻底的决裂。

三、分析的马克思主义的起源：马克思主义与分析哲学之间不可能和解

众所周知，分析的马克思主义形成的标志是科恩于 1978 年出版的《卡尔·马克思的历史理论：一种辩护》（*Karl Marx's Theory of History：A Defence*）。科恩在此书中明确指出，正是运用了分析哲学的工具，才有了分析的马克思主义。该书的出版引发了大规模的讨论。

然而，在分析的马克思主义领域存在着这样一种批评，即认为科恩的理论留给人类行动的空间十分有限。在于 1981 年发表在《哲学评论》（*The Philosophical Review*）上的一篇题为《生产力与变革的力量》（"Productive Forces and the Forces of Change"）的书评中，理查德·米勒（Richard Miller）通过赋予生产关系强大的自主性来拒绝科恩的"生产力优先"的观点。在于 1982 年发表在《哲学杂志》上的一篇书评中，约书亚·科恩（Joshua Cohen）提出了发展停滞的问题，并批评科恩淡化了阶级斗争的主体性方面。此外，科恩的阐释还被指责为"技术决定论"，相关文章可参看沃尔·苏廷（Wal Suchting）的《马克思的"生产力"与"生产关系"》（"'Productive Forces' and 'Relations of Production' in Marx"）、弥尔顿·菲斯克（Milton Fisk）的《历史解释中的首要性概念》（"The Concept of Primacy in Historical Explanation"）、克里斯托弗·伯特伦（Christopher Bertram）的《国际竞争或可解决历史唯物主义中的一些问题》（"International Competition as a Remedy for Some Problems in Historical Materialism"）、保罗·韦瑟利（Paul Wetherly）和艾伦·卡林的《历史唯物主义———一种历史唯物主义的分析概要》（"Historical Materialism—An Analytical Outline of Historical Materialism"）、戴维·杜奎特（David Duquette）的《对历史唯物主义技术解释的批判》（"A Critique of the Technological Interpretation of Historical Materialism"）、保拉·卡萨尔（Paula Casal）的《论社会的和全球的历史唯物主义》（"On Societal and Global Historical Materialism"）等。

另一些学者则撰文为科恩的观点辩护，例如，休·柯林斯（Hugh Collins）的《经济基础与上层建筑》（"Base and Superstructure"）、威廉·肖（William Shaw）的《历史唯物主义与发展命题》（"Historical

Materialism and the Development Thesis")、艾伦·卡林的《分析的马克思主义与历史唯物主义：关于社会进化的辩论》（"Analytical Marxism and Historical Materialism：The Debate on Social Evolution"）等。

在马克思主义领域内部，对科恩也存在着一些批评意见。例如，在1981年发表在《新左翼评论》上的《资本主义中经济与政治的分离》（"The Separation of Economic and Political in Capitalism"）一文中，艾伦·M. 伍德指责科恩肢解了马克思主义。德里克·塞耶（Derek Sayer）的著作《抽象的暴力：历史唯物主义的分析基础》（*The Violence of Abstraction：The Analytic Foundations of Historical Materialism*），反对科恩对马克思主义的二次解读，为马克思主义的有机整体性进行了辩护。保罗·沃伦（Paul Warren）于1991年发表了文章《解释历史的发展：对科恩的历史唯物主义的马克思式批评》（"Explaining Historical Development：A Marxian Critique of Cohen's Historical Materialism"），批判了科恩的抽象个人主义。默里·史密斯（Murray Smith）于1992年发表的文章《价值抽象与社会发展的辩证法》（"The Value Abstraction and the Dialectic of Social Development"），则将科恩描述为理性选择功能主义者。

科恩在《对四位批评者的回应》（"Reply to Four Critics"）一文中，对上述两种批评分别进行了回应。

分析的马克思主义在这场辩论中得到了进一步的发展，例如，范帕里斯的《从矛盾到灾难》（"From Contradiction to Catastrophe"）、埃尔斯特的《一种英国马克思主义：对历史唯物主义的新解释》（"Un marxisme anglais. À propos d'une nouvelle interprétation du matérialisme historique"）、科恩和威尔·金里卡（Will Kymlicka）的《马克思主义历史观中的人性与社会变迁》（"Human Nature and Social Change in the Marxist Conception of History"）等文章相继发表。

科恩的阐释进一步引发了分析的马克思主义的两场结构性辩论，即"功能解释"和"历史过渡"。首先，辩论的主题聚焦于科恩为了阐明历史唯物主义的诸范畴而推崇的功能解释。许多研究者都加入了"九月小组"，最早的一位是埃尔斯特。他发表在《政治研究》杂志1980年第1期上的文章《科恩论马克思的历史理论》（"Cohen on Marx's Theory of History"），开启了这场堪称分析的马克思主义结构性要素之一的争论。在该刊同一期中，科恩以《功能解释：对埃尔斯特的答复》（"Functional Explanation：Reply to Elster"）为题，对埃尔斯特的批判做出了回应。随后，两位学者围绕功能解释与方法论个人主义之间的对立展开了持续的辩论。埃尔斯特发表了文章《马克思主义、功能主义和博弈论：方法论个人主义》（"Marxism, Functionalism and Game Theory: The Case for Methodological Individualism"），科恩撰写了文章《功能解释、后果解释和马克思主义》（"Functional Explanation, Consequence Explanation and Marxism"），埃尔斯特继而又发表了《关于马克思主义、功能主义和博弈论的进一步思考》（"Further Thoughts on Marxism, Functionalism and Game Theory"）一文。一些后来加入分析的马克思主义阵营的学者也做出了相应的贡献。例如，莱文和赖特的《理性与阶级斗争》（"Rationality and Class Struggle"）、范帕里斯的《功能主义的马克思主义的复兴：评埃尔斯特》（"Funetional Marxism Rehabilitated: A Comment on Elster"）和《马克思主义的中心难题》（"Marxism's Central Puzzle"）等文章。

关于功能解释的争论导致分析的马克思主义内部出现了分裂，即分裂为对马克思进行分析性辩护的后阿尔都塞主义者（包括科恩和赖特）与对马克思进行分析性批判的后实证主义者。

科恩的解释引发了他与罗伯特·布伦纳关于过渡问题的第二场争论。布伦纳在《欧洲工业革命前的社会结构与农业发展》（"Structures sociales et développement agricole dans l'Europe pré-industrielle"）一文中，提出了一种将资本主义视为突发效应的替代模式，即将其视为有意识的行为的意外后果。同时，布伦纳还在《经济发展的社会基础》（"La base sociale du développement économique"）一文中，批评了科恩对经济增长的斯密式解释。在《马克思关于向资本主义过渡的第一种模式》（"Marx's First Model of the Transition to Capitalism"）一文中，布伦纳认为，理性的发展，从而生产力的发展，都受到特定生产关系的制约。布伦纳的观点作为导火索，引发了一系列文章的问世，包括大卫·莱布曼（David Laibman）的《生产方式与过渡理论》（"Modes of Production and Theories of Transition"）、艾伦·卡林的《马克思、科恩和布伦纳：马克思主义历史理论中的功能主义与理性选择》（"Marx, Cohen and Brenner: Functionalism vs. Rational Choice in the Marxist Theory of History"）、迪米特里斯·米洛纳基斯（Dimitris Milonakis）的《资本主义诞生的前奏：封建主义生产方式的推动力》（"Prelude to the Genesis of Capitalism: The Dynamics of the Feudal Mode of Production"）、克劳迪奥·卡茨（Claudio Katz）的《论封建主义的推动力：对历史唯物主义的挑战》（"Debating the Dynamics of Feudalism：Challenges for Historical Materialism"），以及拙文《分析的马克思主义所阐释的封建主义向资本主义的过渡》（"La transition du féodalisme au capitalisme interprétée par le marxisme analytique"），等等。

　　然而，科恩的分析性辩护并没有在这一系列辩论中延续下来，他很快修正了自己的一些核心假设，相关文章集中收录在《历史、劳动和自由：马克思的主题》（*History，Labour and Freedom：Themes from Marx*）和《卡尔·马克思的历史理论：一种辩护》的扩展版中。科恩观点的变化和发展可参考拙文《G. A. 科恩（1941—2009）与马克思主义：贡献与保持距离》["Gerald A. Cohen（1941 - 2009）et le marxisme：apports et prise de distance"]。科恩观点的改变既是对马克思著作中概念的割裂，参见其文章《历史唯物主义再思考》（"Reconsidering Historical Materialism"）；也是对历史唯物主义概念的割裂，参见其文章《限制性和包容性的历史唯物主义》（"Restricted and Inclusive Historical Materialism"）；同时也是基于经验基础的理论的弱化，特别是随着苏联解体的发生，参见其文章《幻灭的未来》（"The Future of a Disillusion"）和《苏联解体后的马克思主义》（"Marxism after the Collapse of the Soviet Union"），但也不排除阶级变化和环境问题等因素的影响。

四、罗默对马克思经济学理论的重建

　　基于森岛通夫（Michio Morishima）的《马克思的经济学：价值与增长的双重理论》（*Marx's Economics：A Dual Theory of Value and Growth*）和科恩的方法论，罗默在《马克思主义经济理论的分析基础》（*Analytical Foundations of Marxian Economic Theory*）一书中，对马克思的经济学理论进行了分析性阐释，并对劳动价值论和利润率下降趋势规律进行了抨击。他对劳动价值论的抨击得到了分析的马克思主义者的广泛认同，相关文章可参看埃尔斯特的《劳动价值论：马克思主义经济学的新阐释》（"The Labor Theory of Value：A Reinterpretation of Marxist Economics"）、科恩的《劳动价值论与剥削概念》（"The Labour Theory of Value and the Concept of Exploitation"）等。而范帕里斯的文章《利润率下降危机理论：以讣告方式进行的理性重建》（"The Falling-Rate-of-Profit Theory of Crisis. A Rational Reconstruction by Way of Obituary"）

则对利润率下降趋势规律进行了批评。

　　随后，在抛弃劳动价值论的基础上，罗默撰写了《剥削和阶级的一般理论》（*A General Theory of Exploitation and Class*）一书，旨在对马克思的剥削理论进行改造和重建。通过《马克思的阶级和剥削理论的新方向》（"New Directions in the Marxian Theory of Class and Exploitation"）和《马克思主义者应该对剥削感兴趣吗?》（"Should Marxists Be Interested in Exploitation?"）两篇文章，罗默进一步发展了自己的观点，并在分析的马克思主义者中引发了诸多争论，特别是埃尔斯特的文章《罗默反对罗默：评〈马克思的阶级和剥削理论的新方向〉》（"Roemer versus Roemer：A Comment on 'New Directions in the Marxian Theory of Exploitation'"）。与此同时，罗默的研究方式也获得了两个标签：其一是新古典主义，可参看 W. H. 洛克·安德森（W. H. Locke Anderson）和弗兰克·汤普森（Frank Thompson）的文章《新古典主义的马克思主义》（"Neo-Classical Marxism"）；其二是还原主义，可参看托尼·史密斯（Tony Smith）的文章《罗默对马克思剥削理论的研究：非辩证方法的缺陷》（"Roemer on Marx's Theory of Exploitation：Shortcomings of a Non-Dialectical Approach"）和安德烈·赫维耶（André Hervier）的文章《剥削概念何去何从：马克思与罗默》（"Le concept d'exploitation à la croisée des chemins：Marx et Roemer"）。

五、赖特的社会阶级

　　尽管分析的马克思主义最初的决定性贡献是对马克思的历史理论和经济学理论的重新解读（就像马克思的两个主要发现是历史唯物主义和剩余价值一样），但其他研究者在很大程度上也参与了其他问题的争论，特别是社会阶级问题。分析的马克思主义对社会阶级问题的研究可参看拙文《分析的马克思主义与社会阶级》（"Marxisme analytique et classes sociales"）。目前，赖特是这一研究主题的主要代表。在《阶级》（*Classes*）与《阶级、危机与国家》（*Class, Crisis and the State*）这两本专著中，赖特提出要重新定义"社会阶级"这一概念，以期考察社会阶级的各种变体。通过《新马克思主义阶级分析中的"马克思主义"和"新"分别是什么?》（"What is Marxist and What is Neo in Neo-Marxist Class Analysis?"）一文，赖特澄清了他的方法所具有的马克思主义特征。为此，赖特受到分析的马克思主义者的称赞。范帕里斯还专门撰写了文章《阶级理论的革命》（"A Revolution in Class Theory"）来表明自己的态度。实际上，赖特在多篇作品中承认他的理论在某些方面已经偏离了马克思的理论，例如，《对〈阶级〉的反思》（"Reflections on *Classes*"）与《剥削、身份和阶级结构：对我的批评者的回应》（"Exploitation，Identity and Class Structure：A Reply to My Critics"）两篇文章，尤其是专著《拷问不平等：阶级分析、社会主义和马克思主义》（*Interrogating Inequality：Essays on Class Analysis，Socialism and Marxism*）。

　　赖特的研究方法受到了部分自诩为传统马克思主义学者的强烈批评。有人谴责他的方法是非历史的，如古列尔莫·卡尔凯迪的《阶级与阶级分析》（"Classes and Class Analysis"）一文；也有人谴责它是实证主义的，如迈克尔·布拉沃伊（Michael Burawoy）的《赖特的分析的马克思主义的局限性》（"The Limits of Wright's Analytical Marxism"）；还有人批评它是波普尔主义的，如乌韦·贝克尔（Uwe Becker）的文章《阶级理论：仍然是批判的社会科学分析的轴心吗？》（"Class Theory：Still the Axis of Critical Social Scientific Analysis?"）。当然，更为普遍的批评则认为，它是反马克思主义的，如保罗·卡莫尼克（Paul Kamolnick）的《阶级：一种马克思主义的批评》（*Classes：A Marxist Critique*）。步罗默的后尘，赖特承认与马克思主义有了真正的距离。

六、埃尔斯特与理性选择的马克思主义

　　当前，分析的马克思主义的一个重要发展是埃尔斯特出版的法文版著作《卡尔·马克思：一种分析的阐释》（*Karl Marx，une interprétation analytique*），它的英文原版标题《理解马克思》（*Making Sense of Marx*）更是令人回味无穷。埃尔斯特的研究对马克思主义理论中的每个要素进行了批评。在《马克思主义与方法论个人主义》（"Marxisme et individualisme méthodologique"）一文中，埃尔斯特进一步拓展了自己的方法，提出只有方法论个人主义才能拯救马克思主义，从而推动了理性选择的马克思主义的发展。同时，艾伦·卡林的《理性选择的马克思主义》（"Rational Choice Marxism"）、罗默的《"理性选择"的马克思主义：方法和主旨的若干问题》（"'Rational Choice' Marxism：Some Issues of Method and Substance"）、普沃斯基的《马克思主义与理性选择》（"Marxism and Rational Choice"），以及莱文、索伯和赖特共同撰写的《马克思主义和方法论个人主义》（"Marxism and Methodological Individualism"）等文章相继问世。其中，莱文、索伯和赖特的这篇文章尤其引发了对以马克思主义为理论基础的改良主义的辩护，普沃斯基的专著《资本主义与社会民主》（*Capitalism and Social Democracy*）也涉及这一问题。在《跌跌撞撞地走向革命：分析的马克思主义、合理性和集体行动》（"Stumbling into Revolution：Analytical Marxism, Rationality and Collective Action"）一文中，伯特伦和卡林提议构建一个分析的马克思主义模型来检验社会革命的可能性。后来，罗默把对这些研究成果的综述收入自己的专著《在自由中丧失——马克思主义经济哲学导论》（*Free to Lose：An Introduction to Marxist Economic Philosophy*）中。

　　然而，埃尔斯特的著作被传统马克思主义者广泛批评为对马克思主义的攻击，例如，罗纳德·基夫（Ronald Kieve）的《从必要的幻觉到理性的选择？对新马克思主义理性选择理论的批评》（"From Necessary Illusion to Rational Choice? A Critique of Neo-Marxist Rational Choice Theory"）、厄内斯特·曼德尔的《如何搞不懂马克思》（"How to Make No Sense of Marx"）、艾伦·M. 伍德的《理性选择的马克思主义：这场游戏值得吗?》（"Rational Choice Marxism：Is the Game Worth the Candle?"）、E. K. 亨特（E. K. Hunt）的《分析的马克思主义》（"Analytical Marxism"）等文章。

七、分析的马克思主义与社会正义

　　鉴于马克思的理论在很大程度上为分析的马克思主义的争论所削弱，研究者们大都转向了正义理论，多位学者注意到了这一动向，例如，肖恩·塞耶斯（Sean Sayers）的《分析的马克思主义和道德》（"Analytical Marxism and Morality"）、莱斯利·雅格布斯（Lesley Jacobs）的《分析的马克思主义的第二波浪潮》（"The Second Wave of Analytical Marxism"）、亚历克斯·卡利尼科斯的《评科恩、德沃金和罗默》（"Review of Cohen, Dworkin, Roemer"）等文章。与分析的马克思主义诞生时一样，科恩再次站在了这一发展的最前沿，发表了《论平等主义正义的通货》（"On the Currency of Egalitarian Justice"）一文，紧接着又出版了专著《如果你是平等主义者，为何如此富有?》。

科恩的这一理论转向再次受到关注，很多学者纷纷撰文，例如，马库斯·罗伯茨（Marcus Roberts）的《分析的马克思主义———种前范式？G. A. 科恩的奥德赛》（"Analytical Marxism—An Ex-Paradigm? The Odyssey of G. A. Cohen"）、雅各布·史蒂文斯（Jacob Stevens）的《G. A. 科恩的道德革命》（"G. A. Cohen's Revolution in Morals"）、T. M. 威尔金森（T. M. Wilkinson）的《平等与道德革命》（"Equality and the Moral Revolution"），而同为分析的马克思主义者的罗默在《思考 G. A. 科恩的最后遗嘱》（"Thoughts on G. A. Cohen's Final Testament"）中表现出同情的态度。

对于科恩而言，首先要面对的是自由主义的自我所有权概念。在《无产阶级不自由的结构》（"The Structure of Proletariat Unfreedom"）、《马克思和洛克论土地与劳动》（"Marx and Locke on Land and Labour"）和《自由与平等相容吗？》（"La liberté et l'égalité sont-elles compatibles?"）等文章中，科恩对"自由"概念展开了尖锐的批判，继而又通过《马克思主义与当代政治哲学》（"Marxism and Contemporary Political Philosophy，or：Why Nozick Exercises Some Marxists More Than He Does Any Egalitarian Liberals?"）一文，直接反对罗伯特·诺齐克（Robert Nozick）的自由主义文本。科恩在该领域的大部分研究成果都被收录在《自我所有、自由和平等》（*Self-Ownership，Freedom and Equality*）一书中。范帕里斯也参与了对这一问题的讨论，并撰写了《诺齐克与马克思主义：对自由主义挑战的社会主义回应》（"Nozick and Marxism：Socialist Responses to the Libertarian Challenge"）一文。要了解这一论争的情况，可以参看拙作《社会国家、共同所有权和自我所有权》（*État social，propriété commune et propriété de soi*）。

约翰·罗尔斯（John Rawls）的《正义论》（*A Theory of Justice*）出版后，科恩发表了《激励、不平等和共同体》（"Incentives, Inequality and Community"）一文，加入关于平等主义的讨论中。针对阿马蒂亚·森（Amartya Sen）发起的辩论，科恩撰写了《什么的平等？论福利、益品和能力》（"Equality of What? On Welfare，Goods and Capabilities"）和《阿马蒂亚·森的不平等世界》（"Amartya Sen's Unequal World"）等文章，表达自己的观点。随后，通过《在何处行动：论分配正义的领域》（"Where the Action Is：On the Site of Redistributive Justice"）一文，科恩完全投入关于平等主义的研究中，对罗尔斯的理论展开批评，并在《拯救正义与平等》(*Rescuing Justice and Equality*)一书中进一步阐述了自己的理论观点，其中的部分内容被译为法文文章《拯救正义与公平?》("Sauver la justice et l' égalité?")发表。

罗默紧随其后。在《社会主义伦理与效率一致吗?》("Are Socialist Ethics Consistent with Efficiency?")和《资源平等意味着福利平等》("Equality of Resources Implies Equality of Welfare")两篇文章中，罗默同样基于正义的角度提出了自己的平等主义的正义理论，并在《分配正义论》(*Theories of Distributive Justice*)中进一步阐述了他的方法。罗默的研究结果导致他为市场社会主义辩护，这主要体现在《社会主义的未来》(*A Future for Socialism*)以及他与赖特合著的《平等股份：使市场社会主义运转起来》(*Equal Shares. Making Market Socialism Work*)等作品中。在《社会主义的未来：一个访谈》("Socialism's Future：An Interview")中，罗默概述了自己的立场。从某种意义上说，罗默的观点与科恩在《为什么不要社会主义?》(*Pourquoi pas le socialisme?*)一书中表达的观点一致。

与科恩和罗默不同，范帕里斯的规范性转向采取了为全民福利辩护的形式，主要体现在《论证基本收入：激进改革的伦理基础》(*Arguing for Basic Income：Ethical Foundations for a Radical Reform*)和《所有人的真正自由：什么（如果有的话）能证明资本主义的正当性?》[*Real Freedom for All：What (if anything) Can Justify Capitalism?*]两本专著中。

埃尔斯特对方法论个人主义的偏好使他在《政治心理学》(*Psychologie politique*)中转向了心理学问题。

八、一般性的批评

目前对分析的马克思主义还存在很多批评意见。有些批评认为，分析的马克思主义所使用的分析方法与马克思的辩证法不可调和，例如，塞耶斯的文章《马克思主义与辩证法：对科恩的批评》("Marxism and the Dialectical Method：A Critique of G. A. Cohen")；有些批评则认为，分析的马克思主义是对马克思主义的歪曲、诽谤、断章取义甚至蔑视，例如，约瑟夫·麦卡尼（Joseph McCarney）的文章《一种新马克思主义范式?》

（"A New Marxist Paradigm?"）；还有些批评认为，它是一种反辩证的实证主义，例如，塞耶斯的文章《马克思问题书》（"The Marx Problem Book"）；也有批评认为，它是一种波普尔主义，例如，丹尼尔·本萨义德（Daniel Bensaïd）的著作《不合时宜的马克思》（*Marx L'intempestif*）。卡利尼科斯在《创造历史：社会理论中的能动性、结构和变化》（*Making History：Agency，Structure and Change in Social Theory*）一书中对分析的马克思主义进行了一般性的批判，并在《分析的马克思主义导论》（"Introduction au marxisme analytique"）和《理论、历史和承诺：一个访谈》（"Theory，History and Committment：An Interview"）两篇文章中将其描述为乌托邦社会主义的变种。苏廷在《重建马克思主义》（"Re-constructing Marxism"）一文中，对分析的马克思主义的分析方法进行了彻底批判。罗伯茨在《分析的马克思主义：一种批判》（"Analytical Marxism：A Critique"）一文中，以科恩为靶子对分析的马克思主义进行了系统批判。分析的马克思主义的支持者则纷纷为这一思潮辩护，特别是伯特伦的《评罗伯茨的〈分析的马克思主义：一种批判〉》（"Review of Roberts' *Analytical Marxism：A Critique*"）、卡林的《态度问题：关于罗伯茨论分析的马克思主义》（"A Question of Attitude：Marcus Roberts on Analytical Marxism"）、迈耶尔的《评罗伯茨的〈分析的马克思主义：一种批判〉》（"Review of Roberts' *Analytical Marxism：A Critique*"）等文章。值得注意的是，迈耶尔在多年前就曾发表过辩护性文章《为分析的马克思主义辩护》（"In Defense of Analytical Marxism"），认为分析的马克思主义是当代马克思主义中最引人关注的方法。

　　分析的马克思主义者也在不断回顾自身的发展历史，例如，赖特的文章《相信马克思主义并选择留下》（"Falling into Marxism，Choosing to Stay"），以及科恩为《卡尔·马克思的历史理论：一种辩护》在 2000 年的扩展版撰写的导言。尽管分析的马克思主义作为一种思想流派已经日趋衰落，但是能否形成高质量的分析的马克思主义这一问题的答案仍然是开放性的。

图书在版编目（CIP）数据

马克思主义文献典藏与文本研究/许先春，陶永祥
主编；刘承礼，苑洁，袁倩副主编 . -- 北京：中国人
民大学出版社，2025.3. -- ISBN 978-7-300-33525-4

Ⅰ. A811

中国国家版本馆 CIP 数据核字第 2025K7238P 号

当代国外理论研究前沿译丛

马克思主义文献典藏与文本研究

主　编　许先春　陶永祥
副主编　刘承礼　苑　洁　袁　倩
Makesizhuyi Wenxian Diancang yu Wenben Yanjiu

出版发行	中国人民大学出版社	
社　　址	北京中关村大街 31 号	**邮政编码**　100080
电　　话	010 - 62511242（总编室）	010 - 62511770（质管部）
	010 - 82501766（邮购部）	010 - 62514148（门市部）
	010 - 62515195（发行公司）	010 - 62515275（盗版举报）
网　　址	http://www.crup.com.cn	
经　　销	新华书店	
印　　刷	唐山玺诚印务有限公司	
开　　本	720 mm×1000 mm　1/16	**版　　次**　2025 年 3 月第 1 版
印　　张	18.75 插页 2	**印　　次**　2025 年 3 月第 1 次印刷
字　　数	308 000	**定　　价**　89.00 元